Esoterik

Herausgegeben von Gerhard Riemann

Helmut Werner hielt sich nach dem Abitur längere Zeit in Frankreich und Nordafrika auf. Durch die persönliche Bekanntschaft mit Spiritisten des Schülerkreises um den praktizierenden Alchimisten Canseliet und durch Beschäftigung mit der arabischen Magie fand er Zugang zur Esoterik. Studium der Orientalistik, Romanistik und Anglistik sowie von Latein und Griechisch. Tätigkeit als Gymnasiallehrer. Nach dem Ausscheiden aus dem Schuldienst umfangreiche esoterische Studien. Herausgabe von Klassikern der Esoterik, von Anthologien und Nostradamusausgaben.

Von Helmut Werner ist außerdem als Knaur-Taschenbuch erschienen:

Die Magie der Zauberpflanzen, Edelsteine, Duftstoffe und Farben
(Band 86019)

Dieses Buch wurde auf chlor- und säurefreiem Papier gedruckt.

Originalausgabe August 1995

Umschlagillustration Peter F. Strauss
Alle Abbildungen im Innenteil stammen aus dem Bildarchiv des Autors
Satz DTP ba · br
Druck und Bindung Ebner Ulm
Printed in Germany
ISBN 3-426-86084-8

5 4 3 2 1

Helmut Werner

Lexikon der Numerologie und Zahlenmystik

Knaur

Inhalt

Vorwort

Das »Lexikon der Numerologie und Zahlenmystik« gliedert sich in zwei Hauptteile. Der erste Teil gibt einen Überblick über das aktuelle Wissen der esoterischen Zahlenlehre. Der Leser erfährt, welche Grundbereiche des Menschen in Zahlen ausdrückbar sind und durch welche Verfahren sie gewonnen werden. Da man durch die einzelnen Verfahren zu sehr unterschiedlichen Zahlenwerten kommen kann, werden möglichst viele Berechnungsmethoden in leicht faßlicher Form dargestellt.

Im Lexikonteil kann man abgesehen von den Begriffen der Numerologie und ihren wichtigsten Vertretern die Bedeutung der ermittelten Zahlenwerte nachschlagen. Eine Zahl kann in den verschiedenen Kulturen und Bereichen der Esoterik völlig unterschiedliche Bedeutungen haben. Es gibt keine allgemeingültigen Bedeutungen von Zahlen. Aus der ganzen Bandbreite aller möglichen Werte kann der Leser einen Durchschnittswert ermitteln, der seiner augenblicklichen Situation und der Beschaffenheit seiner Persönlichkeit entspricht. Wenn man auf diese Weise den ermittelten Zahlen ihren absoluten Wert nimmt, wird die Numerologie und Zahlenmystik zu einer Anleitung, sein eigenes Wesen ständig neu zu erkennen. Die über einen Menschen ermittelten Zahlen sind nicht mehr sein unabänderliches Schicksal, das er nur noch anerkennen muß, sondern ermöglichen ihm, durch Selbsterkenntnis und Selbstfindung alle in seiner Person angelegten Möglichkeiten auszuschöpfen und zur Entfaltung zu bringen.

TEIL I

DIE GRUNDLAGEN

1. Einführung

Kurze Geschichte der Numerologie

Die esoterische Zahlenlehre, heute als Numerologie (von lat. numerus, »Zahl«) bezeichnet, beschäftigt sich mit den Symbolwerten der Zahlen. Jede Zahl hat einen Zahlwert oder auch arithmetischen Wert, der sprachlich durch das Zahlwort und graphisch durch eine Ziffer ausgedrückt wird. »Fünf« heißt auf englisch »five«, auf französisch »cinq«, auf türkisch »besch« und auf chinesisch »ngu«. Graphisch kann ich »fünf« durch die im abendländischen Kulturkreis übliche Ziffer 5, die aus dem Arabischen übernommen wurde, oder durch die lateinische Ziffer V ausdrücken. In anderen Kulturkreisen, wie beispielsweise bei den orientalischen Völkern, werden als Ziffern die Buchstaben des Alphabetes genommen. Aus welchem Kulturkreis auch immer die Zahlwörter und Ziffern stammen, der Zahlwert bleibt derselbe.

Das Wort Ziffer als Bezeichnung für das Zahlzeichen hat einen interessanten Bedeutungswandel durchgemacht. Das Wort leitet sich von dem arabischen »sifr« ab, das soviel wie »null« bedeutet. Die Erfindung der Null, die komplizierte Rechnungen erst möglich gemacht hat, geht auf die Inder zurück. Obwohl die Null (von lat. nulla figura, »kein Zeichen«) eigentlich nichts bedeutet, vergrößert sie die vorausgehenden (10, 100, 1000 etc.) und vermindert, wenn sie nach dem Komma steht, die nachfolgenden Zahlen (01, 001, 0001 etc.).

Bis in unsere Gegenwart gibt es zahlreiche Beispiele, daß auch im Alltagsleben der Menschen Zahlen Symbole sind und eine bestimmte Bedeutung haben. Symbole veranschaulichen einen Sinn, eine Idee oder Bedeutung, die ansonsten nur schwer bildlich dargestellt werden kann. Die Zahl 13 beispielsweise hat allgemein einen ungün-

Pythagoras (6. Jh. v. Chr.)

stigen Symbolwert und soll Unglück bringen. Deshalb verzichtet man in Hotels und Krankenhäusern auf eine Zimmernummer 13.

Der Glaube an die geheime Bedeutung von Zahlen reicht weit in die Vergangenheit zurück. Auf einer noch primitiven Stufe der Menschheitsentwicklung konnte man nur zählen und benötigte die Zahlen, um mit den Problemen des täglichen Lebens fertig zu werden. Erst auf einer entwickelteren Kulturstufe maß der Mensch den Zahlen eine tiefere Bedeutung bei. So gaben die Bewohner des Zweistromlandes und die Ägypter bestimmten Zahlen wegen ihrer Gesetzmäßigkeit beim Ablauf von Naturvorgängen einen tieferen Sinn. Die 30 war zum Beispiel bei den Babyloniern auch der Name des Mondgottes, weil nach ihrer Auffassung der Mondumlauf 30 Tage dauerte. Ähnliche Vorstellungen finden sich auch in der Bibel. Nach dem Glauben der Juden hat Gott die Welt nach dem Gesetz der Zahlen eingerichtet. So heißt es im Alten Testament (Weish. 11, 20): »Alles ist geordnet nach Maß, Zahl und Gewicht, und die Gesetze sind ohne Wandel.« Die altorientalische Zahlensymbolik wurde in Griechenland von den Pythagoreern zu einem wissenschaftlichen System erhoben. Sie vertraten den Grundsatz: Die Zahl ist das Prinzip der Dinge.

Der Kirchenlehrer Augustinus
(354–430 n. Chr.)

Der griechische Philosoph Pythagoras, der im 6. Jahrhundert v. Chr. lebte und als Begründer der Numerologie gilt, sah die Zahlen 1, 2, 3 und 4 als heilig an, da sie den Schöpfungs- und Entstehungsprozeß der Welt symbolisierten: Die 1 ist die Gottheit, der Urgrund allen Seins, aus dem die 2, das Symbol des Lebens, hervorgeht. Denn Leben besteht aus Gegensätzen: Geist und Materie, gut und böse, männlich und weiblich etc. Alles, was erschaffen wurde, ist durch die Zeit und den Raum begrenzt. Für die zeitlich sich verändernde Welt stand die 3, und die Körperwelt wurde durch die 4 dargestellt. Addiert man 1, 2, 3 und 4, so erhält man 10. Die Gottheit (1), die sich in der Welt (2, 3, 4) offenbart hat, kehrt wieder zu sich selbst zurück (10). Durch die heilige Zahl 10 wird zum Ausdruck gebracht, daß Gott hinter der Schöpfung steht und hinter der Vielfalt der Welt etwas Absolutes vorhanden ist.

Die Zahlensymbolik, die der jüdischen Religion vertraut war, fand auch Eingang in das Christentum. Trotz mancher Unterschiede weist die mittelalterliche Zahlensymbolik in ihren Grundelementen eine auffällige Einheitlichkeit auf. Der hinter den Zahlen verborgene Sinn bleibt über Jahrhunderte weitgehend derselbe. Diese merkwür-

dige Tatsache läßt sich damit erklären, daß die christliche Zahlensymbolik nahezu vollständig auf den Lehren des Augustinus fußt. Der islamische Einfluß über Spanien und die jüdische Mystik hingegen sind fast ohne Auswirkungen auf sie geblieben. Die jüdischen Mystiker, die Kabbalisten, haben aber nachhaltig den Zahlensymbolismus der im Schatten des Christentums weiter bestehenden Geheimlehren beeinflußt, die sich als Nachfolger der antiken Pythagoreer ansahen.
Die Zahlen nehmen bei Augustinus eine ganz besondere Stelle in der Weltordnung ein. Die Zahlen gab es schon, bevor die Welt entstanden ist. Gott hat die Welt in 6 Tagen erschaffen, weil die 6 eine vollkommene Zahl ist. Sie besitzt nämlich die Eigenschaft, daß sie sowohl die Summe als auch das Produkt ihrer Teiler (1, 2, 3) ist. Nach Augustinus' Auffassung wäre die 6 auch eine vollkommene Zahl, wenn die Welt nicht existieren würde. Es ist deshalb auch nicht verwunderlich, daß er den Zahlen in der Bibel eine besondere Bedeutung zumißt. Da die Zahlen ein Abbild Gottes sind, kann man auch versuchen, ihnen eine symbolische Bedeutung beizulegen. Wer deshalb den geheimen Sinn der Zahlen nicht kennt, dem bleibt auch der tiefere Sinn der Bibel verschlossen.
Ein typischer Vertreter der späten Nachfahren der Pythagoreer ist Agrippa von Nettesheim (1486–1535), der in seiner Schrift »De occulta Philosophia« (Über die geheime Philosophie) über den Symbolwert der Zahlen sagt:

> »Es müssen den Zahlen große und erhabene Kräfte innewohnen. Warum sollte man darüber nicht staunen? Da aber bereits in den Zeugnissen der Natur so viele und so große Kräfte verborgen sind, die sich fortwährend kundtun, so muß es in der Zahl noch viel größere geben, da die Zahlen an sich vollkommener dem Himmlischen entnommen sind. Gleichwie alles, was ist und was wird, existiert durch bestimmte Zahlen und erhält davon seine Kraft … kurz alles, was in der Zeit und durch Bewegung geschieht.«

Pietro Bongo (gest. 1601)

Wer aber den geheimen Sinn der Zahlen kennt, kann nach Agrippa von Nettesheim dieses Wissen nicht nur zum Bibelstudium benützen, sondern auch versuchen, es in die Praxis umzusetzen und daraus seinen Vorteil zu ziehen. Hieraus ist leicht ersichtlich, daß der Symbolwert der Zahlen in der Magie und im Okkultismus eine große Rolle spielt.

Eine Zusammenfassung des gesamten mittelalterlichen Wissens vom geheimen Sinn der Zahlen enthält das Buch »Numerorum Mysteria« (Die Geheimnisse der Zahlen; 1599) des Italieners Pietro Bongo. Da der Autor streng darauf achtet, daß in seinem Zahlenlexikon kein Gedankengut enthalten ist, das dem katholischen Glauben widerspricht, kann man ihn nicht mit Okkultisten wie Agrippa von Nettesheim vergleichen. Bongo beteuert, daß das Wissen von den Zahlenbedeutungen der Geheimhaltung unterliege und deshalb nicht zu einer käuflichen Ware gemacht werden dürfe, wie schon Augustinus gewarnt hat. Aber der dringende Bedarf von seiten der Theologen gab letztlich den Ausschlag, daß er sein Werk veröffentlichte.

Das uralte Wissen von den Zahlen als Symbole wurde in der Neuzeit, als Naturwissenschaften und Mathematik, die den Zahlen jeden

Schimmer des Geheimnisvollen nahmen, eine Blütezeit erlebten, fast ausschließlich von den Esoterikern gepflegt. Die Werke der berühmten Okkultisten Eliphas Lévi (1810–1875) und William Wynn Westcott (1848–1925) sollen nur stellvertretend erwähnt werden. Unstrittig gilt als Begründer der modernen Numerologie der Engländer Cheiro (1866–1939), dessen richtiger Name Graf Louis Hamon lautete. Lange Zeit weilte er in Indien und ließ sich in das geheime Wissen der Hindus einführen. Als Astrologe und Handleser gelangte er zu großer Berühmtheit, und er sagte zum Beispiel dem englischen Lord Kitchener Zeitpunkt und genaue Umstände von dessen Tod voraus. Sein durch umfangreiches Quellenstudium erworbenes Wissen über die Zahlen veröffentlichte Cheiro in dem Buch »The Book of Numbers« (1935).

Zahlen, die in Träumen erscheinen, beschäftigen schon lange die Psychoanalytiker. In der umfangreichen Studie »Die Sprache des Traumes« (1927) wies der Psychoanalytiker Wilhelm Stekel (1868–1939) nach, daß in Träumen vorkommende Zahlen einen Symbolwert haben. So träumt zum Beispiel eine junge Frau: Ich treffe zweimal hintereinander meine Großmutter betrunken auf der Straße. Die junge Frau hatte ihre Großmutter tatsächlich einmal betrunken auf der Straße angetroffen. Warum wurde das Ereignis aber verdoppelt? Dem Sinn dieses Traumes kommt man näher, wenn man mit Hilfe der Sprache das Wort »zwei« analysiert. Es ist verwandt mit »Zweifel«, »Zwist« und »zwischen«, und man kann Verbindungen herstellen zu »du« und der Vorsilbe »durch«. Diese Wörter drücken alle die Getrenntheit aus, die der einzelne erlebt, wenn er einer anderen Person begegnet. Ein Kind wird es als Schock empfinden, wenn sein bisher allmächtiges Ich mit einem Du konfrontiert wird. Dieses Erlebnis der Getrenntheit ist der Symbolwert der 2. Man kann auch sagen, daß Zahlen mit Symbolbedeutung Archetypen sind, also Urbilder, die in einer tiefen Schicht des kollektiven Unbewußten angesiedelt sind. Sie beinhalten gemeinsame Erfahrungen der Menschheit, die u. a. in Träumen wieder zum Vorschein kommen. In dem oben erwähnten Traum, wo das Ereignis im Gegensatz zur

Wirklichkeit zweimal geschieht, gibt die 2 einen Hinweis, daß die junge Frau ihrer Großmutter zwiespältig gegenübersteht. Einmal ist die Großmutter eine Respektperson, die von der Enkelin verehrt wird, andererseits findet sie es beschämend, daß die Großmutter durch ihre Trunksucht der Familie Schande bereitet. Mit dieser seelischen Erschütterung konnte die Frau nicht fertig werden, und sie erlebte sie daher im Traum immer von neuem.
Wenn die Zahlen tatsächlich Archetypen sind, könnte man auch erklären, weshalb Zahlen in verschiedenen Kulturen denselben Symbolwert haben. Früher glaubte man, daß die Symbolwerte von Zahlen mündlich überliefert wurden und durch Wanderung in die verschiedenen Kulturen eingedrungen sind. Wenn die Symbolzahlen ihren Ursprung in dem gemeinsamen Erbe der Menschheit haben und im Unbewußten jedes Menschen vorhanden sind, so hängt es nur noch von der jeweiligen inneren Situation eines Menschen ab, wann sie in Erscheinung treten.

Wie man in der Numerologie mit Zahlen umgeht

In der modernen Esoterik betrachtet man die Zahlen nicht als Archetypen, die ein gemeinsames Erbe der Menschheitsentwicklung sind, sondern als Schwingungen. Dahinter steht die Auffassung, daß der gesamte Kosmos, das Universum, die Natur aus Milliarden möglicher Schwingungen bestehen. Die Zahlen mit Symbolbedeutung stellen nur eine ganz geringe Auswahl aus diesen Schwingungen dar. Nicht der Mensch hat sie ausgewählt, sondern die Natur selbst. Warum eine Zahl gerade diese bestimmte Bedeutung hat, bleibt immer ein unergründliches Geheimnis. Da wir der Welt angehören, wirken diese Schwingungen, sprich: Zahlen, auch in uns selbst. Die Kräfte der Welt schwingen durch uns hindurch, und wir erleben ihre Kraft. In der indischen Philosophie ist diese Erkenntnis schon seit langem bekannt. Danach werden die kosmischen Schwingungen vom Menschen aufgenommen durch Kraftzentren, die Chakras (wörtlich »Räder«), gebündelt und weitergeleitet. Das Funktionieren dieser Energiewirbel beeinflußt das Wohlbefinden des Menschen. So kann man sagen, daß der Mensch dem Einfluß bestimmter Zahlen unterliegt, welche die Richtung seines Lebens bestimmen.

Besondere Aufmerksamkeit verdienen die Zahlen 1 bis 10, weil man allgemein annimmt, daß diese Zahlen sowohl die Grundstruktur der Welt wie die des Menschen beschreiben. Unter diesen zehn Grundzahlen haben die Zahlen 1, 2, 3, 4 eine herausragende Bedeutung. Wenn man sie nämlich addiert, erhält man die 10, die schon bei den Pythagoreern als die vollkommenste Zahl galt. Die eiförmige Gestalt der 0 erinnert an die Gebärmutter und das Ei. Auch die Aura eines Menschen, die ein aus Schwingungen bestehendes Kraftfeld ist, hat eine ovale Form. Die 0 symbolisiert das Weibliche, in dem alles Leben enthalten ist. In den alten Kulturen gibt es die Vorstellung von der Großen Mutter, die zugleich eine Toten-, Erd- und Fruchtbarkeitsgöttin ist. Das Geborgensein allen Lebens im Mutterleib dieser Großen Göttin findet seine bildliche Darstellung in der ovalen Form.

Die phallische Form der 1 drängt geradezu die Vorstellung auf, daß durch diese Ziffer das männliche Prinzip bildlich ausgedrückt wird. Auch die übrigen Grundzahlen haben einen weiblichen bzw. männlichen Charakter. Das wird deutlich, wenn man sie mit Hilfe von Punkten darstellt.

2 = • •

3 = • • •

4 = • • • •

5 = • • • • •

Die Zahlen 2 und 4 zeigen die typische weibliche Gefäßform, während bei der 3 und der 5 Erinnerungen an einen Phallus wachgerufen werden. Der Einteilung der Grundzahlen in männliche und weibli-

Die Große Mutter wird in Indien als Himmelsgöttin mit Sohn dargestellt

che Zahlen entspricht die bekannte Einteilung in ungerade und gerade Zahlen. Die geraden Zahlen sind durch 2 teilbar, während die ungeraden nur durch sich selbst und durch 1 teilbar sind.

gerade Zahlen (weiblich)	*ungerade Zahlen (männlich)*
0	1
2	3
4	5
6	7
8	9

Die 10 ist zwar auch eine gerade Zahl, aber sie fehlt in dieser Tabelle, weil sie in ihrem Symbolcharakter die Einheit des weiblichen und des männlichen Prinzips darstellt. Die Einteilung in männliche und weibliche Zahlen spiegelt auch den Umstand wider, daß der Kosmos auf dem Prinzip der Gegensätzlichkeit aufgebaut ist: rechts-links, gut-böse, Licht-Dunkel, positiv-negativ usw. In der Weltanschauung der Chinesen spaltet sich die kosmische Urkraft Ch'i in eine männliche (Yang) und eine weibliche Kraft (Yin), die man ineinander verschlungen in einem Kreis darstellt. Hinter diesem Bild verbirgt sich eine grundlegende Erkenntnis. Wenn man nämlich die ersten vier geraden und ungeraden Zahlen addiert,

$$\begin{array}{r} 2 \\ 4 \\ 6 \\ 8 \\ \hline 20 \end{array} \qquad \begin{array}{r} 1 \\ 3 \\ 5 \\ 7 \\ \hline 16 \end{array}$$

erhält man die Zahl 36, die in Verbindung mit der 0 die Kreiszahl 360 ergibt. Die kreisförmige Darstellung der beiden gegensätzlichen Kräfte Yang und Yin soll offenbar zum Ausdruck bringen, daß die Welt und auch der Mensch eine Einheit von Gegensätzen bilden. Daß den ersten vier geraden und ungeraden Zahlen im Aufbau der Welt eine wichtige Bedeutung zukommt, war schon den Pythagoreern bekannt. Die ersten vier Zahlen einer Zahlenreihe bezeichneten sie als Tetraktys (griechisch »Vierheit«).

Mit Hilfe der Zahlen 1 bis 4 kann man die gesamte sichtbare Welt erfassen. Wenn man die sichtbare Welt mit Hilfe von geometrischen Figuren beschreiben will, benötigt man den Punkt, die Gerade, die Fläche und den Körper. Diese Figuren werden symbolisch durch die Zahlen 1 (Punkt), 2 (Gerade), 3 (Fläche) und 4 (Körper) dargestellt. Alle mehrstelligen Zahlen lassen sich auf die Grundzahlen 1 bis 9 zurückführen, wenn man ihre Ziffern addiert. Beispiele:

15: $1 + 5 = 6$
35: $3 + 5 = 8$
126: $1 + 2 + 6 = 9$
456: $4 + 5 + 6 = 15$; $1 + 5 = 6$

Dieses Verfahren, das es dem Esoteriker ermöglicht, alle Zahlen auf die Grundzahlen 1 bis 9 zurückzuführen, heißt kabbalistische Addition oder auch theosophische Reduktion. Daneben gibt es noch die

Geometrische Darstellungen
der Zahlen 1 bis 4

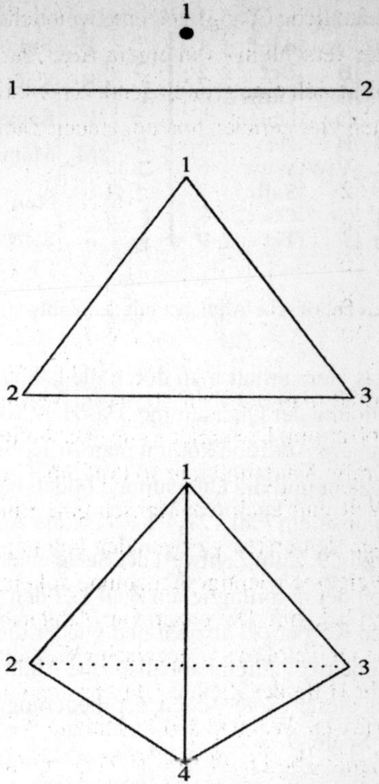

theosophische Addition, die darin besteht, daß man die einer Zahl vorausgehenden Zahlen addiert. Nehmen wir zum Beispiel die theosophische Addition der 7: $1 + 2 + 3 + 4 + 5 + 6 + 7 = 28$. Die 7 wird bei dieser Addition mitgezählt. Die 28 kann man durch kabbalistische Addition vereinfachen: $2 + 8 = 10$; $1 + 0 = 1$. Oder die 4: $1 + 2 + 3 + 4 = 10$; vereinfacht durch kabbalistische Addition: $1 + 0 = 1$. Daraus folgt, daß für den Esoteriker $4 = 10$ und $7 = 10$, folglich auch $4 = 7$ ist. Diese Verfahren ermöglichen tiefere Einsichten in den Aufbau der Zahlen. Entsprechend dem Aufbau des menschlichen Körpers kann man die Zahlen in einen Körper, ein Herz, das die Gefühle umfaßt, und eine Seele zerlegen.

א	'A	Alef	1	י	J	Jod	10	ע	Gh	Ajin	70
ב	B	Bet	2	כ	K	Kaf	20	פ	P	Pe	80
ג	G	Gimel	3	ך			500	ף			800
ד	D	Dalet	4	ל	L	Lamed	30	צ	Sz	Zade	90
ה	H	He	5	מ	M	Mem	40	ץ			900
ו	V,W	Waw	6	ם			600	ק	Q	Kof	100
ז	Z	Sajin	7	נ	N	Nun	50	ר	R	Resch	200
ח	Ch	Chet	8	ן			700	ש	Sh	Schin	300
ט	T	Tet	9	ס	S	Samech	60	ת	Th	Taw	400

Das hebräische Alphabet mit den Zahlwerten

Das Herz erhält man durch die kabbalistische Addition, also durch Bildung der Quersumme. Das Herz von 127 (1 + 2 + 7) ist 10; durch weitere Addition kommt man zu 1. Wenn man diesen Wert von 127 abzieht und die Quersumme bildet, hat man den Körper einer Zahl. In unserem Fall 127 – 1 = 126; die Addition der Ziffern (1 + 2 + 6) ergibt 9. Zum Zahlwert der Seele einer Zahl gelangt man, wenn man von der ursprünglichen Zahl 127 den Wert für das Herz (1) und für den Körper (9) abzieht und wieder die Quersumme bildet. Folglich käme man durch kabbalistische Addition der 117 zur 9. Das Ergebnis dieser esoterischen Zergliederung von 127 ist: Herz: 1, Körper: 9, Seele: 9.

Wie man Buchstaben in Zahlen verwandelt

Daß auch die Buchstaben Schwingungen sind, die durch Zahlen dargestellt werden können, gehört zum uralten Wissen der Esoterik. Durch das Summen, Singen, Brummen oder Raunen von Buchstaben werden die Funktionen der Körperorgane beeinflußt. Bei den Indern ist es üblich, durch Summen der heiligen Silben »Om« und »Aum« den Rhythmus der Körperschwingungen zu verändern. Dieser Vorgang ist leicht zu erklären, da durch das Aussprechen der Buchstaben die Stimmbänder in Schwingungen versetzt werden. Die bei den Germanen gebrauchten Buchstaben, die Runen, wurden »ge-

α	β	γ	δ	ε	ς	ζ	η	ϑ
1	2	3	4	5	6	7	8	9
ι	χ	λ	μ	κ	ξ	ο	π	θ
10	20	30	40	50	60	70	80	90
ρ	σ	τ	υ	φ	χ	ψ	ω	ξ
100	200	300	400	500	600	700	800	900

Das griechische Alphabet mit den Zahlwerten

raunt«, um mit Hilfe der erzeugten Schwingungen Zauberkräfte zu erlangen. Auf dieser Erkenntnis beruht das »Runensingen«, das am Anfang dieses Jahrhunderts wiederbelebt wurde. Erfahrene Praktiker auf diesem Gebiet berichten, daß sie auf diese Weise im Körper Schwingungen erzeugt hätten, die in ihrer Wirkung Hochfrequenzströmen gleichen.

Der Schwingungscharakter der Buchstaben dürfte sicherlich einer der Gründe sein, warum in alten Hochkulturen die Buchstaben öfters einen Zahlwert haben. Von großer Wichtigkeit ist für die Esoterik das hebräische Alphabet geworden, weil die Juden die Deutung der Bibel mit Hilfe des Zahlwertes der Buchstaben zu einer großen Kunst entwickelt haben, die in die abendländische Geheimwissenschaft als »praktische Kabbala« Eingang gefunden hat.

Das hebräische Wort Achad, das CHD geschrieben wird, weil die hebräische Schrift keine Vokale kennt, hat denselben Zahlwert, nämlich 12, wie Ahebah (geschrieben HBH). Folglich können beide Wörter an einer Bibelstelle ausgewechselt werden. Auf diese Weise glaubten die jüdischen Mystiker den geheimen Sinn einer Bibelstelle zu ergründen. Den Zahlwert der 22 hebräischen Buchstaben darf man nicht mit dem Stellenwert der einzelnen Buchstaben im Alphabet verwechseln. Die Anordnung der Buchstaben, die geschichtlich gewachsen ist, hat eine prägende Kraft, weil sie im Unterbewußtsein sehr tief verwurzelt ist. Die Buchstaben des lateinischen Alphabetes, das die abendländischen Völker übernommen haben, haben keine

Zahlwerte. Hierfür werden die von den Arabern übernommenen Ziffern benutzt. Für den Esoteriker stellt sich nun die Frage, welchen Zahlwert er den einzelnen Buchstaben zuordnen soll.
Das heute im deutschen Sprachraum gebräuchliche Alphabet besteht aus 26 Schriftzeichen und 3 weiteren Zeichen für die Umlaute Ä, Ö und Ü. Ein viertes zusätzliches Zeichen ist ß für das stimmlose S im In- und Auslaut. Die einfachste Lösung wäre, jedem Buchstaben seinen Stellenwert als Zahlwert zuzuordnen:

Umrechnungsmethode 1:

A	B	C	D	E	F	G	H	I
1	2	3	4	5	6	7	8	9
J	K	L	M	N	O	P	Q	R
10	11	12	13	14	15	16	17	18
S	T	U	V	W	X	Y	Z	
19	20	21	22	23	24	25	26	

1. Die Umlaute und ß werden umschrieben: Ä = AE, Ö = OE, Ü = UE und ß = SS.
2. Bei langen Vokalen wird der Zahlwert verdoppelt.

Durch Bildung der Quersumme kann jede zweistellige Zahl auf die Grundzahlen 1 bis 9 zurückgeführt werden. Jedem der 26 Buchstaben kann also ein Zahlwert von 1 bis 9 zugeordnet werden. Also hat J = 10 den Wert 1, K = 11 den Wert 2, L = 12 den Wert 3. Diese Umrechnungsmethode, die auf Pythagoras zurückgehen soll, ist in der Numerologie am meisten verbreitet.

Umrechnungsmethode 2:

1	2	3	4	5	6	7	8	9
A	B	C	D	E	F	G	H	I
J	K	L	M	N	O	P	Q	R
S	T	U	V	W	X	Y	Z	

Die Umlaute Ä, Ö und Ü, die langen Vokale und ß werden wie bei Methode 1 behandelt.

Daneben gibt es ältere Umrechnungsmethoden, die sich am hebräischen Alphabet orientieren. Soweit es möglich ist, gibt man den deutschen Buchstaben den Zahlwert vergleichbarer hebräischer Buchstaben und reduziert ihn dann durch Bildung der Quersumme auf die Grundzahlen 1 bis 9.
Die folgende Methode geht auf Cheiro zurück und verringert den Stellenwert der hebräischen Buchstaben auf 8 Grundzahlen. Die jüdischen Mystiker pflegten für den Namen Gottes Jah (geschrieben JH = 15) die 9 einzusetzen. Da die 9 Ausdruck des Ewigen ist, kann sie auch nicht mit Buchstaben verbunden werden. Das Fehlen der Zahl 9 bei dieser Methode ist ein Nachteil, da bei der Ermittlung der Quersumme der Geburtszahlen auch mit der 9 gearbeitet wird. Den im Hebräischen fehlenden Buchstaben wurden die Zahlwerte des griechischen Alphabets beigelegt.

Umrechnungsmethode 3 (nach Cheiro):

1	2	3	4	5	6	7	8
A	B	C	D	E	U	O	F
I	K	G	M	H	V	Z	P
Q	R	L	T	N	W		
J		S			X		
Y							

1. X wird manchmal auch der Wert 5 gegeben.
2. Die Umlaute Ä, Ö, Ü werden mit AE, OE und UE und ß mit SS umschrieben.

Andere Umrechnungsmethoden, die auf dem hebräischen Alphabet beruhen, verringern die 26 Buchstaben des deutschen Alphabetes auf 22. Im folgenden System, das auf Herbert Reichstein zurückgeht, werden die Buchstaben I, J, Y und U, V, W zusammengefaßt.

Umrechnungsmethode 4 (nach Reichstein):

A	B	C	D	E	F	G	H (CH)	I (J, Y)
1	2	11	4	5	17	3	8	10

K	L	M	N	O	P (PH)	Q	R	S
11	12	13	14	16	17	19	20	21

T	U (V,W)	X	X	Z
9	6	15	10	7

Der fehlende Zahlenwert 18 = SH, SCH, TS, TZ.

1. Die Umlaute Ä, Ö, Ü werden wie A, O, U behandelt.
2. ß = SS, ck = KK.

Ein von Alfred Strauß Ende der 20er Jahre entwickeltes System (»Deutsche Kabbala«) entfernt aus dem deutschen Alphabet die Buchstaben Q, X, Y, Z.

Umrechnungsmethode 5 (nach Strauß):

A	B	C	D	E	F	G	H	I
1	2	3	4	5	6	7	8	9
J	K	L	M	N	O	P	R	S
10	11	12	13	14	15	16	17	18
T	U	V	W					
19	20	21	22					

1. Q = KW = 33; X = KS = 29; Y = I = 9 oder Y = Ü = 25; Z = TS = 37.
2. Die Umlaute Ä, Ö, Ü werden durch AE, OE, UE ausgedrückt.

Man kann auch den deutschen Buchstaben den Stellenwert der germanischen Runen zuordnen. Die Runenschrift, deren älteste Denkmäler aus der nachchristlichen Zeit stammen, hat große Ähnlichkeit mit dem lateinischen Alphabet. Vermutlich haben die Runen sich bei germanischen Stämmen entwickelt, die in der Nähe der Römer seßhaft geworden sind. Von manchen Esoterikern wird auch die These vertreten, daß das lateinische Alphabet eine Weiterentwicklung der Runenschrift sei. Jedoch läßt sich diese Annahme schwer mit den Fakten in Einklang bringen. Festgehalten werden muß aber, daß die Runenschrift alleiniger Besitz der germanischen Völker war. Ein Runenalphabet im eigentlichen Sinn des Wortes gibt es nicht. Man spricht statt dessen von der »Runenreihe« oder nach den ersten sechs Runen vom »Futhark«. Die älteste Runenreihe bestand aus 24 Zeichen:

f	u	th	a	r	k	g	w	h
1	2	3	4	5	6	7	8	9
n	i	j	e[1]	p	r[2]	s	t	b
10	11	12	13	14	15	16	17	18
e	m	l	ng	d	o			
19	20	21	22	23	24			

Folglich hätten die deutschen Buchstaben folgenden Zahlwert:

Umrechnungsmethode 6:

A	B	C	D	E	F	G	H	I[3]
4	18	6	24	19	1	7	9	11
J	K	L	M	N	O	P	Q	R
12	6	21	20	10	23	14	14	5
S	T	U	V	W	X	Y	Z	
16	17	2	8	8	22	11	15	

Die Lücken in der Runenreihe wurden folgendermaßen ausgesprochen: C = K; Q = KW = 14; V = W; X = KS; Y = I.

1. Die Umlaute Ä, Ö, Ü werden durch die ältere Form AI, OI, UI umschrieben.
2. ß = SS.

1 ausgesprochen wie ein langes I.
2 ausgesprochen wie Z.
3 wenn langes I (z. B. IE), dann ist der Zahlwert 13.

Ein »Runenalphabetstein«

Aus der Antike ist noch folgende Umrechnungsmethode überliefert. Sie soll ebenfalls auf Pythagoras zurückgehen.

Umrechnungsmethode 7:

A	B	C	D	E	F	G	H	I
1	2	3	4	5	6	7	8	9
K	L	M	N	O	P	Q	R	S
10	20	30	40	50	60	70	80	90
T	U	X	Y	Z	J	V		
100	200	300	400	500	600	700		
EI	EU	W						
800	900	1400						

Wenn die Quersumme eines Namens den Wert 1390 überschreitet, so wird die erste Stelle gekürzt, z. B. wenn die Quersumme 4755 beträgt: Man streicht die 4 und arbeitet mit 755 weiter.

Die verschiedenen Umrechnungsmethoden sollen am Namen Wagner erläutert werden:

	W	A	G	N	E	R	
Methode 1:	23	1	7	14	5	18	= 68 = 6 + 8 = 14 = 1 + 4 = 5
Methode 2:	5	1	7	5	5	9	= 32 = 3 + 2 = 5
Methode 3:	6	1	3	5	5	2	= 22 = 2 + 2 = 4
Methode 4:	6	1	3	14	5	20	= 49 = 4 + 9 = 13 = 1 + 3 = 4
Methode 5:	22	1	7	14	5	17	= 66 = 6 + 6 = 12 = 1 + 2 = 3
Methode 6:	8	4	7	10	19	5	= 53 = 5 + 3 = 8
Methode 7:	1400	1	7	40	5	80	= 1533 = 533 = 5 + 3 + 3 = 11 = 1 + 1 = 2

Nach diesen Methoden können dem Namen Wagner die Grundzahlen 8, 5, 4 und 3 zugeordnet werden. Anhand dieses Beispiels ist gut ersichtlich, daß die Umwandlung von Buchstaben in Zahlen problematisch ist und von der Wahl der Methode abhängt.

Wichtiger Hinweis: Auf keinen Fall ist es erlaubt, diese 7 Methoden gleichzeitig zu gebrauchen. Die bei einer numerologischen Analyse erforderliche Umwandlung von Namen wie z. B. Vornamen, Familiennamen, Namen des Geburtsortes, Namen der Ehefrau etc. in Zahlen müssen nach ein und derselben Methode erfolgen. Natürlich kann das gesamte Namensmaterial danach auch nach einem anderen Umrechnungsverfahren in Zahlen verwandelt werden.

2. Die Bedeutung der Zahlen in unserem Leben

Die menschliche Persönlichkeit läßt sich in Grundbereiche zergliedern, die sich symbolisch durch Zahlen darstellen lassen. Diese Lebenszahlen eines Menschen werden aus seinem Geburtsdatum, seinem Namen, den Namen seines Geburts- und Wohnortes, der Hausnummer, Telefonnummer und seinen Traumbildern gewonnen. Diese Zahlen können miteinander verbunden werden, um weitere Bereiche zu erschließen. Je stärker die Eingriffe von Staat und Gesellschaft in das Leben des einzelnen werden und um ihn ein soziales Netz geknüpft wird, desto mehr Zahlen werden ihn auf seinem Lebensweg begleiten und ihn prägen.

Das Geburtsdatum

Von besonderer Bedeutung für einen Menschen ist das Geburtsdatum, das sich aus Geburtstag, -monat und -jahr zusammensetzt. Die Quersumme aller Ziffern ergibt die Geburtszahl. Von der Mehrheit der Esoteriker wird sie durch nochmaliges Bilden der Quersumme auf eine der Grundzahlen von 1 bis 9 vereinfacht.

Die Geburtszahl
(Geburtsweg, Schicksalszahl, Schicksalsweg, Schicksalsnummer, Lebensweg, Lebenszahl, Lebensaufgabenzahl, Lektionszahl)

Beispiel: Für das Geburtsdatum 9. 9. 1942 ergibt sich als *Geburtszahl:* 9 + 9 + 1 + 9 + 4 + 2 = 34; 34 = 3 + 4 = 7
Der Mensch, der ein Teil des Kosmos ist, erhält durch das Geburtsdatum einen bestimmten Code der für ihn kennzeichnenden kosmi-

schen Einflüsse. Sein weiterer Lebensweg kann mit Hilfe dieses Codes entschlüsselt werden. Aber das Geburtsdatum zeigt nicht nur an, wie ein Mensch durch die kosmischen Schwingungen geprägt ist, sondern auch, was seine Bestimmung in diesem Leben ist. In diesem Code sind auch die Lektionen enthalten, die ein Mensch in diesem Leben lernen muß. Das menschlichen Leben ist nämlich ein ständiger Kreislauf von Wiedergeburten, und das gegenwärtige Leben wird von den guten und schlechten Taten unserer vorangegangenen Existenz bestimmt.

Man kann auch zur Geburtszahl die Zahl des Tierkreiszeichens hinzuaddieren. Diese Zahl (Alltagszahl) gibt Auskunft über die Fertigkeiten eines Menschen und wie er die Probleme des Alltags meistert. Die Zahl des Tierkreiszeichens wird aus dessen Namen – meistens mit Hilfe der Umrechnungsmethode 2 – gebildet:

Geltungsbereich	*Tierkreiszeichen*									*Quersumme*
21.03.–20.04.	W	I	D	D	E	R				
	5	9	4	4	5	9				9
21.04.–21.05.	S	T	I	E	R					
	1	2	9	5	9					8
22.05.–21.06.	Z	W	I	L	L	I	N	G	E	
	8	5	9	3	3	9	5	7	5	9
22.06.–22.07.	K	R	E	B	S					
	2	9	5	2	1					1
23.07.–23.08.	L	O	E	W	E					
	3	6	5	5	5					6
24.08.–23.09.	J	U	N	G	F	R	A	U		
	1	3	5	7	6	9	1	3		8
24.09.–23.10.	W	A	A	G	E					
	5	1	1	7	5					1

24.10.–22.11.	S	K	O	R	P	I	O	N			
	1	2	6	9	7	9	6	5			9
23.11.–21.12.	S	C	H	U	E	T	Z	E			
	1	3	8	3	5	2	8	5			8
22.12.–20.01.	S	T	E	I	N	B	O	C	K		
	1	2	5	9	5	2	6	3	2		8
21.01.–19.02.	W	A	S	S	E	R	M	A	N	N	
	5	1	1	1	5	9	4	1	5	5	1
20.02.–20.03.	F	I	S	C	H	E					
	6	9	1	3	8	5					5

Die Geburtstagszahl
(Umweltzahl, psychische Nummer)

Beispiel: Bei dem Geburtsdatum 9. 9. 1942 ist die Geburtstagszahl: 9.

Diese erste Zahl des Geburtsdatums gibt Auskunft über das Profil des Menschen. Darin enthalten sind die seelischen Eigenschaften und persönlichen Merkmale, die unseren Mitmenschen auffallen.

Die Geburtstagszahlen, die von 1 bis 31 reichen, werden von der Mehrheit der Esoteriker nicht durch Bildung einer Quersumme vereinfacht. Wenn z. B. eine Person am 31. eines Monats Geburtstag hat, dann wird die zweistellige Zahl 31 nicht durch Addition der Ziffern (3 + 1) in 4 umgewandelt. Da nämlich die Sonne jeden Tag einen Grad in dem aus 12 Zeichen zu je 30 Grad bestehenden Tierkreis weiterwandert, hat jeder Grad eine besondere Bedeutung. Zwar ist die Geburtstagszahl für das ganze Leben eines Menschen wichtig, aber ihr Einfluß scheint von unterschiedlicher Stärke zu sein. Ein Teil der Esoteriker räumt dieser Zahl bis zum 35. Lebensjahr eines Menschen einen großen Einfluß ein, während andere ihre Wirksamkeit in der zweiten Lebenshälfte des Menschen (ab dem 30. Lebensjahr) sehen wollen.

Die Geburtsmonatszahl
(Talent- oder Selbstwertzahl)

Diese Zahl, die immer auch im Zusammenhang mit einem der zwölf Tierkreiszeichen steht, bezieht sich auf die Talente eines Menschen und das Bild, das sich ein Mensch von sich selbst macht. Umstritten ist, ob die Geburtsmonatszahl alleine oder in Verbindung mit der Jahreszahl gewertet werden muß. Im ersten Fall wird keine Quersumme aus den Ziffern gebildet.
Für das Geburtsdatum 15. 12. 1942 beispielsweise lautet die Geburtsmonatszahl 12. Eine Vereinfachung 1 + 2 = 3 ist nicht erlaubt! In Verbindung mit der Jahreszahl (12 + 1942) und nach Bildung der Quersumme (1 + 2 + 1 + 9 + 4 + 2 = 19 = 1 + 9 = 10 = 1 + 0 = 1) erhält man 1.

Was das Geburtsdatum über die Zukunft aussagt

Da das Geburtsdatum ein Code ist, der die Prägung des Menschen zeigt, wurde diese Zahlenfolge seit altersher zu Aussagen über die Zukunft benutzt.

Die Schicksalsjahre

Die Erfahrung lehrt, daß in bestimmten Abständen Jahre kommen, die Wendepunkte im Leben eines Menschen darstellen. Seine Lebensverhältnisse können sich zum Guten oder zum Schlechten verändern. In diesen entscheidenden Jahren üben die kosmischen Schwingungen einen verstärkten Einfluß auf ihn aus. Die Berechnung der Abfolge dieser Schicksalsjahre ist sehr unterschiedlich:

Beispiel: Geburtsdatum 9. 9. 1942.

1. Methode: Man erzählt das 1. Schicksalsjahr, wenn man zu der Jahreszahl die Quersumme addiert. Die Quersumme von 1942 be-

trägt 1 + 9 + 4 +2 = 16. Jahreszahl plus Quersumme 1942 = 16 ergibt das 1. Schicksalsjahr, nämlich 1958.
Das 2. Schicksalsjahr ist die Summe des 1. Schicksalsjahres und seiner Quersumme; die Quersumme von 1958 beträgt 23. Folglich ist 1981 (1958 + 23) das 2. Schicksalsjahr. Die nachfolgenden Schicksalsjahre sind: 2000 (1981 + 19); 2002 (2000 + 2); 2006 (2002 + 4) usw.

2. Methode: Zu der Jahreszahl wird nur die Quersumme der beiden letzten Ziffern addiert. Für das Geburtsdatum 1942 beträgt die Quersumme 6; folglich ist 1948 das 1. Schicksalsjahr. Die folgenden Schicksalsjahre heißen: 1948 + 12 = 1960; 1960 + 6 = 1966; 1966 + 12 = 1978; 1978 + 15 = 1993; 1993 + 12 = 2005.

3. Methode: Die letzte Ziffer wird zu der Jahreszahl addiert. Das 1. Schicksalsjahr ist also 1944 (1942 + 2), das 2. Schicksalsjahr 1948 (1944 + 4). Die folgenden Schicksalsjahre sind: 1948 + 8 = 1956; 1956 + 6 = 1962; 1962 + 2 = 1964; 1964 + 4 = 1968; 1968 + 8 = 1976; 1976 + 6 = 1982 usw.

Um herauszufinden, welchen Charakter diese Schicksalsjahre haben, werden noch der Geburtstag und der Geburtsmonat hinzuaddiert. Diese Zahl wird durch Bildung der Quersumme auf die Grundzahlen 1 bis 9 vereinfacht. Diese Zahl wird gelegentlich als »Schicksalszahl« bezeichnet, doch dieser Begriff wird häufiger für die Geburtszahl verwendet. Die für das Geburtsdatum 9. 9. 1942 ermittelten ersten Schicksalsjahre haben folgenden Charakter:

nach der 1. Methode:

$$\begin{array}{r} 1958 \\ +\quad 18 \\ \hline 1976 \end{array};\ 1 + 9 + 7 + 6 = 23 = 2 + 3 = 5$$

nach der 2. Methode:

$$\begin{array}{r} 1948 \\ +\quad 18 \\ \hline 1966 \end{array};\ 1 + 9 + 6 + 6 = 22 = 4$$

nach der 1944
3. Methode: + 18
1962; 1 + 9 + 6 + 2 = 18 = 9

Nach denselbem Verfahren werden auch die Schicksalsjahre eines Staates ermittelt. Die Schicksalsjahre der Bundesrepublik, die am 23. 5. 1949 gegründet wurde, sind:

1. Methode	*2. Methode*	*3. Methode*
1949 (= 23)	1949	1949
+ 23	+ 13	+ 9
1972 (= 19)	1962	1958
+ 19	+ 8	+ 8
1991 (= 20)	1970	1966
+ 20	+ 7	+ 6
2011	1977	1972
	+ 14	+ 2
	1991	1974
	+ 10	+ 4
	2001	1978
		+ 8
		1986
		+ 6
		1992
		+ 2
		1994
		+ 4
		1998

Das wichtigste Jahr der neueren deutschen Geschichte ist das Jahr der Wiedervereinigung, 1990. Die 1. und 2. Methode treffen etwa dieses Schicksalsjahr, wenn man berücksichtigt, daß der Tag der Wiedervereinigung der 3. 10. war. Der Charakter der einzelnen Schicksalsjahre wird, wie schon dargelegt, näher bestimmt, indem man zu dem betreffenden Schicksalsjahr den Tag und den Monat des Gründungsdatums der Bundesrepublik hinzuzählt und die Summe durch Bildung der Quersumme auf eine Grundzahl von 1 bis 9 vereinfacht. Das Schicksalsjahr 1991 wäre demnach durch die Zahl 3 (1991 + 23 + 5 = 1 + 9 + 9 + 1 + 2 + 3 + 5 = 30 = 3) bestimmt.

Günstige Tage, Monate und Jahre

Die Schicksalsjahre eines Menschen, eines Landes, einer Stadt, einer Firma etc. sind durch das Geburts- bzw. Gründungsdatum festgelegt. Durch die Ermittlung der universalen Jahre, Monate und Tage kann man feststellen, ob ein bestimmter Zeitpunkt (Tag, Monat oder Jahr) für eine Handlung günstig ist.
Der ganze Kosmos besteht aus Schwingungen, die bei dem einzelnen Gegenstand und Wesen als individuelle Schwingungen registrierbar sind. Die universalen Jahre, Monate und Tage zeigen an, mit welchen kosmischen Schwingungen in bestimmten Jahren, Monaten und an bestimmten Tagen zu rechnen ist. Die universalen Jahre unterliegen einem bestimmten Rhythmus und wiederholen sich alle 9 Jahre. Da der Mensch als Mikrokosmos in das Universum eingebettet ist, bilden diese Maßzahlen die Grundlage aller Handlungen.

Das universale Jahr:
Die Berechnung erfolgt durch Bildung der Quersumme. 1994 z. B. (1 + 9 + 9 + 4 = 23 = 2 + 3) hat den Wert 5.

Der universale Monat:
Zu der Monatszahl wird das universale Jahr addiert und durch Bildung der Quersumme vereinfacht. Für den August 1994 z. B. wird diese Zahl so errechnet: 8 + 5 = 13 = 1 + 3 = 4.

Der universale Tag:
Die kosmischen Kräfte, die an einem bestimmten Tag wirksam sind, werden errechnet, indem man den Tag, den Monat und das Jahr

addiert und dann die Quersumme bildet. Der 23. 8. 1994 z. B. (2 + 3 + 8 + 1 + 9 + 9 + 4 = 36 = 3 + 6) hat die Zahl 9.

Für die Ausführung von Plänen und Handlungen überhaupt muß feststehen, ob die persönlichen Schwingungen für ein Unternehmen geeignet sind. Für diese individuellen Schwingungsgrade gibt es jeweils zwei Methoden.

Das persönliche Jahr:
Beispiel: Für eine Person, die am 9. 9. 1942 geboren ist, soll für 1994 das persönliche Jahr berechnet werden.
1. Methode: Zu Geburtstag und -monat wird das universale Jahr addiert: 9 + 9 + 5 (1 + 9 + 9 + 4 = 23 = 2 + 3 = 5) = 23 = 5. Das universale und das persönliche Jahr haben denselben Wert. Dies bedeutet, daß das Jahr 1994 für Unternehmungen ganz besonders förderlich ist, weil der Grad der kosmischen mit dem der persönlichen Schwingungen übereinstimmt.
2. Methode: Man addiert den Geburtstag, -monat und das Jahr des letzten Geburtstages. Wenn heute der 22. August ist, hätte eine am 9. 9. 1942 geborene Person ihren letzten Geburtstag 1993 gehabt. Der Wert für das persönliche Jahr (1994) errechnet sich aus: 9 + 9 + 1 + 9 + 9 + 3 = 49 = 4 + 0 = 4.

Der persönliche Monat:
1. Methode: Man addiert den Kalendermonat und das persönliche Jahr. Es soll z. B. die Zahl des persönlichen Monats für August ermittelt werden. Die Werte für das persönliche Jahr sind dem obigen Beispiel (1. Methode) entnommen: 8 + 5 = 13 = 1 + 3 = 4.
2. Methode: Hierbei wird zugrunde gelegt, daß der persönliche Monat, der wie in der 1. Methode berechnet wird, immer mit dem Geburtstag beginnt und am Tag davor endet. Deshalb erstellt man für eine am 9. 9. 1942 geborene Person folgende Tabelle:

		Zahl des persönlichen Jahres 1994		Persönlicher Monat
9.9.–8.10. = 9	+	4	=	13 = 1 + 3 = 4
9.10.–8.11. = 10 = 1 + 0 = 1	+	4	=	5
9.11.–8.12. = 11 = 1 + 1 = 2	+	4	=	6
9.12.–8.1. = 12 = 1 + 2 = 3	+	4	=	7
9.1.–8.2. = 1	+	4	=	5
9.2.–8.3. = 2	+	4	=	6
9.3.–8.4. = 3	+	4	=	7
9.4.–8.5. = 4	+	4	=	8
9.5.–8.6. = 5	+	4	=	9
9.6.–8.7. = 6	+	4	=	10 = 1 + 0 = 1
9.7.–8.8. = 7	+	4	=	11 = 1 + 1 = 2
9.8.–8.9. = 8	+	4	=	12 = 1 + 2 = 3

Der persönliche Tag:
Beispiel: für den 22. August 1994
1. Methode: Man addiert Kalendermonat, -tag und persönliches Jahr, dessen Wert dem oben durchgerechneten Beispiel (1. Methode) entnommen wird: 8 + 22 + 5 = 35 = 3 + 5 = 8.
2. Methode: Man addiert den Kalendermonat, -tag und das persönliche Jahr, das nach der 2. Methode errechnet wird: 22 + 8 + 4 = 34 = 3 + 4 = 7.

Die Lebensalterszahl

Wenn man sein persönliches Jahr schnell ermitteln will, bildet man die Quersumme seines Lebensalters in einem bestimmten Jahr. Da diese Zahl sehr viel über die augenblicklichen Kräfte und Fähigkeiten eines Menschen verrät, ist es ratsam, diesen Wert vor wichtigen Handlungen und Vorhaben zu ermitteln. Wenn also z. B. eine Person am 9. 9. 1942 geboren ist und ihre Lebensalterszahl für 1994 ermitteln möchte, so verfährt sie folgendermaßen: vom 1. 1. 1994 bis zum 9. 9. 1994 ist diese Person 51 Jahre alt, danach bis zum Jahresende 52. Das ergibt folgende Rechnung: 51 + 52 = (5 + 1) 6 + (5 + 2) 7 = 13 = 1 + 3 = 4.

Tagesanalyse

Wenn sehr schnell der Charakter eines Tages bestimmt werden soll, so geht man nach dieser Methode vor. Zum Beispiel müßte eine am 9. 9. 1942 geborene Person den 22. 8. 1994 folgendermaßen analysieren:

Geburtstag	9
Geburtsmonat	9
aktuelles Jahr	1994
Tag	22
Monat	8
	2042 = 2 + 0 + 4 + 2 = 8

Höhepunkte

Schon seit ältesten Zeiten vergleichen die Menschen das Leben mit einem Kreis. Ein Kreis wird eingeteilt in 360 Grad. Da die 0 bei der Bildung der Quersumme (3 + 6 + 0) wegfällt, kann man diese Zahl mit 36 gleichsetzen. Schon den Pythagoreern war bekannt, daß die Addition der ersten vier geraden und ungeraden Zahlen (2 + 4 + 6 + 8 = 20; 1 + 3 + 5 + 7 = 16) 36 ergibt. Offenbar muß die Zahl 4 in enger

Verbindung zu dieser geheimnisvollen Zahl stehen. Wenn man die 36 nämlich durch 4 teilt, erhält man die 9, mit der die Grundzahlen abgeschlossen sind. Die Einteilung des menschlichen Lebens in die vier Lebensalter (Kindheit, Jugend, Reifezeit und Alter) beruht auf dieser alten Vorstellung, daß nämlich mit der Zahl 36 (4 x 9) der kreisförmige Charakter des Lebens dargestellt wird. In der Numerologie werden 4 Höhepunkte unterschieden, deren Dauer so berechnet wird:

1. Höhepunkt: Von 36 wird die Geburtszahl abgezogen.
2. Höhepunkt: Zum 1. Höhepunkt wird 9 addiert.
3. Höhepunkt: Zum 2. Höhepunkt wird ebenfalls 9 addiert.
4. Höhepunkt: Diese Periode beginnt nach dem 3. Höhepunkt und umfaßt das ganze weitere Leben.

Beispiel: Eine Person ist am 9. 9. 1942 geboren. Geburtszahl: 9 + 9 + 1 + 9 + 4 + 2 = 34 = 3 + 4 = 7

1. Höhepunkt: 36 – 7 = 29. Diese Periode dauert bis zum 29. Lebensjahr.
2. Höhepunkt: 29 + 9 = 38; 29. bis 38. Lebensjahr.
3. Höhepunkt: 38 + 9 = 47; 38. bis 47. Lebensjahr.
4. Höhepunkt: ab dem 47. Lebensjahr.

Die Berechnung der in diesen Perioden vorherrschenden Schwingungen erfolgt auf diese Weise:

1. Höhepunkt: Man addiert Geburtstag und -monat.
2. Höhepunkt: Man addiert Geburtstag und -jahr.
3. Höhepunkt: Man addiert den 1. und den 2. Höhepunkt.
4. Höhepunkt: Man addiert Geburtsmonat und -jahr.

Für unser Beispiel ergeben sich folgende Werte:

1. Höhepunkt: 18 = 1 + 8 = 9
2. Höhepunkt: 9 + 1 + 9 + 4 + 2 = 25 = 2 + 5 = 7
3. Höhepunkt: 9 + 7 = 16 = 1 + 6 = 7
4. Höhepunkt: 9 + 1 + 9 + 4 + 2 = 25 = 2 + 5 = 7

Herausforderungen

Anhand des Geburtsdatums läßt sich feststellen, ob ein Mensch mit besonderen Schwierigkeiten in seinem Leben zu rechnen hat. Für manchen ist das Leben eine ständige schwere Prüfung. Wer seine Fehler und Schwächen kennt, kann besser mit Schwierigkeiten fertig werden. Meistens stellt sich heraus, daß die Schwächen eines Menschen ihre Ursache darin haben, daß die in seiner Natur angelegten Vorzüge und Talente noch nicht entwickelt wurden. Man unterscheidet vier Herausforderungen, die nach folgenden Regeln ermittelt werden:

1. Unterherausforderung: Vom Geburtstag wird der Geburtsmonat abgezogen.
2. Unterherausforderung: Vom Geburtstag wird das Geburtsjahr abgezogen.
3. oder Hauptherausforderung: Man zieht die 1. und 2. Unterherausforderung voneinander ab.
4. Herausforderung: Man zieht vom Geburtsmonat das Geburtsjahr ab.

Um diese Rechnungen korrekt durchzuführen, müssen Geburtstag, Geburtsmonat und Geburtsjahr durch Bildung der Quersumme vereinfacht werden.

Beispiel: Eine Person ist am 9. 9. 1942 geboren.

1. Unterherausforderung: 9 – 9 = 0
2. Unterherausforderung: 9 – 7 (1 + 9 + 4 + 2 = 16 = 1 + 6 = 7) = 2
3. oder Hauptherausforderung: 0 – 2 = 2
4. Herausforderung: 9 – 7 = 2

Mit der Hauptherausforderung (2) wird sich diese Person ihr ganzes Leben lang auseinandersetzen müssen. 0 bedeutet, daß keine oder alle Herausforderungen vorhanden sind. Eine solche Person hat entweder ständig Schwierigkeiten oder nur Erfolg.

Die Namen

Das lateinische Sprichwort nomen est omen (der Name hat Vorbedeutung) drückt eine uralte Erfahrung der Menschheit aus: daß ein Name das Wesen eines Menschen widerspiegelt und für diese Person selbst steht. Wer den Namen einer Gottheit kennt, kann mit ihr in Kontakt treten. Deshalb gehörten die Namen der Götter, die wegen ihrer Länge oft unaussprechlich waren, in vielen Kulturen zum Geheimwissen der Priester. Bei den Juden lautete der streng geheime Name Gottes »Shemhamphorasch«, was wörtlich übersetzt »Name der 72 Silben« bedeutet.

In der Magie haben die Dämonen und Geister zahlreiche Namen, deren Kenntnis den Eingeweihten die Macht verleiht, diese Wesen herbeirufen zu können. In der modernen Esoterik haben Namen einen bestimmten Schwingungsrhythmus, der durch Zahlen ausdrückbar ist. Da die Namen den Menschen bei der Geburt gegeben werden, kann man sie als einen »irdischen Code« bezeichnen. Im Gegensatz zu den Namen drückt das Geburtsdatum die kosmischen Schwingungen aus.

Die Frage, weshalb einem Neugeborenen ein bestimmter Name gegeben wird, wird unterschiedlich beantwortet. Einmal gibt es den Glauben, daß die Eltern bei der Namengebung von übernatürlichen Kräften beeinflußt werden. Dagegen steht die Auffassung, daß die Seele beim Eintritt in den Körper des Neugeborenen sich einen Namen wählt, der ihrer Aufgabe entspricht. Fest steht, daß jeder Name einen bestimmten Schwingungscharakter hat, der den Namensträger beeinflußt und formt. Von den Lauten nämlich, die einen Namen bilden, schreibt man besonders den Vokalen (a, e, i, o, u) die Wirkung zu, die Körperfunktionen zu verändern. Man muß sich dies so vorstellen, daß die Laute wie Glaslinsen wirken und nur bestimmte Schwingungen sammeln und durchlassen. Die Vorstellung, daß Vokale auf die Seele eines Menschen einwirken, bildet die Grundlage vieler religiöser Praktiken. Im Mithraskult dienten die Vokale in den Gebeten dazu, die Seelen der Gläubigen zu reinigen. Die gnostische

Der 72silbige Name Gottes

Sekte der Katharer in Südfrankreich schrieb einem Lied, dessen Refrain nur aus den Vokalen a, e, i, o, u bestand, eine innerlich reinigende Wirkung zu.

Es ist sicherlich kein abwegiger Gedanke, daß der einem Neugeborenen gegebene Name die sich entwickelnde Persönlichkeit formt. Wer seinen Namen mehrfach am Tage hört, verinnerlicht allmählich den von den Lauten ausgehenden Schwingungsrhythmus. Andererseits kann eine Veränderung einer ausgebildeten Persönlichkeit durch die Korrektur bzw. die Wahl eines neuen Namens eingeleitet werden. Der neue Name verleiht seinem Träger auch einen anderen Charakter. Menschen, die einem geistlichen Orden beitreten, oder Künstler wählen sich einen Ordensnamen oder Künstlernamen (Pseudonym), weil sie der Ansicht sind, ihre neuen Aufgaben nur lösen zu können, wenn ihre Persönlichkeit von einem anderen Schwingungsrhythmus geprägt wird. Da jeder Name durch die von ihm ausgehenden Schwingungen seinen Träger beeinflußt, sind alle Namen wichtig, also alle Vornamen, der Nachname, der Name der Mutter, Kosenamen, der Mädchenname einer Frau, Künstlernamen (Pseudonyme) und der Name des Geburts- bzw. Wohnorts.

Die Verwandlung der Buchstaben in Zahlen erfolgt nach einer der dargestellten sieben Methoden. Um alle Deutungsmöglichkeiten auszuschöpfen, empfehlen wir dem Leser, den Zahlwert seiner Namen nach diesen sieben Verfahren zu ermitteln und die im Lexikonteil aufgeführten Zahlenbedeutungen mit seinen eigenen Lebenserfahrungen zu vergleichen. Bei den folgenden Beispielen beschränken wir uns auf die 2. Methode, die in der modernen Esoterik bevorzugt wird. Grundsätzlich werden die ermittelten Zahlwerte für einen Namen auf eine der 9 Grundzahlen durch Bildung der Quersumme vereinfacht. Einige Esoteriker schlagen vor, zweistellige Zahlen mit denselben Ziffern (Meister- oder Leitzahlen), deren Quersumme 9 nicht überschreitet, also 11, 22, 33, 44, unverändert zu lassen.

Beispiel:	E	L	M	A	R		
	5	3	4	1	9	=	22

Solche Zahlen verstärken die Schwingungen erheblich und üben auf den Menschen einen starken Druck aus. Gelegentlich müssen Menschen mit solchen Zahlenwerten ihren Namen wechseln, weil sie diese intensiven Schwingungen nicht ertragen. Eine Verstärkung der Schwingungen soll auch von der Zahl 0 ausgehen.

Beispiel:	W	O	L	F	G	A	N	G		
	5	6	3	6	7	1	5	7	=	40

Die Bildung der Quersumme (4 + 0) ergibt zwar 4, aber diese Zahl ist viel stärker zu gewichten als derselbe Zahlwert, den der Name Albert ergibt:

A	L	B	E	R	T		
1	3	2	5	9	2	=	22 = 2 + 2 = 4

Die Gesamtnamenszahl

Andere Bezeichnungen sind: Namenszahl, Schicksalszahl, Zahl des integrierten Selbst, Berufungszahl, Persönlichkeitszahl. Um diese Zahl zu ermitteln, nimmt man am besten den im Personalausweis eingetragenen Namen. Dazu gehören alle Vornamen, der Nachname, Doktortitel (Abkürzung Dr.) und Adelsprädikate (z. B. von).

Beispiel:

H	E	L	M	U	T		G	U	S	T	A	V
8	5	3	4	3	2		7	3	1	2	1	4

W	E	R	N	E	R		
5	5	9	5	5	9	=	81 = 8 + 1 = 9

Die Gesamtnamenszahl sagt, welches Leben dem Namensträger bevorsteht und welche Fähigkeiten er besitzt, um das vorgegebene Lebensziel zu erreichen. Da das Schicksal eines Menschen durch seine Geburtszahl bestimmt wird, muß die Gesamtnamenszahl mit ihr übereinstimmen oder zumindest harmonieren (siehe hierzu auch S. 70). Die Gesamtnamenszahl drückt aber nicht nur aus, wie ich mein gegenwärtiges Leben erfülle, sondern auch, welche Handlungen ich begehe, die sich in einem künftigen Leben auswirken. Und sie sagt, wie ich für mein gegenwärtiges Schicksal oder Karma gerüstet bin.

Gegen diese Umrechnung wird oft eingewandt, daß der Name der Mutter nicht berücksichtigt wird. Einige Esoteriker zählen bei Frauen immer noch den Zahlenwert ihres Mädchennamens hinzu. Wir meinen, daß bei der Berechnung der Gesamtnamenszahl auch der mütterliche Erbteil zum Ausdruck kommen muß. Zu dem Wert des Nachnamens, der primären Erbschaftszahl, wird der Zahlwert des Mädchennamens der Mutter (sekundäre Erbschaftszahl) addiert. Wenn der Mädchenname der Mutter in unserem Beispiel Enderlein lautet, ergibt sich folgende Rechnung:

HELMUT GUSTAV WERNER = 9

+

E	N	D	E	R	L	E	I	N	
5	5	4	5	9	3	5	9	5	= 50

59 = 5 + 9 = 14 = 1 + 4 = 5

Die karmische Akkumulationszahl

Das gegenwärtige Leben ist immer das Resultat von früheren Existenzen. Auskunft über schlechte Taten in früheren Leben geben die unheilvollen oder karmischen Zahlen. Dies sind:

13: Ihr Symbol ist im Tarot der Schnitter. Sie bedeutet »Tod«, aber auch Wiedergeburt in einem anderen Leben.

14: Sie weist auf den Verlust von Eigentum, aber auch auf Krankheiten hin.

16: Im Tarot symbolisch durch den Turm dargestellt. Sie kündigt ein plötzliches Unglück an.

Wichtige Hinweise, was ein Mensch im jetzigen Leben besser machen kann, geben die fehlenden Buchstaben in seinem Namen. Wenn man sie addiert, erhält man eine Zahl (karmische Lektionszahl oder karmische Akkumulationszahl), welche die noch nicht erfüllten Wünsche unserer Seele ausdrückt. Das oberste Ziel der Seele, die in unseren Körper eintritt, ist ihre Vervollkommnung und die Verwirklichung aller in ihr angelegten Möglichkeiten im Menschen. Die karmische Akkumulationszahl kann nach drei Methoden ermittelt werden.

1. Methode: Man stellt fest, welche Zahlen im Gesamtnamen fehlen.

Beispiel:

H	E	L	M	U	T		G	U	S	T	A	V	
8	5	3	4	3	2		7	3	1	2	1	4	
W	E	R	N	E	R								
5	5	9	5	5	9	=	81 = 8 + 1 = 9						

	1	2	3	4	5	6	7	8	9
Anzahl der Grundzahlen	2	2	3	2	5	0	1	1	2

Die karmische Akkumulationszahl ist die 6.

2. *Methode:* Man berücksichtigt nur die fehlenden Mitlaute (Konsonanten) des Gesamtnamens. In unserem Beispiel fehlen folgende Konsonanten:

1	2	3	4	5	6	7	8	9
J	B	C	D	–	F	P	Q	–
	K					Y	Z	
					X			

Die Zahlwerte der fehlenden Konsonanten sind 1, 2, 3, 4, 6, 7, 8, die addiert die karmische Akkumulationszahl 31 ergeben.

3. Methode: Die karmische Akkumulationszahl wird durch Addition des Zahlwertes der Buchstaben des Gesamtnamens und der Geburtszahl errechnet. In unserem Beispiel Helmut Gustav Werner, geboren am 9. 9. 1942, kommt man zu folgendem Ergebnis:

Gesamtname	9
Geburtszahl	7
Karmische Akkumulationszahl	16 = 1 + 6 = 7

Der erste Vokal

Der erste Vokal im Gesamtnamen filtert die kosmischen Schwingungen und verstärkt sie wie ein Brennglas. Man glaubt, daß der Zahlwert dieses Vokals die Schwingung angibt, mit der die Seele in den Körper eingetreten ist. Er beschreibt die Reaktionsfähigkeit eines Menschen oder, mit anderen Worten, wie eine Person auf äußere Impulse reagiert. Jeder kennt den aktiven und passiven Menschentyp. Es gibt Menschen, die künftige Entwicklungen ahnen, ihrer Zeit voraus sind und bildlich gesprochen »das Ohr an der Schiene« haben. Andere Menschen bedürfen ständig einer Aufforderung und müssen geradezu zu ihrem Glück gezwungen werden. Ein langer Vokal verstärkt diese Wirkung noch. Steht der erste Vokal in einem Doppellaut (z. B. au, ei, eu, etc.), dann wird seine Wirkung von dem folgenden Vokal beeinflußt.

Beispiele:

Helmut Gustav Werner: Der erste Vokal hat den Zahlwert 5. Die Reaktionsfähigkeit dieser Person wird uneingeschränkt durch diese Schwingungszahl bestimmt.

Heinrich Müller: Die Schwingungszahl 5 wird durch den Wert 9 des Vokals I entweder verstärkt oder reduziert, je nachdem, ob man 5 und 9 als zueinander passend oder als unverträglich ansieht. Ausführlich wird diese Frage auf S. 70 behandelt.

Die Vornamenszahl
(Entwicklungszahl, Kreativzahl)

Dieser Zahlwert wird aus den Vor- und Rufnamen ermittelt, die im Personalausweis stehen. Einige Esoteriker ziehen zur Berechnung noch die Kosenamen hinzu:

H	E	L	M	U	T		G	U	S	T	A	V
8	5	3	4	3	2		7	3	1	2	1	4

Vornamenszahl = 25 + 18 = 43 = 4 + 3 = 7

Hat der Namensträger noch den Kosenamen »Gustl«, so verändert sich das Ergebnis:

G	U	S	T	L
7	3	1	2	3 = 16 = 1 + 6 = 7

Diesen Wert addiert man zu der Vornamenszahl 7.
Ergebnis: 7 + 7 = 14 = 1 + 4 = 5.

Die Vornamenszahl sagt zunächst aus, wie ein Mensch in seiner engeren sozialen Umgebung, also in der Familie und im Freundeskreis, gesehen wird. Wenn man wissen will, welche Möglichkeiten der Entwicklung, besonders im geistigen Bereich, in einem Menschen stecken, dann zieht man seine Vornamenszahl zu Rate. Was ein Mensch aus seinem väterlichen und mütterlichen Erbe macht, wird von seiner persönlichen Entwicklung bestimmt. Bei der Wahl des Vornamens setzen die Eltern fest, in welche Richtung sich ihr Kind entwickeln soll. Mit dieser Absicht seiner Eltern wird ein Mensch während seines ganzen Lebens konfrontiert.

Die Nachnamenszahl
(Pflichtzahl, Erbschaftszahl, Karmazahl)

Was ein Mensch von seinen Vorfahren und Eltern erlebt hat, drückt der Zahlenwert seines Nachnamens aus. Da der Nachname vom Vater stammt, kann er nur aussagen, was ein Mensch von der väterlichen Seite als »Kapital« für sein Leben erhalten hat. Nicht nur bei Frauen, sondern auch bei Männern sollte immer auch der Mädchenname der Mutter hinzugezählt werden. Diese Zahl drückt aus, was die Umwelt von einem Träger dieses Namens erwartet. Man könnte auch sagen, sie beschreibt die Pflichten, die eine Person im Leben übernehmen muß.

Beispiel:

W	E	R	N	E	R					
5	5	9	5	5	9				= 38 = 3 + 8 = 11 = 1 + 1	= 2
Name der Mutter:										
E	N	D	E	R	L	E	I	N		
5	5	4	5	9	3	5	9	5	= 50 = 5 + 0	= 5
Vollständige Nachnamenszahl										= 7

Manche Numerologen verstehen unter *Erbschaftszahl* die Summe des Vor- und Nachnamens von Vater und Mutter bzw. im Falle von Stiefeltern deren Vor- und Nachnamen.

Die Vokalzahl

(Seelenzahl, Herzzahl, geheimes Selbst)

Die Vokale des Gesamtnamens enthalten das Wesen des Menschen. Damit sind gemeint alle unsere Neigungen, geheimen Bestrebungen, Triebe, kurzum alles, was das Selbst oder den Wesenskern eines Menschen ausmacht. Nur allzu oft sind einem Menschen seine Wesensmerkmale überhaupt nicht bewußt, weil sie im Unterbewußtsein schlummern. Neigungen, deren wir uns schämen, werden unterdrückt und vor der Öffentlichkeit verborgen gehalten. Nur gelegentlich brechen dann diese »Schatten« unserer Seele hervor.

Die Vokalzahl drückt aber auch aus, was die Seele in früheren Leben erfahren hat. Für das gegenwärtige Leben kann man hieraus die geheimen Wünsche und Sehnsüchte der Seele ablesen. Bei der Berechnung werden alle Vornamen berücksichtigt.

Beispiel:

H	E	L	M	U	T		G	U	S	T	A	V
	5			3				3			1	
W	E	R	N	E	R							
	5			5			Vokalzahl = 22 = 2 + 2 = 4					

Die Konsonantenzahl
(Persönlichkeitszahl, Gerüstzahl)

Diese Zahl erhält man, wenn man die Summe aller Konsonanten bildet. Diese Zahl wird sehr treffend als Persönlichkeitszahl bezeichnet, weil sie angibt, wie ein Mensch nach außen erscheint oder erscheinen will. Das Wort Persönlichkeit ist abgeleitet von dem lateinischen Wort persona, was eigentlich Maske bedeutet. Die Persönlichkeitszahl beschreibt unsere Masken, die wir uns im Lebenstheater aufgesetzt haben, um die uns aufgetragenen Rollen zu spielen. Die meisten Menschen wollen mit dieser Maske erreichen, daß sie mehr erscheinen, als sie sind. Das Ziel eines Menschen sollte aber sein, daß sein Wesen seinem Äußeren entspricht bzw. daß er als das erscheint, was er wirklich ist. Das heißt selbstverständlich auch, daß man sein Licht nicht unter den Scheffel stellen soll, wie ein Sprichwort sagt.
Die Seele des Menschen benötigt einen Körper, wo sie sich entfalten kann. Mit dem ersten Atemzug bei der Geburt tritt sie in den Körper ein und mit dem Tod verläßt sie ihn wieder. Die Konsonantenzahl beschreibt bildlich gesprochen die Wirkungsstätte der Seele. Daraus kann man die Forderung ableiten, daß die Vokalzahl mit der Konsonantenzahl harmonieren muß.

Beispiel:

H	E	L	M	U	T	G	U	S	T	A	V
8		3	4		2	7		1	2		4

W	E	R	N	E	R	Konsonantenzahl =
5		9	5		9	59 = 5 + 9 = 14 = 1 + 4 = 5

Die Konsonantenzahl muß nun mit der Vokalzahl verglichen werden, um festzustellen, ob beide Zahlen verträglich sind (s. S. 70).

Die Mittelnamens- und Kosenamenszahl
(Sozialzahl)

Unter Mittelnamen versteht man diejenigen Vornamen, die einem Menschen aus Erinnerung an seine Eltern, Großeltern oder an andere Verwandte gegeben werden. Meistens wird bei Jungen der Vorname des Vaters bzw. bei Mädchen der Vorname der Mutter genommen. Natürlich kann es auch vorkommen, daß eine Person keinen Mittelnamen oder Kosenamen hat. Kosenamen, die oft Kurzformen des Rufnamens sind, wie z. B. Gustl von Gustav, drücken in der Regel eine besondere Zuneigung der Namensgeber aus, und nur selten werden sie zur Verspottung einer Person gegeben. Die Summe des Zahlwerts von Mittel- und Kosenamen gibt Auskunft, ob und wie sich eine Person in eine soziale Gruppe wie zum Beispiel Familie, Arbeitskollegen oder Verein einordnet. Die Zahl 0 dürfte ein Hinweis auf mangelnde Sozialkontakte sein.

Beispiel:

Mittelname	G	U	S	T	A	V	
	7	3	1	2	1	4	= 18 = 1 + 8 = 9
Kosename	G	U	S	T	L		
	7	3	1	2	3		= 16 = 1 + 6 = 7
Mittelnamens- u. Kosenamenszahl							= 9 + 7 = 16 = 1 + 6 = 7

Die kosmischen Ereigniszahlen

Herbert Reichstein entwickelte in den 30er Jahren eine besondere Form der Namensanalyse. Er ging davon aus, daß es analog der Dreiteilung des Menschen in Seele, Geist und Körper nur 66 wichtige Zahlen gebe. Jedem der drei Bereiche ordnete er 22 Zahlen zu. Diese Ereigniszahlen oder Erziehungszahlen, die nach seiner Ansicht den Menschen während seines ganzen Lebens beeinflußten, gewinnt er aus den Zahlwerten des Vor- und Nachnamens. Für die Umrechnung benutzte er Methode 4 (S. 26).

H	E	L	M	U	T		W	E	R	N	E	R
8	5	12	13	6	9		6	5	20	14	5	20

Die zweistelligen Zahlwerte werden durch Bildung der Quersumme vereinfacht:

8	5	3	4	6	9		6	5	2	5	5	2

Ich addiere die Zahlwerte: 8 + 5 + 3 + 4 + 6 + 9 = 35; 6 + 5 + 2 + 5 + 5 + 2 = 25, dann die Ergebnisse: 35 + 25 = 60 (zerlegt in 6 und 0). Hieraus werden die kosmischen Ereigniszahlen gewonnen, z. B.: 35 + 6 = 41.
Kosmische Ereigniszahlen sind: 25, 35, 41, 60. Die Bedeutung wird im *Lexikonteil* unter »kosmische Ereigniszahlen« nachgeschlagen.

Geburtsort und Prägeort

Unter Prägeort versteht man den Ort, wo eine Person sich nach ihrer Geburt die meiste Zeit aufgehalten hat. Die Schwingungen, die von einem Ort ausgehen, haben großen Einfluß auf den Menschen. Er erhält nämlich nicht nur durch die Lebensweise, die Sitten und Gebräuche den Dialekt, sondern auch durch das Kraftfeld, d. h. die Schwingungsmuster eines Ortes, sein besonderes Gepräge. Das Wis-

Kraftfelder werden von Wünschelrutengängern abgetastet (1700)

sen um die Kraftfelder in der Erde und an Orten mit besonderer Kraft wurde in den alten Hochkulturen beim Bau von Kult- und Wohnstätten benutzt. Die Übereinstimmung von Erde und Mensch setzt als selbstverständlich voraus, daß ähnlich wie im menschlichen Körper auch in der Erde Kraftströme sind, deren Schwingungen gemessen werden können. Dieses uralte Wissen ging mit dem Aufkommen der neuzeitlichen Erdwissenschaft verloren. Die großen Monumente aus der Frühzeit der Menschheit, wie z. B. Stonehenge, Carnac und die Pyramiden, aber auch die mittelalterlichen Kirchen wurden an solchen Kraftorten gebaut.

Die Geburtsortszahl sagt aus, wie ich zur Natur stehe und ob ich mich in Harmonie mit der Erde befinde. Der »heimatlose« und »unbehauste« Mensch wie der berühmte Dr. Faust, der überall zu Hause ist, wird in der Literatur und Kunst als gescheitert und unglücklich dargestellt.

Beispiel:

F	R	A	N	K	F	U	R	T		A	M		M	A	I	N	
6	9	1	5	2	6	3	9	2		1	4		4	1	9	5	= 67

Geburtsortszahl: 67 = 6 + 7 = 13 = 1 + 3 = 4

Bei der Berechnung sollte darauf geachtet werden, daß der ganze geographische Name, in unserem Beispiel also nicht nur Frankfurt, in Zahlen umgesetzt wird. Bei größeren Städten wird gelegentlich noch der Stadtteil hinzugesetzt, also z. B. München-Schwabing oder Hamburg-Altona.

Die Summe der Geburts- und der Gesamtnamenszahl

(Machtzahl, Lebenszielzahl, Außenweltzahl)

Die Summe der Geburts- und der Gesamtnamenszahl gibt den Weg oder die Richtung an, wie eine Person ihrem Lebensziel zusteuert. Sie ist eine wichtige Orientierungshilfe bei Lebensentscheidungen wie z. B. der Berufswahl. Das Lebensziel ist durch die kosmischen Schwingungen des Geburtsdatums vorgegeben. Die irdischen Schwingungen der Namen geben das Rüstzeug, um das Lebensziel zu erreichen. Erst wenn sich die Seele durch den Tod vom Körper gelöst hat und in eine neue Existenzform eingetreten ist, kann die Frage beantwortet werden, ob dieses vorgegebene Ziel auch erreicht wurde. Reichstein stellte die Behauptung auf, daß ein Mensch sein Lebensziel erreicht habe, wenn die Summe der Namenszahl und des Todesdatums gleich der Lebenszielzahl sei.

Beispiel: Helmut Gustav Werner

Geburtszahl	=	7
Gesamtnamenszahl	=	9
Lebenszielzahl	=	16 = 1 + 6 = 7

Die Chakras eines Menschen

Die Chakras (Sanskrit »Räder«) sind Energiewirbel im Menschen, welche die kosmische Energie aufnehmen, bündeln und weiterleiten. Man könnte sie auch als Schwingungskörper bezeichnen, die einen in Zahlen ausdrückbaren Schwingungsrhythmus haben. Bildlich werden diese Energiezentren in den östlichen Weisheitslehren als Lotosblüten dargestellt, auf die sämtliche Laute des Sanskrit-Alphabetes verteilt sind. Offensichtlich war schon den alten Indern bekannt, daß diese Zentren durch die von den Buchstaben ausgehenden Schwingungen beeinflußt werden können.

1. Chakra: Muladhara
Der Sitz ist die Region des Beckenbodens. Man bezeichnet dieses Zentrum auch als das Basis-Chakra, weil an dieser Stelle die Lebensenergie (Kundalini) konzentriert ist. Auf dem vierblättrigen Lotos befinden sich S-Laute, von denen nur einer dem deutschen S entspricht, und V.

2. Chakra: Svadhisathana
Man siedelt dieses Chakra in der unteren Bauchregion an. Von ihm gehen physische Energien, aber auch psychische Kräfte aus. Einen wichtigen Anteil an diesen Energien hat die Geschlechtskraft. Das sechsblättrige Lotos enthält folgende, auch im Deutschen vorhandene Laute: B, M, Y, R und L.

3. Chakra: Manipura
Sein Sitz ist der Magenbereich; dieses Chakra ist für das Gefühls-

Die Chakras des menschlichen Körpers

leben verantwortlich. Auf seinem zehnblättrigen Lotos sind die Buchstaben D, T, N und P angeordnet.

4. Chakra: Anahata

Man siedelt es im Brustbereich an. Verantwortlich ist dieses Chakra für die überpersönlichen Kräfte wie Liebe etc. Auf seinem zwölfblättrigen Lotos befinden sich die Laute G, K, C und J. Die ersten vier Chakras haben eine niedrige Schwingungszahl.

5. Chakra: Vishuddha

Sitz ist der Kehlkopf. Von ihm gehen die Kräfte aus, die einen Menschen erst zu einer Persönlichkeit machen. Auf den sechzehn Blättern des Lotos sind alle im Sanskrit gebräuchlichen Vokale und Doppellaute angeordnet.

6. Chakra: Ajna

Dieses Chakra, dessen Sitz die Stirn ist, ist für das Bewußtsein und für geistige Kräfte verantwortlich. Es besitzt nur zwei Blätter mit den Buchstaben H und Ks.

7. Chakra: Sahasrara

Dorthin gelangt die Lebenskraft Kundalini, nachdem sie die sechs Energiezentren durchquert hat. Das sogenannte Scheitel-Chakra ist die Summe aller Chakras und der Sitz der Spiritualität. Sein Lotos ist tausendblättrig.

Wir haben schon die Frage behandelt, was Eltern veranlaßt, einem Neugeborenen einen bestimmten Namen zu geben. Außer, daß übernatürliche Kräfte die Entscheidung der Eltern beeinflussen oder die in den Körper des Kindes eintretende Seele sich den Namen selbst aussucht, wäre auch denkbar, daß die von den Chakras des Kindes ausgehenden Schwingungen für die Namenswahl verantwortlich sind. Die Namen eines Menschen haben ein Schwingungsmuster, das mit dem der Chakras übereinstimmt. Wenn sich Menschen neue Namen geben (wie z. B. Pseudonyme) oder Frauen den Namen des Ehemannes annehmen, dann werden auch die Chakras beeinflußt. In der Praxis geht man so vor, daß man zunächst jedem Buchstaben des Vor- und Nachnamens die entsprechenden Zahlenwerte der Chakras zuordnet, auf welchen diese Buchstaben angeordnet sind:

1. Chakra: S, V = 4
2. Chakra: B, L M, R, Y = 6
3. Chakra: D, N, P, T = 10
4. Chakra: C, G, J, K = 12
5. Chakra: A, E, I, O, U, Ä, Ö, Ü = 16
6. Chakra: H, Ks = 2
7. Chakra: alle Laute; 1000

Die fehlenden Buchstaben werden so ergänzt: F und W = V (4); X = Ks (2); Z = TS (14, aus 10 + 4); Q = KU (28, aus 12 + 16); ß = 4.

Vollständige Umrechnungstabelle:

A	B	C	D	E	F	G	H	I
16	6	12	10	16	4	12	2	16

J	K	L	M	N	O	P	Q	R
12	12	6	6	10	16	10	28	6

S	T	U	V	W	X	Y	Z	ß
4	10	16	4	4	2	6	14	4

Ä (AI)	Ö (OI)	Ü (UI)
32	32	32

Das Schwingungsmuster der Chakras errechnet man auf folgende Weise, z. B. für den Namensträger:

H	E	L	M	U	T		W	E	R	N	E	R	
2	16	6	6	16	10		4	16	6	10	16	6	
			56			+			58				= 114

Summe der Chakrawerte = 114 = 1 + 1 + 4 = 6

Der durchschnittliche Schwingungsrhythmus der Chakras beträgt 6, was dem Wert des 2. Chakras entspricht. Dieses Chakra bestimmt das Schwingungsmuster des gesamten Chakrasystems, das auf diesen Rhythmus eingestimmt ist. Wenn das Ergebnis dieser Rechnung einen Zahlwert ergibt, der mit keiner Schwingungszahl (2, 4, 6, 10, 12, 16, 1000) der Chakras übereinstimmt, dann hat dieses Energiesystem kein festes Schwingungsmuster. Die Folgen sind Blockaden im Energiefluß, die sich dadurch bemerkbar machen, daß sich diese Person »in ihrer Haut nicht wohl fühlt«. Eine Namensänderung oder -korrektur kann in solchen Fällen Wunder wirken. Oft genügt es schon, daß man sich statt des Vornamens einen Kosenamen zulegt oder den Mittelnamen benutzt. Frauen können ihren Mädchennamen zu ihrem Familiennamen setzen.

Träume und Zahlen

Träume enthalten Mitteilungen, die, physikalisch betrachtet, uns mit Hilfe von Schwingungen übermittelt werden. Die sehr häufig in Träumen vorkommenden Zahlen bedürfen einer sorgfältigen Deutung. Solche Traumzahlen sind Symbole, die Urerfahrungen der Menschheit enthalten. Sie stammen aus dem kollektiven Unbewußten der Menschheit. Die Deutung der Traumzahlen finden Sie im Lexikonteil dieses Buches. Auch die Praxis, den im Traum erscheinenden Personen und Gegenständen einen Zahlwert zuzuordnen, reicht weit in die Vergangenheit zurück. Die folgenden Abbildungen, die einem Traumbuch des 19. Jahrhunderts entnommen sind, illustrieren, wie man die Zahlen 1 bis 22 bestimmten Gegenständen und Personen zuordnete.

1 Engel, Koffer, Schlange, Uhr, Mühle, Geldbeutel

2 Kirche, Geistlicher, Gürtel, Brücke, Wasser, Tauben

3 Mörser, Rettich, Schinken, Baum, Galgen, Gans

4 Drescher, Getreide, Wagen, Kegel, Katze, Pfau

5 Wirtshaus, Klinke, Kugel, Kette, Fischer, wilder Ochse

6 Ruderer, Falle, Schwert, Lamm, Storch, Faß

7 Tulpen, Meerzwiebeln, Beerdigung, Frösche, Friedhof, Geldsäcke

8 Schütze, Käfer, Spiegel, Messer, Gabel, Neger

9 Gewitter, Schachspiel, Peitsche, Bär, Hut, Ofen

10 Rose, Sieb, Gebirge, Küchengerät, Fliegen, Nachtwächter

11 Korb, Gefangener, Kahn, Kamel, Brand, Strauch

12 Kraut, Schere, Bauer, Säugling, Muslim, Bügeleisen

13 Stadt, Pilze, Bock, Weben, Kragen, Soldat

14 Eremit, Totenschädel, Glocke, Garten, Hausfrau, Kleiderschrank

15 Pferdestall, Sichel, Peitsche, Fingerhut, Gebäck, Beichtstuhl

16 Bischof, Händler, Weinfaß, Hund, Bücher, Felsen

17 Wanderer, Affe, Orangen, Sarg, Kranker, Lampe

18 Billard, Wurm, Zelt, Pfanne, Ballen, Frau

19 Kanone, Trinker, Melone, Pfeil, Bleistift

20 Fallen, Zange, Schnecke, Tasse, Hemd, Baßgeige

21 Stall, Kugel, Dreifuß, Orden, General, Gefängnis

22 Tanz, Bäuerin, Birnen, Äpfel, Geige, Feuerspritze

Das Numerogramm

In einem Numerogramm oder Numeroskop werden übersichtlich alle auf eine Person bezogenen Zahlen zusammengestellt und addiert. Nicht mitgezählt werden die Zahlenwerte, die sich auf ein bestimmtes Jahr oder ganz allgemein auf die Zukunft beziehen. Die Summe aller Zahlenwerte gibt an, unter welcher Zahl das Leben eines Menschen steht.

Beispiel: Helmut Gustav Werner, geboren am 9. 9. 1942:

1.	Geburtszahl	7
2.	Geburtstagszahl	9
3.	Geburtsmonatszahl	9
4.	Geburtszahl plus Sternzeichen	6
5.	Gesamtnamenszahl	9
6.	Karmische Lektionszahl	6
7.	Zahl des 1. Vokals	5
8.	Vornamenszahl	7
9.	Nachnamenszahl	11
10.	Vokalzahl	4
11.	Konsonantenzahl	5
12.	Mittel- und Kosenamenszahl	7
13.	Geburtsorts-/Prägeortszahl	4
14.	Geburts- und Gesamtnamenszahl	7
15.	Schwingungszahl der Chakras	6
	Summe	102

Gesamtlebenszahl (Aufgabenzahl) = 102 = 1 + 0 + 2 = 3

Die Verträglichkeit von Zahlen

Die Verträglichkeit von Zahlen spielt sowohl beim Vergleich der Zahlen einer Person in ihrem Numerogramm als auch im zwischenmenschlichen Bereich eine Rolle, wenn man mit einem anderen Menschen in eine engere Beziehung treten will. Der ideale Fall ist, daß zwei Zahlen völlig übereinstimmen. Für alle anderen Fälle müssen Kriterien gefunden werden, um zwei Zahlen miteinander zu vergleichen.
Wenn Zahlen Symbole für Schwingungen sind, müssen sie auch die Grundeigenschaften jeder Energie, die Polarität oder Gegensätzlichkeit, zum Ausdruck bringen. Energie kann nur fließen, wenn es zwei gegensätzliche Pole gibt. Beim elektrischen Strom bezeichnet man diese Pole als positiv (+) und negativ (-).
Entsprechend werden die Zahlen in ungerade (1, 3, 5, 7, 9) und gerade (2, 4, 6, 8) eingeteilt. Die ungeraden Zahlen gelten als männlich, aktiv und dynamisch, die geraden als weiblich, passiv und aufnehmend. Die Verträglichkeit von zwei Zahlen kann unter folgenden Gesichtspunkten betrachtet werden:

1. Beide Zahlen sind gleichartig (analog). Eine harmonische Verbindung entsteht nur, wenn eine gerade mit einer geraden und eine ungerade mit einer ungeraden Zahl verbunden wird. Dagegen wird eingewandt, daß diese Verbindungen einem Grundgesetz des Universums widersprechen. Denn nur durch Gegensätzlichkeit entsteht Bewegung und Leben.
2. Beide Zahlen müssen ungleichartig sein; scheinbar würde eine solche Verbindung dem universalen Polaritätsgesetz entsprechen. Wie soll man aber Verbindungen wie z. B. 2 + 9 = 11 (vereinfacht 1 + 1 = 2) oder 6 + 6 = 12 (vereinfacht 1 + 2 = 3) erklären? Im ersten Beispiel werden zwar zwei gegensätzliche Zahlen vereinigt, die Quersumme ergibt aber eine gerade Zahl. Dagegen ergibt die Addition zweier gerader Zahlen im zweiten Beispiel eine ungerade Zahl.
3. Eine Zahlenverbindung ist nur dann verträglich, wenn im Ergeb-

nis eine ungerade Zahl herauskommt. In der folgenden Tabelle werden die verträglichen mit + und die unverträglichen Verbindungen mit – bezeichnet.

Verträglichkeit der Grundzahlen 1 bis 9:

	1	2	3	4	5	6	7	8	9
1	–	+	–	+	–	+	–	+	+
2	+	–	+	–	+	–	+	+	–
3	–	+	–	+	–	+	+	–	+
4	+	–	+	–	+	+	–	+	–
5	–	+	–	+	+	–	+	–	+
6	+	–	+	+	–	+	–	+	–
7	–	+	+	–	+	–	+	–	+
8	+	+	–	+	–	+	–	+	–
9	+	–	+	–	+	–	+	–	+

Die Verträglichkeit von Zahlen wird auch mit Hilfe der Astrologie geprüft. Den Planeten wurden schon in den frühen Hochkulturen Zahlen zugeordnet. Um die Harmonie von Zahlenverbindungen festzustellen, muß nur untersucht werden, ob eine bestimmte Planetenkonstellation günstig oder ungünstig ist.

Die Zahlen der Planeten:

Sonne:	1
Mond:	2
Mars:	3
Jupiter:	4
Saturn:	5
Merkur:	6
Uranus:	7
Venus:	8
Neptun:	9
Pluto:	0

Sehr harmonische Planetenkonstellationen sind:

Sonne/Mond
Merkur/Venus
Jupiter/Sonne
Saturn/Jupiter

Sehr disharmonische Planetenkonstellationen sind:

Saturn/Sonne
Mars/Venus

Alle übrigen Planetenkonstellationn können als erträglich bezeichnet werden.

Hieraus ergibt sich folgende Verträglichkeit der Grundzahlen 1 bis 9 (+ = sehr gut verträglich, – = unverträglich, o = noch verträglich):

Verträglichkeit der Grundzahlen 1 bis 9 nach den Planetenzahlen:

	1	2	3	4	5	6	7	8	9
1	o	o	o	o	–	o	o	o	o
2	+	o	o	o	o	o	o	o	o
3	o	o	o	o	–	o	o	o	o
4	+	o	o	o	o	o	+	o	o
5	o	o	o	o	o	o	o	o	o
6	o	o	o	o	o	o	o	+	o
7	o	o	o	o	o	o	o	o	o
8	o	o	o	o	o	o	o	o	o
9	o	o	o	o	o	o	o	o	o

Zahlen lassen sich auch vergleichen, indem man ihnen einen bestimmten Charakter zuspricht. Wie der Mensch können sie in Körper, Herz, Geist und Seele aufgeteilt werden. Durch folgende Zuordnungen kann man diese Schichten näher bestimmen:

Körper:	Stofflichkeit, praktischer Nutzen
Herz:	Gefühle
Geist:	Denkfähigkeit
Seele:	Weisheit, Spiritualität

In diesen Grundbereichen des Menschen werden die Zahlen 1 bis 9 angeordnet:

Körper:	4, 5
Herz:	2, 3, 6
Geist:	1, 8
Seele:	7, 9

Ein Mensch, der als Summe seines Numerogramms eine 4 oder 5 hat, paßt sicherlich nicht zu einem Partner mit den Zahlenwerten 7 oder 9.

Ein ähnliches Schema kann auch mit Hilfe der jüdischen Mystik, der Kabbala, entwickelt werden. Da Gott, der Schöpfer der Welt und des Universums, unnahbar und unbegreiflich ist, stehen zwischen ihm und der Welt die 10 Sefirot (Zahlen), die in Form eines Baumes dargestellt werden. Schematisch werden die 10 »Zahlen«, durch die Gott die Welt geschaffen hat, so dargestellt:

links		1		rechts
weibliche Zahlen	3		2	männliche Zahlen
	5		4	
		6		
	8		7	
		9		
		10		

Die weiblichen Zahlen 3, 5, 8 sind aus den männlichen 2, 4, 7 hervorgegangen. Beide Zahlensäulen vereinigt die »Säule der Mitte«: 1, 6, 9. Die 10 ist keine neue Zahl, sondern nur die Summe der Vereinigung der übrigen Zahlen. Im Lebensbaum werden drei Schichten unterschieden:

1. Vernunftreich: 1, 2, 3
2. Seelenreich: 4, 5, 6
3. Reich der Natur: 7, 8, 9

Horizontal und vertikal sind je drei Zahlen verträglich (+ = verträglich, – = unverträglich).

Verträglichkeit der Grundzahlen 1 bis 9 nach dem Lebensbaum:

	1	2	3	4	5	6	7	8	9
1	–	+	+	+	–	–	+	–	+
2	+	–	+	–	+	–	–	+	–
3	+	+	–	–	–	+	–	+	–
4	+	–	–	–	+	+	+	–	–
5	–	+	–	+	–	+	–	+	–
6	–	–	+	+	+	–	–	–	+
7	+	–	–	+	–	–	–	+	+
8	–	+	–	–	+	+	–	–	+
9	–	–	+	–	–	+	+	+	–

Ein weiteres Verfahren ermittelt die Verträglichkeit der Zahlen mit Hilfe von »Spannungszahlen«. Sie werden gewonnen, indem man voneinander abzieht:

1. Vokalzahl und Konsonantenzahl
2. Gesamtnamenszahl und Konsonantenzahl
3. Gesamtnamenszahl und Vokalzahl
4. Geburtszahl und Konsonantenzahl
5. Geburtszahl und Vokalzahl
6. Gesamtnamenszahl und Geburtszahl

Für Helmut Gustav Werner ergibt dies:

1. 5 – 4 = 1
2. 9 – 5 = 4
3. 9 – 4 = 5
4. 7 – 5 = 2
5. 7 – 4 = 3
6. 9 – 7 = 2

Die Bedeutung dieser Spannungszahlen wird im *Lexikonteil* nachgeschlagen.

In der Numerologie werden auch die folgenden Tabellen benutzt, die mehr auf den Erfahrungswerten von Praktikern beruhen (a = beste Verträglichkeit, b = gute Verträglichkeit, c = mittelmäßige/neutrale Verträglichkeit, d = schlechte Verträglichkeit, e = sehr schlechte Verträglichkeit):

	1	2	3	4	5	6	7	8	9
1	d	a	c	b	d	a	b	d	d
2	a	c	c	b	b	a	d	a	d
3	c	c	a	a	d	b	a	b	a
4	b	b	d	a	d	b	a	b	a
5	d	b	b	d	a	b	c	a	d
6	a	a	b	b	b	a	d	a	c
7	b	d	d	a	c	d	a	b	a
8	d	a	b	b	b	b	b	d	b
9	d	d	b	a	d	c	a	b	a

oder:

	1	2	3	4	5	6	7	8	9
1	b	a	c	b	b	b	c	a	a
2	a	c	c	b	d	d	d	b	a
3	c	c	d	c	b	b	b	a	d
4	b	b	c	a	c	b	a	a	c
5	b	d	b	c	d	c	d	a	b
6	b	d	b	b	c	d	d	b	a
7	c	d	b	a	d	d	d	a	c
8	a	b	a	a	a	b	a	a	c
9	a	a	d	c	b	a	c	c	b

oder:

	1	2	3	4	5	6	7	8	9
1	b	a	a	b	a	a	c	c	a
2	a	b	a	d	a	b	b	d	d
3	a	a	b	d	a	a	d	d	a
4	a	d	d	b	b	d	e	e	e
5	a	a	a	b	b	a	d	c	d
6	a	b	a	d	a	b	d	c	a
7	c	b	c	e	d	d	b	e	d
8	c	d	d	e	d	d	e	b	e
9	a	d	a	e	d	a	d	e	b

oder:

	1	2	3	4	5	6	7	8	9
1	a	c	c	b	c	d	d	b	a
2	c	a	c	c	d	c	b	a	b
3	c	c	a	d	b	b	a	d	b
4	b	c	d	a	d	a	c	b	c
5	c	d	b	d	a	c	c	c	b
6	d	c	b	a	c	a	c	d	b
7	d	b	a	c	c	b	a	c	d
8	b	a	d	b	c	d	c	a	c
9	a	b	b	c	c	b	d	c	a

Die Namensänderung

Da der Gesamtname eines Menschen ein bestimmtes Schwingungsmuster enthält, sollte er idealerweise mit der Geburtszahl übereinstimmen. Wenn dies nicht der Fall ist, dann sollten beide Zahlwerte wenigstens verträglich sein. Die Unverträglichkeit dieser für einen Menschen grundlegenden Zahlwerte wird gemildert, wenn die Vokalzahl oder die Konsonantenzahl mit der Geburtszahl übereinstimmt. Fehlende Übereinstimmung oder mangelnde Verträglichkeit zwischen Vokal- und Konsonantenzahl bewirken Risse und Unstimmigkeiten in der Persönlichkeit eines Menschen. Ein solcher Mensch fühlt sich in seiner eigenen Haut nicht wohl und wird von seiner Umgebung als schwieriger und komplizierter Mensch gemieden.
Hinweis: Die Umrechnung der Buchstaben in Zahlwerte sollte nach allen sieben Verfahren vorgenommen werden. Wenn sich dabei überwiegend Unstimmigkeiten zwischen der Geburtszahl und der Namenszahl bzw. Vokal- und Konsonantenzahl ergeben, sollte eine Namenskorrektur erwogen werden.
Die möglichen Korrekturen sollen wieder am Beispiel Helmut Gustav Werner erläutert werden:

H	E	L	M	U	T	G	U	S	T	A	V
8	5	3	4	3	2	7	3	1	2	1	4
		25					18				

W	E	R	N	E	R	
5	5	9	5	5	9	
		38				= 81 = 8 + 1 = 9

1. Man läßt den zweiten Vornamen Gustav weg. In unserem Beispiel würde sich allerdings wiederum der Wert 9 ergeben (81 – 18 = 63 = 6 + 3 = 9). Wenn man einen zweiten Vornamen bislang nicht geführt hat, kann man gegebenenfalls durch seine Hinzufügung eine günstigere Namenszahl erreichen.

2. Der Vorname wird anders geschrieben, also statt Helmut *Helmuth*. Zu der Gesamtsumme müßte H = 8 addiert werden. 81 + 8 = 89 = 8 + 9 = 17 = 1 + 7 = 8. Auch diese Änderung würde keine Übereinstimmung mit der Geburtszahl 7 herbeiführen. Änderungen der Schreibweise eines Vornamens sind z. B. möglich bei:
   Anna / Anne
   Carl / Karl
   Christina / Kristina
   Detlef / Detlev
   Günter / Günther
   Mathias / Matthias
   Sara / Sarah
   Stephan / Stefan
   Volker / Folker

3. Der zweite Vorname wird abgekürzt. In unserem Beispiel ergibt diese Änderung den gewünschten Zahlwert 7:

H E L M U T   G.   W E R N E R
25 + 7 + 38
= 70 = 7 + 0 = 7

Die Problematik einer Namenskorrektur würde überhaupt nicht entstehen, wenn die Eltern bei der Wahl des Vornamens darauf achten würden, daß der Gesamtname ihres Kindes mit seiner Geburtszahl übereinstimmt.

3. Die wichtigsten Zahlenzuordnungen auf einen Blick

Glückstage und Glückszahlen

Im Volksglauben ist der Geburtstag eines Menschen auch sein Glückstag. Die 30 bzw. 31 Tage eines Monats lassen sich durch Bildung der Quersumme auf eine Grundzahl von 1 bis 9 vereinfachen. Die Glückszahlen eines Menschen sind alle Zahlen, deren Quersumme gleich der Geburtstagszahl ist.

Geburtstagszahl	*Glückstage im Monat*	*Glückszahlen*
1	1, 10, 19, 28	1, 10, 19, 28, 37, 46, 55, 64, 73, 82, 91, 100
2	2, 11, 20, 29	2, 11, 20, 29, 38, 47, 56, 65, 74, 83, 92, 101
3	3, 12, 21, 30	3, 12, 21, 30, 39, 48, 57, 66, 75, 84, 93, 102
4	4, 13, 22, 31	4, 13, 22, 31, 40, 49, 58, 67, 76, 85, 94, 103
5	5, 14, 23	5, 14, 23, 32, 41, 50, 59, 68, 77, 86, 95, 104
6	6, 15, 24	6, 15, 24, 33, 42, 51, 60, 69, 78, 87, 96, 105
7	7, 16, 25	7, 16, 25, 34, 43, 52, 61, 70, 79, 88, 97, 106
8	8, 17, 26	8, 17, 26, 35, 44, 53, 62, 71, 80, 89, 98, 107
9	9, 18, 27	9, 18, 27, 36, 45, 54, 63, 72, 81, 90, 99, 108

Die Glückszahlen der Tierkreiszeichen

Widder (21.3.–20.4.)

1. Dekade (21.3.–31.3.)	1, 10, 17, 22, 46, 65
2. Dekade (1.4.–10.4.)	7, 12, 20, 38, 45, 69
3. Dekade (11.4.–20.4.)	8, 19, 21, 34, 42

Stier (21.4.–20.5.)

1. Dekade (21.4.–30.4.)	5, 11, 28, 31, 43, 82
2. Dekade (1.5.–10.5.)	1, 17, 20, 37, 42, 90
3. Dekade (11.5.–20.5.)	3, 13, 23, 31, 48, 71

Zwillinge (21.5.–21.6.)

1. Dekade (21.5.–31.5.)	9, 18, 32, 36, 41, 97
2. Dekade (1.6.–11.6.)	2, 23, 25, 41, 46, 80
3. Dekade (12.6.–21.6.)	4, 12, 24, 34, 40, 77

Krebs (22.6.–22.7)

1. Dekade (22.6.–2.7.)	7, 10, 26, 33, 45, 66
2. Dekade (3.7.–12.7.)	3, 8, 27, 41, 48, 83
3. Dekade (13.7.–22.7.)	6, 15, 28, 30, 47, 94

Löwe (23.7.–23.8.)

1. Dekade (23.7–2.8.)	1, 13, 20, 34, 44, 79
2. Dekade (3.8.–13.8.)	5, 10, 17, 29, 43, 70
3. Dekade (14.8.–23.8.)	2, 12, 28, 33, 40, 61

Jungfrau (24.8.–23.9.)

1. Dekade (24.8.–2.9.)	9, 21, 27, 37, 43, 75
2. Dekade (3.9.–12.9.)	8, 16, 29, 32, 38, 81
3. Dekade (13.9.–23.9.)	7, 14, 23, 30, 46, 97

Waage (24.9.–23.10)

1. Dekade (24.9.–3.10.)	5, 18, 27, 33, 41, 66
2. Dekade (4.10.–13.10.)	3, 17, 24, 31, 47, 62
3. Dekade (14.10.–23.10.)	1, 20, 29, 36, 42, 73

Skorpion (24.10–22.11.)

1. Dekade (24.10–2.11.)	4, 9, 25, 38, 40, 91
2. Dekade (3.11.–12.11.)	10, 13, 23, 41, 48, 83
3. Dekade (13.11.–22.11.)	2, 14, 26, 31, 47, 70

Schütze (23.11.–21.12)

1. Dekade (23.11.–2.12.)	3, 11, 26, 31, 42, 68
2. Dekade (3.12.–12.12.)	1, 16, 22, 37, 45, 73
3. Dekade (13.12.–21.12.)	6, 17, 25, 32, 37, 84

Steinbock (22.12.–20.1.)

1. Dekade (22.12.–31.12.)	9, 11, 24, 28, 38, 62
2. Dekade (1.1.–10. 1.)	4, 12, 25, 33, 46, 77
3. Dekade (11.1.–20.1.)	5, 18, 22, 36, 42, 67

Wassermann (21.1.–18.2.)

1. Dekade (21.1.–30.1.)	6, 14, 19, 32, 47, 54
2. Dekade (31.1.–9.2.)	2, 20, 27, 35, 39, 99
3. Dekade (10.2.–18.2.)	11, 16, 28, 39, 40, 62

Fische (19.2.–20.3.)

1. Dekade (19.2.–1.3.)	1, 10, 25, 43, 47, 77
2. Dekade (2.3.–11.3.)	3, 9, 22, 29, 48, 96
3. Dekade (12.3.–20.3.)	7, 12, 19, 36, 42, 89

Metalle und Edelsteine

Metalle:

1: Gold
2: Silber
3: Zinn
4: Blei, Aluminium
5: Quecksilber
6: Kupfer
7: Platin
8: Blei
9: Eisen

Edelsteine:

1: Bergkristall, Chrysoberyll, Diamant, Goldtopas, Rubin
2: Aventurin, Chrysopras, Opal, Mondstein, Perle
3: Chalcedon, Chrysolith, Lapislazuli, Saphir, Topas, Türkis
4: Aquamarin, Amethyst, Granat
5: Achat, Goldberyll, Jaspis, Karnoel, Nephrit, Tigerauge
6: Hyazinth, Koralle, Rosenquarz, Smaragd, Turmalin
7: Amethyst, Saphir, Mondstein
8: Katzenauge, Malachit, Rubin, Spinell
9: Blutstein, Diamant, Granat

Die Zahlen der Edelsteine und Metalle nach Reichstein:

1: Saphir, Topas, Quecksilber
2: Jaspis, Karneol, Silber
3: Chrysolith, Hyazinth, Gold
4: Beryll, Topas
5: Lapislazuli, Karneol
6: Chrysolith, Achat, Kupfer
7: blauer Saphir, Karfunkel

8: Onyx, Amethyst
9: blauer Saphir
10: Bernstein, Radium
11: Jaspis, Amethyst
12: Peridot, Chrysolith
13: Beryll, Amethyst
14: Topas, Achat
15: Onyx, Smaragd, Blei
16: Topas, Blutstein, Eisen
17: Beryll, Türkis
18: Smaragd, Opal
19: Rubin, Kristall
20: Mondstein, Koralle, Silber
21: Rubin, Karneol, Gold
22: Onyx

Farben

1: gelb
2: grün
3: blau, purpur
4: braun, grau
5: weiß
6: orange
7: violett
8: schwarz
9: rot

Die Zahlen der Farben nach Reichstein:

1: violett, gelb
2: hellgelb, goldgelb, weiß
3: gelb, orange, blau, grün

4: rot, grün
5: blau
6: gelb, orange
7: blau, rot, violett, braunrot
8: indigo, schwarz, grau, braun
9: grau, lila, violett
10: weiß
11: in allen Farbe schillernd
12: blau, grau, silber, braun
13: rot, ziegelrot
14: gelb, blau, grün
15: blau, türkisblau
16: rot
17: violett, hellgelb
18: grün, weiß
19: orange, gelb
20: grün
21: orange, gelbgrün
22: schwarz, grau

Töne

1	2	3	4	5	6	7	8	9
d	h	g	d	e	a	h	f	c

Krankheiten

1: Herz und Kreislauf, Blutgefäße, Rücken
2: Darm, Galle, Leber, Magen
3: Nerven, Haut, Knochen im Bereich von Hüfte und Oberschenkel
4: Blase, Niere, Schilddrüse, Arme und Beine

Ein mittelalterlicher
Rechenmeister

5: Atmungsorgane, Schlafstörungen, aber auch Nieren, Darm und Leber
6: Hals, Schulterbereich und Unterleib
7: Nerven, Blut, Knöchel und bakterielle Infektionen
8: Drüsen, Kopf
9: Zähne, Ohren, Augen und Nase

TEIL II

LEXIKON DER ZAHLEN VON 0 BIS 1000

0 Die Null, abgeleitet von lat. nulla figura, »kein Zeichen«, ist keine Zahl, sondern gibt den vorausgehenden und folgenden Zahlen ihren Rang. Die Erfindung dieser Ziffer verdanken wir den Indern. Die indische Bezeichnung für Null, sunya (Leere), übersetzten die Araber mit sifr, woraus über das lateinische zephirum bei den Engländern zero und cipher, bei den Franzosen zero und cifre und bei uns das Wort Ziffer entstand. Unabhängig von den Indern wurde ein besonderes Zeichen für den Stellenwert auch bei den Maya erfunden, das die Form einer geschlossenen Muschel hat.

Das Zeichen für Null bei den Maya

Bemerkenswert ist, daß die arabische Ziffer Null und das Mayazeichen Ähnlichkeit mit einer Vagina haben. Daß aus der Null alle Zahlen entstanden sind, ahnten schon die mittelalterlichen Gelehrten. So heißt es in einer Schrift aus dem 12. Jahrhundert: »Jede Zahl entsteht aus der Einheit, und diese wiederum aus der Null. Darin liegt ein tiefes und geheiligtes Geheimnis.« Die Null ist gleichsam die universale Gebärmutter, aus der alle Zahlen, voran die 1 entstehen. Obwohl die Null keinen Wert besitzt, erhöht sie jede Zahl, wenn man an deren Ende diese »dunkle und geheimnisvolle« Ziffer setzt. Sie besitzt sogar die Kraft, bei der Multiplikation jeder Zahl ihren Wert zu nehmen. Beispielsweise ergibt 1 x 0 = 0 oder 10 000 x 0 = 0. In der Esoterik haben Zahlen, die mit einer Null versehen sind, auch nach der Quersummenbildung noch einen besonderen Wert. Erhält man bei den auf S. 22 aufgeführten Verfahren z. B. 20 (vereinfacht 2 + 0 = 2), so hat diese 2 eine viel stärkere Kraft als die Grundzahl 2.

Tarotkarte »Der Narr«

Im Tarotspiel hat die Karte »Der Narr« den Wert Null. Diese Verbindung von Narr und Null steht anscheinend auch in Beziehung zu dem sehr negativen Urteil über einen Menschen: »Der ist eine Null.« Ein als Null charakterisierter Mensch hat keinen »Wert« und zählt nicht mit. Doch dieser Ausspruch verkennt das Wesen eines Menschen. Wer weiß schon, was alles in dem Bettelsack des Narren verborgen ist? Vielleicht erhält er alles, was in der Welt wichtig ist. Ein Mensch, der eine Null ist, hat vielleicht noch nicht seine verborgenen Talente zur Entfaltung gebracht. Da kein Mensch von sich behaupten kann, daß er alle in ihm angelegten Fähigkeiten und Gaben der Natur entwickelt hat, sind wir alle letztlich Nullen. Übrigens ist es auch keine Schande, eine Null zu sein. Der anfangs erwähnte Satz aus einem mittelalterlichen Werk hat richtig festgestellt, daß wir alle aus der Null kommen, die bildlich als Gebärmutter dargestellt wird. In seiner Umgebung als eine Null zu gelten, kann auch als Hinweis gewertet werden, daß ein solcher Mensch ein völlig anderes Leben führt als seine Mitmenschen. Auch der Narr steht dem Treiben der

Welt gleichgültig gegenüber. Was in dieser Welt wichtig ist, interessiert ihn nicht mehr. Vielleicht hat er das Leben im Überfluß genossen und will ein völlig anderes Leben führen? Das menschliche Leben wird durch die 9 Grundzahlen beschrieben, an deren Anfang und Ende (10!) die Null steht. Der Mensch kommt aus dem Nichts, das weder durch die Zeit noch durch den Ort begrenzt ist, und kehrt dorthin wieder zurück. Wer dieses Geheimnis erkannt hat, dem ist ein abschätziges Urteil wie Narr oder Null gleichgültig, da er sein Bewußtsein verändert hat und sich schon auf dem Weg zur Ewigkeit, dem Ursprungsort allen Seins, befindet.

Das Nichts darf man sich keinesfalls als Leere vorstellen, sondern als die Summe aller möglichen Welten und den Ursprung des Seins. Die Griechen bezeichneten den Zustand, welcher der Welt vorausging, als Chaos (»gähnende Leere«). Die seit dem Altertum diskutierte Frage, wie aus dem Nichts, dem Chaos, die Welt entstehen kann, ist auch Gegenstand der modernen Chaostheorie. Die Vorstellung, daß die Null eine ovale, geschlossene Linie ist, beruht eigentlich auf dem Symbol des Kreises. Beim Kreis fallen Anfangs- und Endpunkt zusammen, und der Flächeninhalt eines Kreises ist nur näherungsweise wiederzugeben. Denn in der aus der Schule bekannten Formel für den Flächeninhalt des Kreises ($F = \pi r^2$) hat π nur einen Näherungswert 3,14... Der eigentliche Flächeninhalt eines Kreises ist immer noch ein wenig größer als der von uns errechnete Wert.

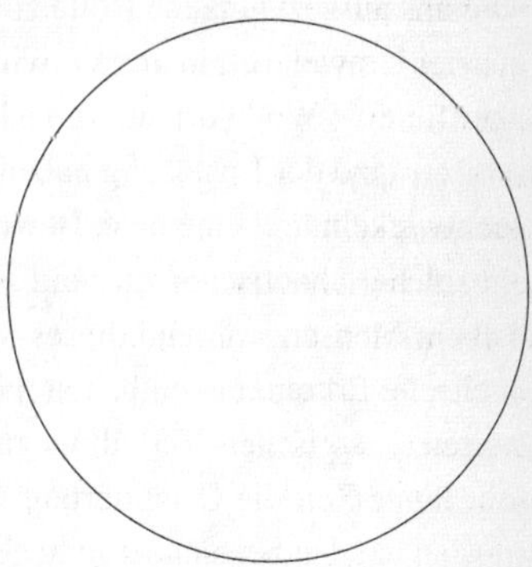

Der leere Kreis ist das Symbol des Nichts und der Null

Die unendliche Vielfalt des Seins ist im Chaos schon angelegt. Falsch wäre es aber, sich das Chaos als eine sterile Harmonie vorzustellen. Entstehung und Entwicklung nämlich setzen Gegensätze voraus. Wie sich aus dem Chaos eine Ordnung entwickelt, erleben wir jeden Tag, wenn wir in den heißen Kaffee Milch schütten. Solange sich die beiden Flüssigkeiten nicht verteilt haben, herrscht in der Kaffeetasse ein Chaos. Dies liegt daran, daß der Kaffee zu heiß ist. Erst nach einer gewissen Zeit gleicht sich die Temperatur aus. Eine harmonische, ausgeglichene Ordnung wie bei einem warmen Kaffee entsteht nur, wenn freie, ungebundene Energien vorhanden sind. Bevor sich etwas Neues entwickeln kann, muß das Alte untergehen.
Auch der Narr auf der Tarotkarte, der sich auf die Wanderschaft gemacht hat, stellt bildhaft diesen chaotischen Zustand dar, der einer neuen Ordnung vorausgeht. Versetzen wir uns einmal in die Lage eines solchen Menschen! Man hat ihn ja sicherlich nicht grundlos eine Null genannt. Vielleicht hatte er Probleme, sich seiner Umgebung anzupassen. Im Normalfall versucht ein Mensch in einer solchen Lage, wieder den alten Zustand herzustellen und mit seinen Mitmenschen ins reine zu kommen. Oft genug aber scheitern diese krampfhaften Versuche, unsere Persönlichkeit der Umwelt in ihrer alten Form darzustellen. Es bleibt eine Zeitlang beim bloßen Schein und der äußerlichen Anpassung, bis die Fassade völlig zusammenbricht. Irgendwann kommt der Punkt, wo wir keine Lust mehr haben, eine uns aufgezwungene Rolle zu spielen. Dieser völlige Bruch mit unserer Umwelt ruft in uns Verwirrung hervor, und wir irren wie der Narr für eine Weile orientierungslos durchs Leben. Aber nur in diesem Zustand der Loslösung haben wir die Energien, um uns weiterzuentwickeln und eine neue Bewußtseinsform zu erreichen. Dauert ein solcher chaotischer Zustand zu lange, dann besteht die Gefahr, daß ein Mensch während dieses Selbstfindungsprozesses zerbricht. Seelische Erkrankungen haben meistens ihre Ursache in einem gestörten, chaotischen Verhältnis zu den Mitmenschen. Wer für eine sehr lange Zeit die Orientierung verloren hat, aber nicht krank geworden ist, den bezeichnet man als »Chaoten«.

Der Ritter zerschlägt das philosophische Ei

Meistens erfolgt der Absturz ins Chaos und die Rückkehr zum Nichts durch einen Anstoß von außen. Die Menschen haben nämlich eine unbewußte Angst vor dem Nichts. Nicht nur der Verlust von äußerlichen Dingen versetzt sie in Angst und Schrecken, auch eine innere Leere kann solche Gefühle hervorrufen. Vielleicht ist die Ursache dieser Angst vor der Leere darin zu suchen, daß mit dem Verlust gewohnter Denkmuster auch der Filter beseitigt wird, der uns vor unangenehmen und peinlichen Erinnerungen aus unserem Unterbewußtsein schützt. Wer schwere seelische Erlebnisse einfach verdrängt hat, könnte eine völlige Bewußtseinsleere nicht gerade als Genuß erleben. Der Weg zu einem neuen Bewußtsein wäre mit vielen seelischen Leiden verbunden.

1 Die 1 ist weniger eine Zahl als das Symbol des Göttlichen, das alles Seiende aus dem Nichts, der Null erschaffen hat. Dieser tiefere Zusammenhang zwischen der Null und der 1 wird in der alchimistischen Symbolik durch den Ritter dargestellt, der das philosophische Ei zerschlägt. Der Ritter ist Gott, dessen Schwert Ähnlichkeit mit der 1 hat. Im philosophischen Ei sind die Grundbausteine der Welt – Erde, Wasser, Luft und Feuer – vorhanden.

Im 17. Jahrhundert wurde als Beweis, daß Gott die Welt aus dem Nichts erschaffen hat, auf das sogenannte binäre System verwiesen. Grundlagen dieses Zahlensystems ist nicht die 10, sondern die 2. Gerechnet wird nur mit den beiden Einheiten 0 und 1. Die Grundzahlen werden in diesem System so ausgedrückt:

Dezimalsystem	*Binäres System*
0	0
1	1
2	10
3	11
4	100
5	101
6	110
7	111
8	1000
9	1001

Erfinder dieses Systems war der deutsche Mathematiker und Philosoph Gottfried Wilhelm Leibniz (1646–1716).
Die 1 hat die Eigenschaft, daß sie immer mit sich selbst gleich und unveränderlich ist. Wenn man die 1 mit sich selbst multipliziert, erhält man wieder die 1 (1 x 1 = 1). Da auch von ihr keine Zahl abgezogen werden kann, ist sie wirklich unveränderlich.
Die Juden haben ihren Glauben an einen Gott in dem Bekenntnis zusammengefaßt: »Jahwe ist einer.« Ähnlich äußerten sich auch die indischen und griechischen Mystiker: »Eins ist allein der ewige Gott.« Die 1, die im Arabischen durch den ersten Buchstaben Alif ausgedrückt wird, ist auch das Symbol Allahs. Die Auffassung, daß die 1 keine Zahl, sondern die Einheit der Schöpfung und ihren Ursprung von Gott bezeichnet, ist weit verbreitet. Der Mystiker Angelus Silesius dichtete den Vers:

»Gleichwie die Einheit in einer jeden Zahl,
So ist auch Gott der Ein' in Dingen überall.«

Das binäre System als Bild der Schöpfung

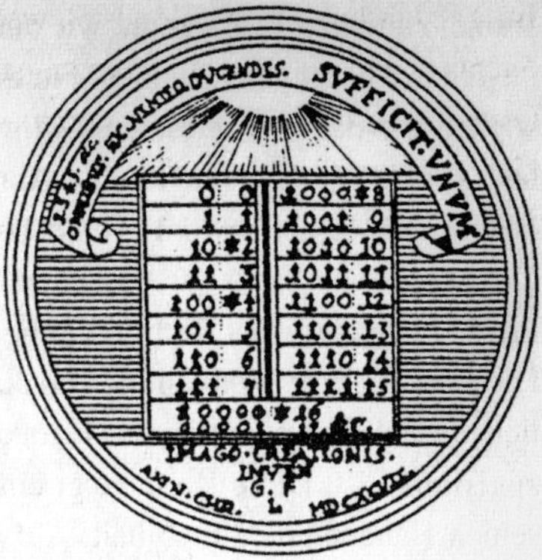

In einem Rechenbuch aus dem Jahre 1537 kann man lesen: »Daraus verstehst du, daß 1 keine Zahl, sondern es ist eine Gebärerin, Anfang und Fundament aller anderen Zahlen.« Im Christentum bezeichnet die 1 Christus, der Gott und Mensch in einer Person war.

C. G. Jung macht einen Unterschied zwischen dem unzählbaren einen und der zählbaren 1. Nach seiner Ansicht ist die 2 die erste Zahl, weil mit ihr das Zählen erst beginnt. Mit der 2 tritt neben das eine ein anderes. Gleichzeitig spaltet sich aus dem einen die Zahl 1 ab. Zwischen den Zahlen 1 und 2 besteht kein Gegensatz, da sie sich nur durch den Zahlenwert unterscheiden, wohl aber zwischen dem einen und dem anderen. Das eine will an seiner alleinigen Existenz festhalten, während das andere eben ein anderes gegenüber dem einen sein will. Aus dieser Spannung entsteht die 3. Die Chinesen stellen sich den Ursprung der Zahl aus der 1 so vor:

    3____5____7____9   Yang (männlich)
1
    2____4____6____8   Yin (weiblich)

Nachdem aus der 1 die Zahlen 2 und 3 entstanden sind, verläuft die weitere Entstehung doppelt in zwei entgegengesetzten Reihen, die das männliche Prinzip Yang und das weibliche Yin darstellen. In der

1 sind Yang und Yin vereint, wie auch in dem als Monade (griech. »Einheit«) bezeichneten einen. Für die späteren griechischen Philosophen war das eine selbstverständlich männlich, da es als der »Vater« alles Seiende erzeugte. Die Ähnlichkeit der Ziffer 1 mit dem Buchstaben P, der sowohl als Abkürzung für Priapus (lat. männliches Glied) als auch für das gleichbedeutende griechische Wort Phallos steht, wird als Rechtfertigung dieser Auffassung angeführt.
Die ursprüngliche Vorstellung von der 1 als einer doppelgeschlechtlichen Zahl findet sich in der Tarotkarte »Der Magier«, dem die 1 zugeordnet ist. Diese Karte zeigt einen Jahrmarktszauberer, der in seinen Händen einen Stab hält. Auf dem Tisch vor ihm liegen ein Kelch, Messer und Münzen. Sein Hut hat die Form der Lemniskate, die in der Gestalt der liegenden 8 in der Mathematik als Zeichen der Unendlichkeit benutzt wird. Dieses Symbol stellt das eine dar, aus dem wie durch ein Wunder an dem Kreuzungspunkt der Linien der liegenden 8 die Zahl 1 entsteht. Der Stab steht für das Männliche und der Kelch für das Weibliche. Ihre Vereinigung symbolisiert das Messer.
Die 1 als eine ungerade Zahl aufzufassen, ist noch nicht sehr alt. Auf die Griechen geht nämlich die Meinung zurück, daß diese Zahl gerade und ungerade sei. Addiert man nämlich die 1 zu einer geraden Zahl, dann erhält man eine ungerade Zahl. Die Addition der 1 zu einer ungeraden Zahl ergibt eine gerade Zahl. Hierbei wird aber übersehen, daß dies nicht nur für die 1, sondern für jede ungerade Zahl gilt.
Die 1 bedeutet in der Esoterik zunächst einmal die Initiation, d. h. Einweihung in eine geheime Lehre. Begründet wird diese Zuordnung durch die Ähnlichkeit der 1 mit dem Buchstaben I. Einweihung in eine Lehre kann aber auch bedeuten, daß ein Mensch Zugang zu dem Inneren seiner Person gefunden hat und nun sein Wesen erkennt. Die 1 würde dann für Individualität oder für das Ich oder das Selbst eines Menschen stehen.
Die Verbindung der 1 mit der Sonne beruht zunächst darauf, daß die Sonne durch ihre Wärme das Leben auf der Erde erzeugt. Die mit-

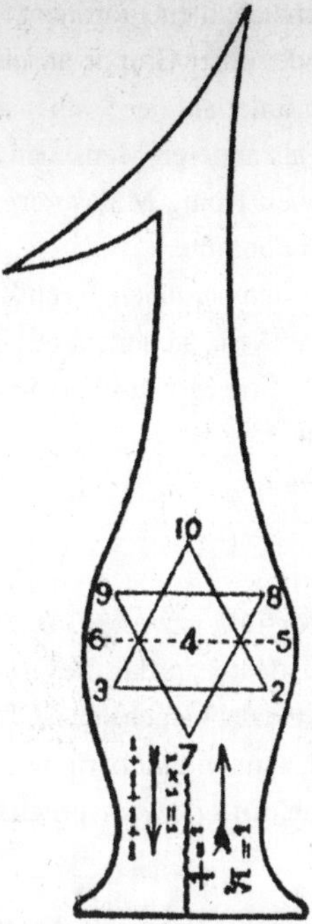

Oben: Tarotkarte »Der Magier«

Links: Die Eins nach Papus – »Science des nombres«

telalterlichen Gelehrten führten als Beweis auch die Übereinstimmung der Wörter solus (lat. »allein« = ein) und sol (lat. »Sonne«) an. Menschen, welche die 1 in ihrem Numerogramm haben, sind schöpferisch, erfinderisch, strebsam und starke Persönlichkeiten, die für führende Stellungen geeignet sind. Wenn sie sich einmal ein Ziel gesetzt haben, verfolgen sie es mit großer Hartnäckigkeit. Zu ihrem ausgeprägten Willen und zu ihren psychischen Energien paßt ihre robuste Gesundheit und körperliche Stärke. Von ihrer Umgebung werden die Einsermenschen oft als eigenwillig eingestuft. Negative Eigenschaften dieser Menschen sind ihre Starrköpfigkeit und Herrschsucht, die sich gelegentlich einer rücksichtslosen Ellenbogenfreiheit bedient, um ein berufliches Ziel bzw. eine Stellung in der Gesellschaft zu erreichen. Einsermenschen sind auch oft Eigenbröt-

ler und haben Probleme, sich in die Gemeinschaft einzuordnen, weil sie sich als der Mittelpunkt der Familie oder einer Gruppe ansehen. Menschen mit dieser Zahl bewegen sich immer auf der Sonnenseite des Lebens, da ihnen in der Regel mehr als anderen Menschen gelingt. Man könnte sie mit dem griechischen König Midas vergleichen, der alles in Gold verwandelte, was er anfaßte.
Menschen, denen diese Zahl fehlt, sollten sich bemühen, ihren Körper, ihren Verstand und ihre Seele zu entwickeln, sich mehr auf ihre eigenen Kräfte zu besinnen, eine ganze Portion egoistischer zu sein und zu lernen, auch einmal nein zu sagen.
Als Traumzahl bedeutet 1 Anfang und Beginn.

2 Schon der Name Zwei, der in der Vorsilbe »zwi-« (z. B. zwischen, Zwietracht und Zweifel) vorkommt, deutet an, daß die Grundbedeutung dieser Zahl die Verdoppelung und der Gegensatz ist. Dieses andere, das zu der 1 hinzugesetzt wird, kann mit ihr harmonieren oder im Widerspruch stehen. Für diese Zahl trifft der Ausspruch des Dichters Rückert zu:

> »Die Zwei ist Zweifel, Zwist, ist Zwietracht, Zwiespalt, Zwitter,
> die Zwei ist Zwillingsfrucht am Zweige süß und bitter.«

Folglich symbolisiert die 2: Gott und Mensch, Himmel und Erde, Gut und Böse, Gott und Teufel, Tag und Nacht, Leben und Tod, Geist und Natur, Seele und Leib, Mann und Frau, rechts und links, Anfang und Ende, positiv und negativ, Tugend und Laster usw. Zusammenfassend könnte man sagen, diese Zahl bringt zum Ausdruck, daß alles zwei Seiten hat. Die Zweiheit begegnet uns besonders im Bereich der Religion. Die indische Mythologie kennt zahlreiche Götterpaare: Mitra-Varuna, Agni-Soma, Vishnu-Shiva etc. Es gibt zwei Testamente, das Alte und das Neue, zwei Naturen in Christus, die göttliche und die menschliche, zwei christliche Lebensformen, nämlich als Mönch und als Weltmensch. Die zwei leitenden Prinzipien Yang und Yin, die ursprünglich Licht und Dunkelheit symboli-

Die Tai-gi-Kreis. Yin strömt bereits ein, während Yang sich dem Höhepunkt nähert und umgekehrt

sieren, bilden das Fundament der altchinesischen Weltanschauung. Weder gibt es nach chinesischer Auffassung das absolut Helle noch das absolut Dunkle. Sowohl Yang als auch Yin enthalten in sich den Keim des Gegenpols, und der Übergang von einem zum anderen Pol ist nicht schroff, sondern fließend.

Symbolisch werden diese beiden Kräfte durch den Tai-gi-Kreis dargestellt, der durch eine Kurvenlinie in zwei Hälften geteilt wird, wobei die Yang-Hälfte den Yin-Punkt und die Yin-Hälfte den Yang-Punkt enthält. Die ursprüngliche Polarität von Yang und Yin erfährt eine vielfältige Erweiterung: männlich-weiblich, Himmel-Erde, Sonne-Mond etc. Ein altes Symbol für diese Grundkräfte ist der ungeteilte (Yang) und der geteilte (Yin) Strich:

Yang: ————————

Yin: ——— ———

Die Zurückführung aller Erscheinungsformen der Natur auf zwei gegensätzliche Prinzipien findet sich nicht nur in der Religion der Chinesen, auch andere Kulturen kennen diese Vorstellung. Der höchste Gott der Azteken, Ometecuhtli, galt als Verkörperung dieser Gegensätze und wurde als Gott der Dualität (lat. Zweiheit) verehrt. In der persischen Religion nehmen diese beiden Prinzipien einen

Der Antichrist

Der Teufel verspottet Gott

moralischen Charakter an. Ahura-Mazda und sein Widerpart Akriman verkörpern das absolute Gute und Böse. Das Christentum kennt diese Polarität als Gott und Teufel. Auch die Gestalt des Antichristus, der auf der Erde die Herrschaft ausübt, bevor Christus zur Erde zurückkehren und endgültig die Menschheit erlösen wird, geht auf dieses uralte Gegensatzpaar zurück.

Fraglich ist, ob die 2 wirklich eine Zahl ist. Man könnte sie als eine zerlegte 1 bezeichnen. Sie ist das dem einen entgegengesetzte andere, dessen uraltes Symbol die Linie mit einem Anfangs- und Endpunkt ist. Die 2 ist nicht aus Zahlen zusammengesetzt, sondern besteht nur aus zwei nebeneinandergestellten Einheiten:

I (Einheit)

I I (Zweiheit)

Da mit ihr die Vielheit der Dinge beginnt, steht sie auch für die Materie. Daß letztlich die 1 und die 2 sehr eng verbunden sind, zeigt die Symbolik des Kartenspiels. As und Daus (die 2) stellen ursprüng-

Die Karte Eichel-Daus,
welche für die 2 steht

lich den Glücksgott dar, der als Zwilling für die 1 und 2 steht. Die Redewendung: »Ei der Daus«, was soviel wie »oh Teufel« bedeutet, spielt auf diese alte Vorstellung an. Die 2 ist bildlich gesprochen eine »abgefallene 1« und ist das Symbol der Welt. Deshalb habe Gott am zweiten Schöpfungstag nicht wie an den anderen fünf Tagen gesagt: »Und Gott sah, daß es gut war«, weil die 2 den Abfall des Teufels, des »Zweiflers«, von Gott symbolisiert.

Für die Griechen war ebenfalls unsicher, ob die 2 überhaupt eine Zahl ist. Sie behaupteten nämlich, die 2 habe zwar einen Anfang und ein Ende, aber keine Mitte. Die 2 mit sich selbst multipliziert, ergibt denselben Wert wie die Addition: 2 x 2 = 2 + 2. Nach Auffassung der Griechen mußte die Multiplikation immer einen größeren Wert als die Addition ergeben, und hier war die 2 ein Ausnahmefall. Sie steht zwischen der Einheit und der Vielheit.

Da die 2 die erste gerade und folglich weibliche Zahl ist, ordnet man ihr als Planeten den Mond zu. In der Alchimie wird die 2 bildlich durch ein mannweibliches Doppelwesen, den Androgyn, dargestellt. Alle Gegensätze, welche die Welt bestimmen, waren von der Schöpfung aufgehoben und werden am Ende wieder ineinander aufgehen.

Der Androgyn ist Symbol der Urmaterie,
in der alle Gegensätze aufgelöst sind

Im Stein der Weisen, mit dessen Hilfe der Alchimist unedle in edle Metalle verwandeln will, ist dieser Zustand bereits erreicht. Im übertragenen Sinne deutet das Bild des Androgyns an, daß die in der 2 angelegte Spannung nach Auflösung verlangt. Im apokryphen Thomasevangelium wird dieses Streben nach Beendigung der Polarität so ausgedrückt:

> »Wenn ihr das Männliche und das Weibliche zu einem einzigen machen werdet, so daß das Männliche nicht männlich und das Weibliche nicht weiblich sein wird, … dann werdet ihr in das Königreich eingehen.«

Diese Deutung der 2 wird durch die Symbolik der Tarotkarte »Die Päpstin« bestätigt. Die übermächtige, das ganze Kartenbild ausfüllende Frau symbolisiert den weiblichen Charakter der 2. Den Schleier am oberen Kartenrand muß man sich an zwei Säulen aufgehängt denken. Es sind die beiden Säulen Jakin und Boas des Salomonischen Tempels in Jerusalem, deren Symbolwert die Stärke und Kraft ist. Im weiteren Sinn steht die »Päpstin« auch für die Kirche und die von ihr gehütete Lehre.
Der Zweiermensch besitzt sehr viel Gefühl und eine rege Phantasie und Kreativität, die ihn für künstlerische und auch wissenschaftliche Berufe befähigt. Als Zweifler ist er bereit, als sicher geltende Erkenntnisse der Wissenschaft und feste Meinungen in Frage zu stellen. Im Gegensatz zum Einsermensch besitzt er jedoch nicht soviel Geduld und Ausdauer. Seine Stärke sind neue Ideen, Entwürfe und Zukunftsvisionen. Gegenüber seinen Mitmenschen ist er kooperationsbereit und versucht, mit ihnen in Harmonie zu leben. Allgemein kann man sagen, der Zweier ist ein guter Ehepartner, weil er sehr viel Mitgefühl besitzt und sich in die Seele seines Partners hineinversetzen kann. Die beim Zweiermensch so geschätzte Offenheit und Bereitschaft, auf andere Menschen zuzugehen, kann gelegentlich durch eine innere Unruhe und tiefe Traurigkeit überdeckt werden, wenn er seine Zweifel nicht in den Griff bekommt. Unangenehme Eigenschaften dieser Menschen sind ihre Nörgelsucht und Überempfind-

Tarotkarte »Die Päpstin«

lichkeit. Wenn die Umgebung ihre positiven Impulse und ihr entgegenkommendes Verhalten mit Ablehnung beantwortet, geben sie wegen ihrer geringen Standfestigkeit und Ausdauer schnell auf und verzagen. Diesem Menschentyp sagt man oft nach, daß er ein sogenanntes zweites Gesicht habe, das ihn in die Lage versetzte, unbewußt immer die richtige Entscheidung zu treffen. Wenn man einmal davon absieht, daß ein Gefühlsmensch über die Gabe verfügt, sich in das Innenleben anderer Menschen leichter hineinzuversetzen als ein reiner Verstandesmensch, so bleiben noch genug Fälle übrig, die nur durch übersinnliche Fähigkeiten erklärt werden können. Die 2 steht auch für den Esoteriker. Wissen bezieht sich nämlich nicht nur auf die Erkenntnis der sichtbaren Welt, sondern auch auf den vielleicht viel wichtigeren Bereich der Seele. Am Ende dieses Weges nach innen – das ursprüngliches Anliegen der Esoterik ist – steht die Selbsterkenntnis und ein neues Bewußtsein.
Erscheinen im Traum 2 Gegenstände, z. B. 2 Bäume, bedeutet dies harmonische Partnerschaft und Gleichklang mit anderen Menschen.

Götterdreiheiten

Oben: Brahma, Vishnu, Shiva (Trimurti)
Links: Christliche Trinität
Rechte Seite: Osiris, Isis, Horus

3 Die 3 gilt als die heilige Zahl schlechthin. Nicht umsonst sagt ein Sprichwort: »Aller guten Dinge sind drei.« Das Spannungsverhältnis, das zwischen der 1 und der 2 besteht, wurde schon dargestellt. Jeder Gegensatz drängt zu einer Lösung und zu einem Ausgleich. Mit der 3 wird die Trennung aufgehoben, und die in den Hintergrund getretene 1 erscheint wieder in ihrem vollen Glanz. Das eine wäre nie erkennbar geworden, wenn sich nicht von ihm das andere getrennt hätte. Deshalb ist von altersher die Dreiheit das Symbol der wirklichen Einheit. Überall um uns herum können wir die Beobachtung machen, daß die Einheit eine Dreiheit ist. Jedes Ding hat Anfang, Mitte und Ende. Im Raum gibt es ein Oben, eine Mitte und ein Unten. Die Zeit setzt sich aus Vergangenheit, Gegenwart und Zukunft zusammen. Da 3 die Zahl der Vollendung ist, lassen sich zahlreiche Beispiele für den religiösen Charakter der Dreiheit aus der Religionsgeschichte erbringen. Bei den Dreiergruppen von Göttern und Gestalten aus der Mythologie lassen sich zwei Anordnungsformen der Dreiheit unterscheiden: Entweder handelt es

sich um 3 gleichgewichtige und ähnliche Gestalten, oder die Hauptfigur wird von 2 gegensätzlichen Gestalten flankiert. Im zweiten Fall ist der Prozeß der Harmonisierung der Gegensätze noch im Gange, während im ersten Fall sich die Einheit schon herauskristallisiert hat. Zu den Dreiergruppen gehören auch die dreiköpfigen Götter wie z. B. die griechischen Götter Hekate oder Hermes Trismegistos (dreimal großer Hermes), der die Funktionen des ägyptischen Weisheitsgottes Thot übernahm und in der abendländischen Esoterik eine große Rolle spielt.

Beispiele für Dreiergruppen:

1. Götter

Babylonier: Anu (Himmel), Enil (Luft), Ea (Erde)

Ägypter: Osiris (Vater aller Geschöpfe), Isis (Mutter alles Lebendigen), Horus (die junge Sonne)

Perser: Ormuzd (Gott des Lichts), Ahriman (Gott der Finsternis), Mithras (Vermittler zwischen beiden)

Dreiköpfige Götter – Hekate *(links)* und Hermes Trismegistos *(rechts)*

Griechen: Zeus (Himmel), Poseidon (Meer), Hades (Unterwelt)
Römer: Jupiter, Neptun, Pluto
Germanen: Wodan, Donar, Ziu
Inder: Brahma (Schöpfer), Vishnu (Erhalter), Shiva (Zerstörer)
Christen: Gott Vater, Sohn, Heiliger Geist

2. Mensch, Brauchtum, Märchen

Menschliche Persönlichkeit: Geist, Seele, Körper;
Verstand, Wille, Gemüt
Kirchenjahr: Weihnachten, Ostern, Pfingsten
Magie, religiöses Brauchtum: dreimaliges Anrufen von Dämonen; dreimal ertönt der Ruf »heilig« in der katholischen Messe.
Religiöse Formeln: Aaronsegen (AT 4. Mose 6,24–26):

1. Der Herr segne dich und behüte dich!

2. Der Herr lasse sein Angesicht leuchten über dir
und sei dir gnädig!

3. Der Herr erhebe sein Angesicht auf dich und gebe dir Frieden!

Hexeneinmaleins (Goethe, Faust):

»Und Drei mach' gleich
So bist du reich!«

(Die 3 macht den Menschen reich. Sie ist die Schöpfung der geistigen 1 und der dienenden 2.)

Märchen: Die 3 ist eine runde Zahl. So kommen 3 Brüder, 3 Mädchen etc. sehr häufig vor. Volkslied:

»Es blühen drei Rosen auf einem Zweig!«

»Drei Lilien, drei Lilien, die pflanz' ich auf mein Grab.«

3. Christentum

Die Dreizahl hat im Christentum ein großes Spektrum an Bedeutungen, die von Gott bis zur Sünde reichen. Die 3 bezeichnet neben der Dreifaltigkeit die Auferstehung Christi, der bekanntlich am dritten Tag von den Toten auferstanden ist. Sie ist auch ein Zeichen des Todes, weil Christus 3 Tage im Grab gelegen hat. Es gibt auch einen inneren Zusammenhang zwischen der Schöpfung und der Erlösung. In der dritten Tagesstunde nämlich ist Christus zum Tod verurteilt

Die Heiligen
Drei Könige

worden. Nach der mittelalterlichen Auffassung soll in dieser Stunde Gott den Menschen erschaffen haben. Die 3 ist auch das Zeichen der 3 christlichen Tugenden: Glaube, Liebe und Hoffnung. Noch heute wird der Dreikönigssegen gespendet, der seinen Namen nach den Heiligen Drei Königen hat: Caspar, Melchior, Balthasar. Man schreibt deshalb an die Türen C + M + B.

4. Jüdische Mystik

Gott hat nach den Lehren der Kabbala die Welt mittels der 10 Sefirot erschaffen, die in je 3 Dreiheiten gegliedert werden. Die 10. Sefirah (das Reich) wird nicht mitgezählt. Die rechten und die linken Sefirot stellen Gegensätze dar, die durch die mittleren versöhnt werden.

1. Dreiheit (Vernunftreich)		Krone	
	Intelligenz		Weisheit
2. Dreiheit (Seelenreich)		Schönheit	
	Gerechtigkeit		Liebe
3. Dreiheit (Reich der Natur)		Fundament	
	Pracht		Festigkeit

5. Tarot

Die Tarotkarte »Die Herrscherin« vereinigt männliche Funktionen mit einem weiblichen Habitus. Die 1, das Männliche, und die 2, das Weibliche, sind wieder versöhnt. Auffällig ist die dreieckige Spitze des Zepters. Das Dreieck ist das geometrische Symbol der Dreiheit. Zwischen dem Kreis, dem Symbol des Nichts, aus dem Gott die Welt erschaffen hat, und dem Dreieck besteht eine Ähnlichkeit. Wenn man die Linien aus Draht herstellt, kann man einen Kreis in ein Dreieck und umgekehrt verformen. In der 3 erlangt das durch die 2 gespaltene Eine seine Harmonie und Einheit wieder und wird erkennbar.

Der Dreiermensch ist der typische Realist, dem jegliche Phantasie

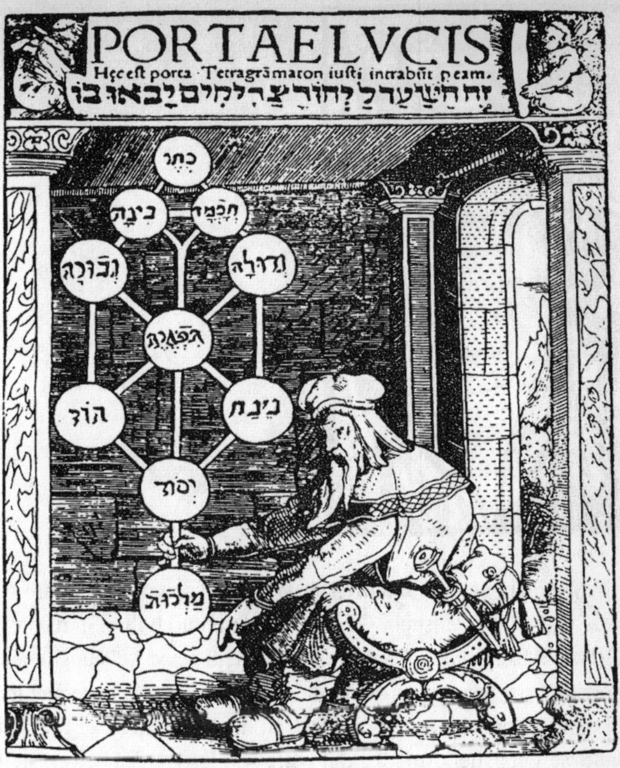

Die 10 Sefirot im Lebensbaum der Kabbala

fremd ist und der nur nach erreichbaren Zielen strebt. Im Berufsleben ist der Dreier der strebsame Aufsteiger, der sich jedem Vorgesetzten anpassen kann und immer eine Stufe höher steigt. Seine Vorgesetzten schätzen an ihm seine Ordnung, Disziplin und sein Verantwortungsbewußtsein. Als Geschäftsmann ist er ein gesuchter Vertragspartner. Solche Menschen finden auch sehr leicht Kontakt und bilden die feste Stütze von Vereinen und Parteien. Da Dreiermenschen sehr ehrgeizig sind, gibt es für sie nichts Schlimmeres, als in einer untergeordneten Stellung tätig sein zu müssen. Wenn ihnen der

Tarotkarte »Die Herrscherin«

Aufstieg nicht gelingt, schaffen sie sich nicht so sehr durch ihre Aggressivität und Streitsucht Gegner, sondern durch ihre Starrköpfigkeit und Abkapselung. Der Dreier will, daß seine Leistungen auch anerkannt werden. Auch Hochmut und Herrschsucht begegnet man bei den Dreiern. Besonders negativ ist die bei Dreiern zu beobachtende Neigung, den Aufstieg mit Hilfe von Intrigen zu bewerkstelligen. Allerdings fällt es den Dreiermenschen noch am leichtesten, ihre Fehler bzw. ihr Fehlverhalten zu korrigieren, wenn man sie diskret darauf hinweist.

Aber das Dreieck steht nicht nur für Aufbau und Realität. Wenn es mit der Spitze nach unten steht, symbolisiert es die dämonischen Kräfte. Im Alltagsleben ist der Dreier ein strenger Realist, aber er hat immer Angst vor der Zukunft, da er immer weiter nach oben bzw. seine geschäftlichen Aktivitäten vergrößern will. Der Dreier beschäftigt sich mit Astrologie und diversen okkultistischen Praktiken. Die 3, die in vielfältiger Gestalt im Traum erscheinen kann, bedeutet Dynamik und Entfaltung.

4 Die 4 ist die Zahl der sichtbaren Welt. Wenn man zu den drei Geraden des Dreiecks noch eine vierte hinzufügt, erhält man einen Körper. Die Vierheit gibt nicht nur die Beschaffenheit der sichtbaren Welt an, sondern ermöglicht dem Menschen, sich in der Welt zu orientieren. Schon die Pythagoreer erkannten die zentrale Bedeutung der 4 für unsere Welt. Die ersten 4 Zahlen ergeben als Summe die 10, die bei den jüdischen Mystikern für die Welt steht. Sie ist das Symbol, daß Gott (1) die Welt aus dem Nichts (0) geschaffen hat. Der geheimnisvolle Name Gottes hat bei den Juden 4 Buchstaben (→ Tetragrammaton).

Eine besondere Bedeutung wiesen die Pythagoreer auch der Summe der ersten 4 geraden und ungeraden Zahlen zu: (1 + 3 + 5 + 7 = 16) + (2 + 4 + 6 + 8 = 20) = 36. Auf diese Zahl kann man die 360 Grad des Kreises zurückführen. Die Vierheit ist offensichtlich das Symbol der Struktur dieser Welt. Bei den Juden werden 4 Welten unterschieden:

1. Azilut (die Welt, die unmittelbar aus Gott stammt)
2. Beria (die Welt der Schöpfung und der himmlischen Sphären)
3. Jezira (die Welt der Ausgestaltung, d. h. der Engel oder Geister)
4. Asija (die Welt der Verfertigung oder Erscheinungen, welche die Schale der übrigen Welten ist)

Das Tetragrammaton

Die Materie besteht aus 4 Elementen: Luft, Feuer, Erde und Wasser. Es gibt 4 Himmelsrichtungen, 4 Jahreszeiten und 4 Tageszeiten. Der Mensch als Abbild dieser Welt hat 4 Temperamente und 4 Alter. Die Zuordnung zu den 4 Elementen und 4 Jahreszeiten stellte man sich so vor:

Element	*Jahreszeit*	*Lebensalter*	*Temperament*
Luft	Frühling	Kindheit	Sanguiniker
Feuer	Sommer	Jugend	Choleriker
Erde	Herbst	Mannesalter	Melancholiker
Wasser	Winter	Greisenalter	Phlegmatiker

Die moderne Esoterik unterscheidet im Menschen 4 Schichten, die mit den 4 Elementen verbunden werden:

1. Körper: Erde
2. Seele: Wasser
3. Geist: Luft
4. Wille: Feuer

Der griechische Philosoph Philo von Alexandrien (25 v. Chr. bis 50 n. Chr.) faßt die Vorzüge der 4 so zusammen:
»Es darf nicht unbeachtet bleiben, daß die 4 die erste Quadratzahl ist, ein Produkt (2 x 2 = 4) aus gleichen Zahlen, mithin das Maß der Gleichheit und Gerechtigkeit ist. Sodann ist zu beachten, daß allein die 4 aus denselben Zahlen sowohl durch Addition (2 + 2 = 4) und Multiplikation (2 x 2 = 4) entsteht. Sie zeigt mithin ein so schönes Bild von Gleichklang, wie es bei keiner anderen Zahl wieder vorkommt ... Da nun die Vierzahl eines solchen Vorzuges in der Natur gewürdigt wurde, darum versah der Schöpfer notwendigerweise am 4. Tag den Himmel mit dem schönsten Schmuck, den beiden leuchtenden Gestirnen [Sonne und Mond].«
Daß die 4 eine »Weltzahl« ist, kann durch Beispiele aus anderen Kulturen belegt werden. Die altindische Sozialordnung kennt 4 Kasten: Priester, Krieger, Gemeinfreie und Hörige. Der Buddhismus

verkündete 4 Wahrheiten: Leiden, Leidensursache, Vernichtung der Leidensursache und Wege zur Vernichtung der Leidensursache.
Die 4 ist im Christentum das Symbol der 4 Evangelisten, die mit den Lebewesen und den Heilstaten Jesu verbunden werden:

Matthäus:	Mensch	Fleischwerdung Jesu
Lukas:	Stier	Leiden
Markus:	Löwe	Auferstehung
Johannes:	Adler	Himmelfahrt

Die gesamte Bibel gliedert man in Gesetzbücher, Psalmen, Propheten und Evangelien. Als Zeichen der Erlösung kann man die 4 deuten, wenn sie auf die 4 Arme des Kreuzes bezogen wird. Der Aufbau der 4 selbst ergibt ein Kreuz:

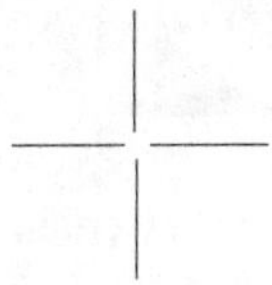

Im täglichen Leben muß der Christ beim Handeln die 4 Kardinaltugenden beachten: Klugheit, Gerechtigkeit, Tapferkeit und Mäßigung oder in einer anderen Reihe: Liebe, Hoffnung, Gottesfurcht und Reue (gelegentlich auch so formuliert: Glaube, Gottesliebe, Güte und Geduld).
Im Tarot symbolisiert »Der Herrscher« die Räumlichkeit. Die 4 Gegenden der Welt, über die er herrscht, erinnern an die 4 Himmelsrichtungen.
Eine besondere Rolle spielt die Vierheit in der Psychologie C. G. Jungs. Die 4 gibt nämlich dem einen erst seine Körperlichkeit. Das eine, vom dem sich das andere, die 2, abgespalten hat, erscheint zwar wieder in der 3, aber es fehlt ihm noch die Anschaulichkeit. Erst die Vierheit verleiht dem »reinen Geist« eine angemessene Erscheinungsform. Dies bedeutet für die christliche Lehre von der Dreifaltigkeit, daß Gott Vater, Sohn, Heiliger Geist durch die Aufnahme

Tarotkarte »Der Herrscher«

Marias zu einer Vierheit ergänzt werden müßten. Eine Vierheit stellt C. G. Jung auch bei den psychologischen Typen fest. Nach den 4 Funktionen Denken, Fühlen, Empfinden und Intuieren kann man 4 Menschentypen: Denk-, Fühl-, Empfindungs- und Intuitionstyp unterscheiden, je nachdem, welche Funktion in einem Menschen vorherrscht. Gegen diese Einteilung hat man eingewandt, daß so wichtige Tätigkeiten wie Wille und Phantasie fehlen.

C. G. Jung sieht das Strukturprinzip der Mandalas vor allem in der Vierheit. Diese ornamentalen Zeichnungen werden in den östlichen Weisheitslehren zur Meditation benutzt. Sie sind fast durchweg vierstrahlig aufgebaut mit zwei aufeinanderstehenden Symmetrieachsen. Man könnte vermuten, daß es sich um eine Art Kompaß handelt, um dem Meditierenden bei seiner Seelenreise eine Orientierung zu ermöglichen.

Vierermenschen sind gleichsam der Erde verbunden. Sie stehen mit zwei Füßen auf der Erde. Man könnte meinen, diese Menschen haben einen Kompaß in ihrem Körper. Sie wissen genau, auf was es im

Leben ankommt. An den berühmten Scheidewegen des Lebens treffen sie immer die richtige Entscheidung. Zu ihren Charaktermerkmalen gehören Ausdauer, Geduld, Stetigkeit und Belastbarkeit. Da sie etwas aufbauen wollen, besteht sehr leicht die Gefahr, daß sie mit ihrer Umwelt in Konflikt geraten. Wenn nämlich beispielsweise die bestehenden Verhältnisse nicht in ihr Konzept passen, wollen sie sie verändern. Die Vierer sind Reformer, aber auch Revolutionäre und Rebellen. Wer das Bestehende verändern will, für den sind Besitz und Reichtümer etwas Zweitrangiges. Die Vierer haben wenige Freunde, aber viele Feinde, die ihnen ihren Drang nach Veränderung übelnehmen. Dieser Menschentyp ist so fest von der Richtigkeit seiner Ideen und Meinungen überzeugt, daß er nur schwer Kritik erträgt und überempfindlich darauf reagiert. Kann sich ein solcher Mensch mit seinen neuen Ideen nicht durchsetzen, dann kapselt er sich ab. Der Vierer ist deshalb oft sehr unglücklich. Überhaupt haben Vierermenschen aufgrund ihrer psychischen Beschaffenheit häufig Probleme mit ihren Eltern.
Traumanalysen haben ergeben, daß die 4 immer etwas mit Verführung zu tun hat. Je nachdem, ob der Mann oder die Frau die aktive Rolle spielt, wird die 4 mit der 10 oder 0 verbunden.

Mandala

5 Die 5 ist eine zwiespältige Zahl. Wie auch immer man diese Zahl zerlegt, man erhält eine gerade und eine ungerade Zahl: 1 + 4, 3 + 2. Deshalb sagt bei Schiller (Piccolomini) der Astrologe Seni: »5 ist des Menschen Seele. Wie der Mensch aus Gutem und Bösem ist gemischt, so ist die Fünf, die erste Zahl aus Grad' und Ungerade.«
Da sie das Männliche und das Weibliche vereint, ist sie auch die Zahl des Lebens und wird mit der Venus, der Liebesgöttin, verbunden. Sie stellt das Herz der 9 Grundzahlen dar:

1	4	7
2	5	8
3	6	9

Sie ist deshalb auch die Zahl des sogenannten 5. Elementes (quinta essentia), das als unsichtbarer, feinstofflicher Körper die 4 Elemente durchströmt und das Lebensprinzip darstellt. Dieses 5. Element herzustellen, ist das eigentliche Anliegen der Alchimie.
Die 5 ist das Symbol der geballten Kraft, da die 5 Finger einer Hand die sprichwörtliche geballte Faust bilden. Bei den Pythagoreern war sie das Zeichen für die Ehe und geistige Vollendung. Nach ihrer Auffassung besteht die Ehegemeinschaft aus 2 Leibern, 2 Körpern und einer gemeinsamen Liebe, die beide Partner durchströmt. Hierzu gehören auch die 5 Sinne eines Menschen: Gesicht, Gehör, Geruch, Geschmack und Gefühl, deren Ausbildung und Entwicklung die Grundlage eines ausgeglichenen und harmonischen Menschen bilden.
Die geheimnisvolle Macht der 5 beruht auf ihrer Verbindung mit den Planeten. Wenn man die 5 Planeten: Venus, Mars, Jupiter, Saturn und Merkur kreisförmig anordnet und durch Linien verbindet, erhält man einen fünfzackigen Stern, der in der Magie als Pentagramm, Drudenfuß, Drudenkreuz etc. eine wichtige Rolle spielt.
Bei den Pythagoreern war das Pentagramm das Symbol der Gesundheit. Im Mittelalter war es das Zeichen des Mikrokosmos, der Welt

Die 5 Planeten Mars, Merkur, Saturn, Venus und Jupiter bilden ein Pentagramm

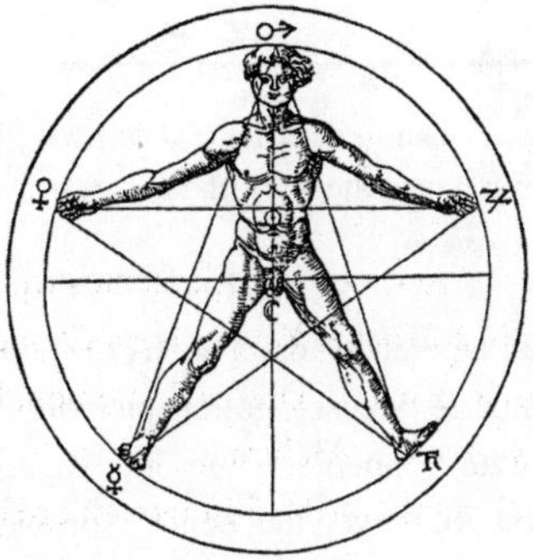

Das Pentagramm mit einem Menschen ist das Symbol des Mikrokosmos

im Kleinen, die genau dem Kosmos entsprach. Zeichnet man nämlich einen Menschen in einen Kreis, das Symbol der Erde, ein, dann bilden seine 2 Hände, Füße und der Kopf ein Pentagramm. Der Mensch als Mikrokosmos ist das genaue Abbild des Makrokosmos. Als Symbol der Erde besitzt das Pentagramm auch die Macht, nicht nur die Elementargeister (Feuer-, Erd-, Wasser-, Luftgeister), sondern alle dämonischen Wesen abzuwehren und zu bannen. Vielleicht beruht die Symbolkraft des Pentagramms auf dem Gedankengut der Manichäer. Deren von der Gnosis stark geprägte Lehre hatte auf die mittelalterlichen Ketzerbewegungen, Sekten und Geheimgesellschaften einen großen Einfluß. Die Manichäer kannten aber 5 Elemente: Licht, Luft, Wind, Feuer und Wasser. Das Pentagramm findet sich auch auf alten Marienbildern und auf Kirchenmauern.

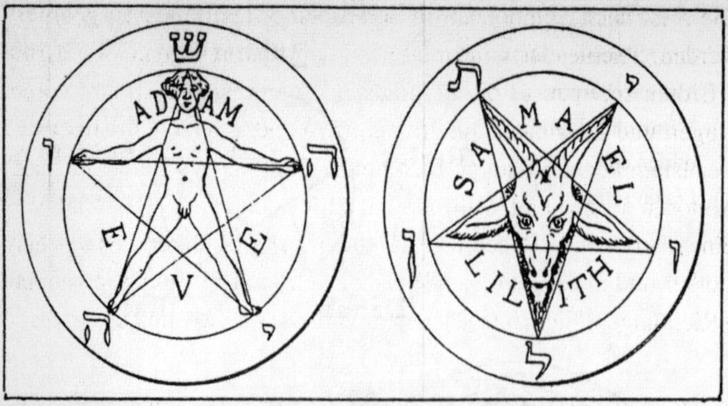

Das Pentagramm als Beschwörungszeichen in der Magie. Die nach unten geschriebene Spitze deutet die schwarzmagische Verwendung, d. h. Anruf unheilbringender Mächte, an.

Außer der Verbindung mit den 5 Planeten hat die 5 noch eine bemerkenswerte Beziehung zur Astronomie. Sie ist nämlich auch die Zahl der Resttage, welche das verkürzte Sonnenjahr von 360 Tagen zu einem wirklichen Sonnenjahr von 365 Tagen machen. Ursprünglich hatte das Sonnenjahr nur 360 Tage, die in 72 Wochen zu 5 Tagen eingeteilt wurden. Wahrscheinlich wurden die Tage in der Frühzeit der Menschheit nach den 5 Fingern abgezählt. In der griechischen Mythologie wird der Ursprung dieser 5 Tage so erzählt: »Der Sonnengott Helios hatte seine Gattin Rhea, die auch die Jahresgöttin war, wegen ehelicher Untreue verflucht. Weder unter seiner Herrschaft noch unter der des Mondes, also weder am Tage noch in der Nacht, sollte sie das uneheliche Kind zur Welt bringen können. Um ihr dies aber zu ermöglichen, spielte Merkur, einer ihrer Liebhaber, mit dem Mond ein Würfelspiel. Von jedem Tag des Jahres gewann er ihm 20 Minuten ab. Die Summe ergibt 360 x 20 = 5 Tage. Diese 5 Tage fügte er dem Jahr hinzu. Da über diese neugewonnenen Tage weder die Sonne noch der Mond herrschte, konnte Rhea an jedem dieser Tage gebären. Seitdem hat das Mondjahr 355 Tage und das Sonnenjahr 365 Tage.«

Die 5 ist auch Symbolzahl in der Bibel: 5 Tiere müssen geopfert werden, 5 Schleudersteine trägt David im Kampf gegen Goliath, mit 5 Broten speist Jesus die Fünftausend, ein Gleichnis spricht von 5 klugen und 5 törichten Jungfrauen, 5 Wunden hatte Christus usw. Der Islam kennt 5 Säulen: Bekenntnis, fünfmaliges Beten am Tag, Almosen, Fasten und Wallfahrt nach Mekka.
Eine überragende Bedeutung hat die 5 im Weltbild der asiatischen Völker und in den östlichen Weisheitslehren. Die Chinesen kennen 5 Richtungen, Elemente, Planeten, Farben und Geschmacksarten:

Richtungen	*Elemente*	*Planeten*	*Farben*	*Geschmacksarten*
Osten	Holz	Jupiter	Blau/Grün	sauer
Westen	Metall	Venus	Weiß	scharf
Süden	Feuer	Mars	Rot	bitter
Norden	Wasser	Merkur	Schwarz	salzig
Mitte	Erde	Saturn	Gelb	süß

Diese Tabelle ließe sich noch durch die 5 Organe (Milz, Leber, Lunge, Niere und Herz), die 5 Wetterzustände (Wind, Trockenheit, Wärme, Kälte und Nässe), die 5 Haustiere, die 5 Feldfrüchte usw. erweitern.
Auch im Hinduismus und Buddhismus kommt die Fünfzahl auffällig häufig vor. In Indien werden 5 Personen mit der Leitung einer Kaste betraut. Seit Urzeiten dauert eine religiöse Feier 5 Tage. In den Veden, den ältesten Schriften der Inder, heißt es: »Fünffach ist das Opfer an die Götter, die Weisen, die Ahnen, die Menschen und Tiere, fünffach das Opfertier, fünffach der Mensch: Geist, Rede, Odem, Auge, Ohr, Leib; fünffach dies alles, was irgendwie vorhanden ist.« Der Schöpfergott Brahma wird mit 5 Köpfen dargestellt. Bekannt sind auch die 5 Elemente: Erde, Wasser, Feuer, Luft und Äther. Der Buddhismus kennt 5 überweltliche »Dhyani-Buddhas«, denen 5 Farben, Tiere und Himmelsrichtungen zugeordnet sind:

Dhyani-Buddha	*Farbe*	*Tier*	*Himmels-richtung*
1. Vairochana	Weiß	Drache	Mitte
2. Ratnasambhava	Gelb	Löwe	Süden
3. Amitabha	Rot	Pfau	Westen
4. Amoghasiddhi	Grün	Adler	Norden
5. Akshobhya	Blau	Elefant	Osten

Der Buddhismus unterscheidet bei der menschlichen Persönlichkeit 5 Eigenschaften: Körperlichkeit, Empfindung, Wahrnehmung, Erinnerung und Bewußtsein.
Im Tarot wird die 5 durch den »Hohepriester« dargestellt. Er thront zwischen zwei Säulen und hält in der Hand einen Stab. In der 5 sind das männliche und das weibliche Prinzip vereint. Der Papst, das Symbol des einen, der durch den Stab mit dem Göttlichen verbunden ist, hat die Herrschaft über die Welt.
Für den Fünfermenschen treffen die Redewendungen »auf eigenen Füßen stehen«, »etwas auf die Beine stellen« zu. Die Symbolik des Pentagramms verrät Standfestigkeit, Kraft und Dynamik. Der Fünfer liebt die Selbständigkeit und ist der geborene Unternehmer. Gelegentlich können diese positiven Merkmale in Draufgängertum und Abenteuerlust entarten. Wenn der Fünfermensch alle in ihm angelegten Kräfte voll zur Entfaltung bringt, kann er von sich sagen: »Es geht mir gut.« Das nach oben gerichtete Pentagramm drückt bildlich die Verbindung von Materie und Geist und gleichzeitig die Herrschaft des Verstandes aus. Der Fünfer ist geistig sehr rege, denkt sehr viel, aber er unterliegt der Gefahr, durch geistige Arbeit die Sinne zu vernachlässigen. Häufig kann man bei diesen Menschen Nervosität, Gereiztheit und innere Spannungen antreffen. Auch das andere Extrem kommt bei ihnen vor, daß sie sich nämlich ganz den Sinnen hingeben und zu reinen Genußmenschen werden. Das nach unten gerichtete Pentagramm sollte dem Fünfer eine Warnung sein, sich vor den »Schatten« in seiner Seele zu hüten. Diese dämonischen Kräfte äußern sich in Entscheidungen, auf welche die Umwelt dieser

Tarotkarte »Der Hohepriester«

Menschen meistens nur mit Kopfschütteln reagiert. Ein Student gibt z. B. plötzlich sein Studium auf, ein Ehepartner läßt sich scheiden, ein erfolgreicher Geschäftsmann wird zum Aussteiger usw.
Die 5 im Traum symbolisiert Festigkeit und Kraft, die von den Planeten kommt. Sie weist aber auch auf Onanie hin oder den geheimen Wunsch, einen anderen Menschen zu töten. Wenn es um die in Träumen häufig beobachtete Verbindung zu den 10 Geboten geht, so liegt es hier nahe, an das 5. Gebot: Du sollst nicht töten! zu denken.

6 Die 6 war nach Meinung der griechischen Mathematiker eine vollkommene Zahl. Diese Zahl kann durch drei Zahlen geteilt werden (1, 2, 3), deren Summe wiederum 6 ergibt. Wenn man diese drei Zahlen multipliziert (1 x 2 x 3) erhält man ebenfalls 6. Wie bei der 5 sind auch in dieser Zahl eine männliche (3) und eine weibliche Zahl (2) enthalten. Doch werden zwei Zahlen durch Multiplikation enger und fester miteinander verbunden als durch die Bildung ihrer

Summe. Deshalb symbolisiert die 6 im Gegensatz zu der 5 auch den Makrokosmos, d. h. die Welt im Großen. Im Mittelalter verwies man auch auf die sechstägige Dauer der Schöpfung. Gott hätte die Welt in einem Tag erschaffen können, aber er wählte 6 Tage, weil diese Zahl ein Symbol der Vollkommenheit ist. Geometrisch kann man sich die Entstehung der 6 aus den beiden Dreiecken erklären, die man erhält, wenn man ein Quadrat halbiert.

Aus diesen beiden Dreiecken kann man ein Sechseck (Hexagramm)

Linke Seite: Die Erschaffung der Welt in 6 Tagen

Rechts: Die Teilung eines Quadrates ergibt 2 Dreiecke

Unten: Das Hexagramm

herstellen. Das Hexagramm ist in der Magie als Schild Davids oder Siegel Salomos bekannt. Wie das Pentagramm wird auch das Hexagramm zur Anrufung und Abwehr von Dämonen benutzt.
In der Bibel erinnert die Sechszahl an die Kreuzigung Christi und die Erlösung der Menschen. Christus wurde am 6. Wochentag zur 6. Stunde gekreuzigt. Die Babylonier unterschieden auf der Erde 6 Dimensionen: vorn, hinten, rechts, links, oben und unten. Der Himmel der Chinesen war sechsstufig.

Das Hexagramm mit magischen Kreisen (Pentakeln)

Der sechsstufige Himmel der Chinesen.
In der oberen Reihe Laotse, Buddha und Konfuzius,
in der Mitte der Kaiser und die obersten Beamten

Bei den Kelten war die 6 eine heilige Zahl. 6 Priester (Druiden) pflückten den Mistelzweig. 3 Tage vor und 3 Tage nach dem Vollmond waren heilig. Das Druidenjahr begann am 6. Tag des Vollmondes.
Der 6 entspricht im Tarot die Karte »Die Liebenden«. Der von einem Strahlenkranz umgebene Amor, der über dem Jüngling und den beiden Frauen schwebt, symbolisiert das Hexagramm. Der Jüngling kann sich zwischen den beiden Frauen nicht entscheiden. Überzeugend ist die Deutung, daß diese beiden Frauen die Tugend und das Laster bildlich darstellen. Die 6 ist die Zahl des Ausgleichs und des Gleichgewichts der Kräfte. Sie steht in der Mitte zwischen dem Guten und dem Bösen. Amor, der alles unter sich erleuchtet, steht für das Göttliche und das Streben des Menschen nach Vollendung. Dieses Ziel, sich mit dem Göttlichen zu vereinigen und so wie Gott zu werden, wird der Mensch nie erreichen. Deshalb bedeutet diese Zahl auch Versagen und Stehenbleiben.
Der Charakter der Sechsermenschen ist entscheidend geprägt durch die Liebe. Dazu gehören aber nicht nur die Sexualität, sondern auch vergeistigte Formen der Liebe wie die Mutterliebe und das Streben nach ideellen Werten. Der Sechsermensch wirkt wegen seiner positiven Einstellung zu allen Formen der Liebe wie ein Magnet auf seine Umgebung. Er ist ein väterlicher bzw. mütterlicher Typ, der sich rührend um seine Familie kümmert. Solche Menschen lieben die Geborgenheit der Familie und sind ausgesprochen häusliche Typen. Ihrer Umwelt gegenüber fallen sie durch soziales Engagement auf. Bevorzugt werden von ihnen soziale Berufe. Der Sechsermensch wählt aber nicht nur gern den Beruf des Krankenpflegers, der Kindergärtnerin, des Arztes und des Versicherungsvertreters, sondern seine Menschenliebe und Sorge für die Umwelt führen ihn auch in die Politik. Zahlreiche Vollblutpolitiker sind Sechser. Auffallend häufig wird bei ihnen eine künstlerische und handwerkliche Begabung festgestellt, die Ausdruck ihrer Liebe zum Schönen und Harmonischen ist. Getadelt wird bei diesem Menschentyp das aufdringliche Einmischen in die Privat- und Intimsphäre anderer Men-

Tarotkarte »Die Liebenden«

schen. Ihre Menschenliebe kann zu reiner Machtgier und ihr Streben nach höheren Werten zum Schwärmertum entarten. Sechser sind oft Mitglieder von Sekten.
Die 6 im Traum, die an das 6. Gebot (Unkeuschheit) erinnert, steht für Sexualität.

7 Die 7 besitzt in fast allen Kulturkreisen einen ausgeprägten Symbolwert. Dies ist an sich verwunderlich, da diese Zahl in der Mathematik keine Rolle spielt. Wegen der 7 Planeten ist sie bei den Sumerern und Babyloniern eine heilige Zahl. Das Zeichen bedeutet in der Keilschrift auch Fülle und Ganzheit. Der besondere Symbolcharakter der 7 kann auch damit in Verbindung gebracht werden, daß sie die Summe aus der 3 und der 4 ist. Die Aufteilung der 7 in eine 3 und eine 4 findet sich schon bei Gravierungen in steinzeitlichen Höhlenmalereien. Die 7 Striche oder Punkte sind deutlich in eine Dreier- und eine Vierergruppe aufgeteilt.

Vieles spricht dafür, daß diese Gruppierung mit den 3 Mondphasen und den 4 Himmelsrichtungen zusammenhängt. Auch bei den 7 Planeten werden seit der Frühzeit der Menschheit zwei Gruppen unterschieden. Die sogenannten »Lichter«, Sonne und Mond, werden mit der sehr hell leuchtenden Venus zu einer Dreiergruppe zusammengefaßt. Die Vierergruppe bilden der Mars, Merkur, Saturn und Jupiter. Eine tiefere Deutung sieht die Ursache der Heiligkeit der 7 darin, daß sich das Göttliche, das sich in der 3 offenbart, mit der »Weltzahl« 4 vereinigt. Im Christentum beruht der besondere Charakter der 7 darauf, daß Gott sich nach der sechstägigen Schöpfung am siebten Tag ausruhte. Bei dem Philosophen Philo von Alexandrien heißt es:

»Nachdem die ganze Welt entsprechend der Natur der vollkommenen Sechszahl in 6 Tagen vollendet war, zeichnete Gott den folgenden siebten Tag besonders aus, indem er ihn ›segnete‹ und ›heiligte‹. Der siebte Tag ist der Festtag nicht einer Stadt, sondern der ganzen Welt. Eigentlich darf man ihn den einzigen allgemeinen Festtag und Geburtstag der Welt nennen … Addiert man der Reihe nach die Zahlen 1 bis 7, so erhält man die vollkommene Zahl 28. Die so hervorgebrachte Zahl ist aber diejenige, die den Mond in seine frühere Stellung zurückbringt.«

Für die Juden und Christen ist die Zahl 7 allein schon wegen ihrer häufigen Nennung in der Bibel eine heilige Zahl. Bei mittelalterli-

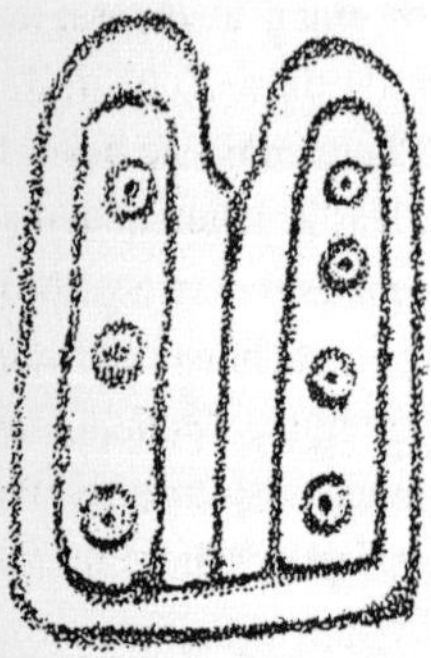

Gravierungen aus Locmariaque (Bretagne)

Die Planeten der sieben Wochentage

chen Schriftstellern findet sich jedoch auch der Hinweis, daß die Bedeutung der 7 auf ihrer Zusammensetzung aus den Zahlen 3 und 4 beruht. Wegen der 4 Elemente entspreche die 4 dem Leib des Menschen, während die 3 die 3 Seelenkräfte Gefühl, Seele, Geist repräsentiere. Wenn man diese Einteilung auf die 7 Bitten des Vaterunsers anwendet, erhält man folgende Unterteilung: 3 Bitten beziehen sich auf die Ewigkeit; die Preisung des göttlichen Namens, die Erwartung des Reiches und die Bitte um Verwirklichung des göttlichen Willens. 4 Bitten sprechen vom Irdischen: das tägliche Brot, Vergebung der Sünden und Erlösung vom Bösen. Die 3 wird auch mit dem rechten Glauben und die 4 mit dem rechten Handeln verbunden. Ein Student im Mittelalter mußte die 7 freien Künste absolvieren. Die Elementarbildung umfaßte das Trivium: Grammatik, Dialektik und Rhetorik, daran schloß sich das Quadrivium: Arithmetik, Geometrie,

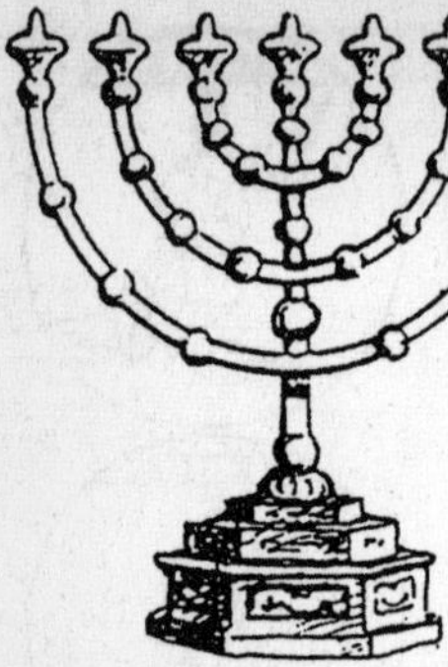

Links: Die Menora

Rechte Seite: Die 7 Todsünden

Musik und Astronomie an. Die wichtigsten Stellen aus dem Alten Testament sind: Die 7 Augen Jahwes sind das Zeichen der Allwissenheit. Die Weisheit baut auf 7 Säulen ihr Haus. Bileam baut 7 Altäre, wo er 7 Stiere und 7 Widder opfert. Das Laubhüttenfest dauert 7 Tage. Am 7. Tag des 7. Monats findet siebenmal Blutbesprengung beim Versöhnungsopfer statt. Siebenmal wird das tägliche Lobgebet gesprochen. 7 Stufen führen zum Salomonischen Tempel. Dort steht der siebenarmige Leuchter (Menora); dieser Leuchter ist nach dem jüdischen Glauben voller symbolischer Bezüge. Das Fest der Tempelweihe dauert zweimal 7 Tage. 7 Tage bleibt die Taube Noahs aus. Der Pharao schaut im Traum 7 fette und 7 magere Kühe und 7 dicke und 7 dünne Ähren. Diese Zahlen kündigen gute und schlechte Jahre an.

Aus dem Neuen Testament kann man anführen: Von 7 Broten wird die Menge in der zweiten Speisungsgeschichte gesättigt. 7 Teufel treibt Jesus aus Maria Magdalena aus. Der ausgetriebene Dämon nimmt 7 noch bösere Geister zu sich. In der Apokalypse des Johannes wird von 7 Gemeinden, Engeln, Leuchtern, Siegeln, Hörnern des siegreichen Lammes, Augen, Posaunen, Geistern, Sonnen, Häuptern des »Tieres«, Plagen und Schalen gesprochen.

Das Christentum kennt die 7 Freuden Marias: Verkündigung, Besuch bei Maria, Geburt Jesu, Darstellung im Tempel, Wiederfinden des zwölfjährigen Jesu im Tempel, Wiedersehen des Auferstande-

FREZEREI
GEITIKAIT
NEID
HOFART
TRAKAIT
VNKEIZCH
ZORN
H·B

nen und Krönung Marias im Himmel; die 7 Sakramente: Taufe, Firmung, Eucharistie, Buße, Krankensalbung, Priesterweihe und Ehe (die evangelische Kirche hat davon nur die Taufe und die Eucharistie übernommen); die 7 Tugenden: Glaube, Hoffnung, Liebe (die drei theologischen Tugenden) und Klugheit, Mäßigung, Starkmut und Gerechtigkeit (die vier Kardinaltugenden); die 7 Todsünden: Stolz, Geiz, Unkeuschheit, Neid, Zorn, Unmäßigkeit und Trägheit.
Die »böse Sieben« hat ihren Ursprung in Nergal, dem 7. Planeten der Babylonier, der die Unterwelt repräsentierte. In der mittelalterlichen Magie regieren die 7 Erzengel die Wochentage.

Erzengel	*Wochentag*
Michael	Sonntag
Gabriel	Montag
Samael	Dienstag
Raphael	Mittwoch
Zachariel	Donnerstag
Anael	Freitag
Oriphiel	Samstag

Trithemius von Sponheim (1462–1516) hat diesen 7 Erzengeln je ein Zeitalter zugeordnet:

550 v. Chr.– 200 v. Chr.:	Michael
200 v. Chr.– 150 n. Chr.:	Oriphiel
150 n. Chr.– 500 n. Chr.:	Anael
500 n. Chr.– 850 n. Chr.:	Zachariel
850 n. Chr.–1190 n. Chr.:	Raphael
1190 n. Chr.–1510 n. Chr.:	Samael
1510 n. Chr.–1879 n. Chr.:	Gabriel
1879 n. Chr.–2230 n. Chr.:	Michael

In der Symbolik der Alchimisten kommt die Siebenzahl ebenfalls vor. Um das sagenhafte Endprodukt der alchimistischen Tätigkeit, den Stein der Weisen, herzustellen, mit dessen Hilfe man unedle Metalle in Gold verwandeln konnte, waren 7 Arbeiten erforderlich:

Die 7 Arbeiten der Alchimisten

Calzination (Verkalkung),
Sublimation (Erhöhung),
Solution (Auflösung),
Putrefaktion (Fäulung),
Destillation (Zertriefung),
Coagulation (Gerinnung),
Tinctura (Anstrich).

Auch im Islam spielt die heilige Siebenzahl eine wichtige Rolle. Die Eröffnungssure des Koran hat 7 Verse:
»Im Namen Allahs, des Allbarmherzigen! Lob und Preis sei Allah, dem Herrn der Weltbewohner, dem gnädigen Allerbarmer, der am Tage des Gerichts herrscht! Dir allein wollen wir dienen, und zu dir allein flehen wir um Beistand. Führe uns den rechten Weg, den Weg derer, welche sich deiner Gnade erfreuen – und nicht den Pfad jener, über die du zürnst oder die in die Irre gehen.«
Die Moslems wiederholen viele Gebete siebenmal. Der Pilger muß siebenmal die Kaaba in Mekka umkreisen.
Die indische Religion kennt 7 Schichten des Feueraltars, 7 Jahreszeiten, 7 Weltgegenden und 7 Götterwelten. Der religiöse Hymnus besteht aus 7 Versen. Bekannt sind die 7 Chakras, welche die im Körper pulsierende feinstoffliche Energie weiterleiten.
Auch im Buddhismus kehrt die Siebenzahl wieder. Der gerade geborene Buddha tut 7 Schritte nach allen Himmelsrichtungen, 7 Tage nach seiner Geburt stirbt seine Mutter, 7 Tage sucht er nach Erlösung, 7 Tage weilt er unter dem Bodhi-Baum, wo ihm die Erleuchtung kommt.
Schon die antiken Gelehrten teilten das menschliche Leben in 7 Perioden ein. Diese 7 Lebensabschnitte eines Menschen werden bestimmten Planeten zugeordnet:

Periode	*Planet*
1.– 7. Jahr	Mond
7.–14. Jahr	Merkur
14.–21. Jahr	Venus
21.–42. Jahr	Sonne
42.–49. Jahr	Mars
49.–56. Jahr	Jupiter
56.–63. Jahr	Saturn

Die Seele benötigt nach Auffassung der modernen Esoterik 35 Jahre, bis sie sich im menschlichen Körper vollkommen integriert hat. Mit dem 35. Lebensjahr ist die Inkarnation abgeschlossen. Der Mensch

Tarotkarte »Der Triumphwagen«

verfügt über genug seelische Energien, seine Spiritualität zu entwickeln und die geheimen »Wünsche« seiner Seele zu erfüllen. Ab dem 63. Lebensjahr, das als Todesjahr gefürchtet ist, ist die spirituelle Entwicklung des Menschen beendet. In dieser Phase muß der Mensch sich auf den Tod vorbereiten, d. h. auf die nächste Inkarnation. Was er jetzt macht, hat keinen Einfluß auf die folgende Inkarnation.

Der Glaube in der Volksmedizin, daß die Zahl 7 bei Krankheiten eine Rolle spielt, geht auf die griechische Medizin zurück. So heißt es bei Hippokrates (460–377 v. Chr.): »Die Siebenzahl beherrscht die Krankheiten und alles, was im Körper von Zerstörung betroffen wird.« Der 7. Tag nämlich ist für alle Fieberkranken ein Krisentag, an dem sich entscheidet, ob die Krankheit einen guten oder einen ungünstigen Verlauf nimmt.

Im Tarot ist die 7. Karte »Der Triumphwagen«. Der obere Teil der Karte erinnert durch seine quadratische Form an die 4. Die 3 wird durch 3 Gesichter ausgedrückt, deren mittleres zum Wagenlenker

gehört. Alle Inhalte der früheren Karten finden sich in diesem Bild wieder. Das Göttliche, dargestellt durch den Triumphator, herrscht über und in der Welt.
Die Siebenermenschen sind in jeder Hinsicht geistige Menschen und die geborenen Wissenschaftler. Der Drang, das Unbekannte zu erforschen, wozu auch das Eindringen in die Tiefen der eigenen Persönlichkeit gehört, kennzeichnet ihr Wesen. Sie sind Grübler, Philosophen und Mystiker. Materielle Dinge sind ihnen an sich gleichgültig, weil sie wissen, daß der Erwerb geistiger Werte und die seelische Entwicklung sie im Leben weiterbringt. In der Ruhe und Abgeschiedenheit fühlen sich diese Menschen sicherlich am wohlsten, aber sie gehen auch gern auf Reisen, um fremde Länder und Kulturen kennenzulernen. Ihre Umwelt kritisiert diesen Drang, neue Ideen und Länder kennenzulernen, gerne als Ruhelosigkeit. Wer immer nur nach dem Neuen strebt, vergißt allzu leicht, daß es auch bleibende Werte im menschlichen Leben gibt. Der Siebener muß sich vor allem davor hüten, nicht oberflächlich zu werten. Aufgrund seines Wesens hat er es schon schwer, mit anderen Menschen in Kontakt zu kommen. Besondere Stärke des Siebeners ist nicht das logische Denken, sondern die Intuition. Überdies sagt man diesen Menschen Hellsichtigkeit nach, die vielleicht auch darauf beruht, daß sie sich gern mit Mystik, Okkultismus und Esoterik beschäftigen. Eine große Schwäche des Siebeners ist sein Mangel an Durchsetzungsvermögen und überhaupt an Ausdauer, seine guten Ideen auch in die Praxis umzusetzen. Dieser Charakterfehler ist sicherlich auch die Ursache, daß diese Menschen gelegentlich finanzielle Probleme haben.
Im Traum erscheint die 7 meistens als alte Frau, die ja bekanntlich ein Todessymbol ist. 7 bedeutet sowohl Unglück und Diebstahl (7. Gebot: Du sollst nicht stehlen!) als auch Hochzeit und Glück.

8 Der Symbolcharakter der 8 ergibt sich aus ihrer Struktur und äußeren Gestalt. Da sie größer als die 7 ist, beginnt mit ihr ein neuer Siebenerzyklus. Wenn die Siebenzahl das Symbol der Zeit ist, steht die 8 für die Ewigkeit. In der Astrologie steht sie für den Fixsternhimmel, der als achte Sphäre hinter den 7 Planeten liegt. Die 8 hat zwar einen sehr hohen Grad von Vollendung erreicht, aber sie steht noch unter der letzten Grundzahl, der 9. Sie ist deshalb besonders die Zahl der Weihe oder Einweihung in eine Geheimlehre. Der Geweihte steht erst am Anfang seiner religiösen oder spirituellen Entwicklung und hat erst einen unteren Grad in der Hierarchie seiner Gemeinschaft erreicht. Die Aufteilung der 8 in zwei gleich große Hälften (4 + 4) bietet sich gerade als Symbol der Gerechtigkeit an.
Die Pythagoreer sahen in der 8 die Zahl der Fülle, weil sie die erste Kubikzahl (2 x 2 x 2 = 8) ist. Sie besitzt überdies die bemerkenswerte Eigenschaft, daß jedes Quadrat einer ungeraden Zahl durch sie mit dem Rest 1 geteilt werden kann:

3 x 3 = 9 : 8 = 1, Rest 1
5 x 5 = 25 : 8 = 3, Rest 1
7 x 7 = 49 : 8 = 6, Rest 1
9 x 9 = 81 : 8 = 10, Rest 1

Die 8, die aus zwei sich überschneidenden Linien besteht, symbolisiert den Übergang vom Irdisch-Zeitlichen zum Ewig-Göttlichen. Eine liegende 8 gleicht der Lemniskate, dem Symbol der Ewigkeit. Man kann diese Ziffer auch als zwei übereinanderstehende Nullen betrachten, die man als Verneinungen deuten könnte. In der Mathematik heben sich zwei Verneinungen auf und bedeuten eine Bejahung. Dies wäre eine Bestätigung der 8 als Symbolzahl der Weihe, da der Geweihte die Lehren seiner Gemeinschaft ausdrücklich billigt.
Vor allem aber ist die 8 eine Glückszahl. Das Schicksalsrad des Mittelalters, das Glück und Unglück anzeigt, besteht aus 8 Speichen. Vielleicht besteht eine Verbindung zum achtspeichigen Jahresrad der Germanen.

Das Glücksrad

Im Alten Testament wird berichtet, daß 8 Menschen in der Arche Noah gerettet werden. Am 8. Tag wurde in Israel die Beschneidung vorgenommen. Im Neuen Testament ist die 8 die Zahl der Auferstehung und der Glückseligkeit. Frühchristliche Gegenstände, besonders Taufbecken, und sogar ganze Kirchen haben achteckige Grundrisse (im allgemeinen wird im Christentum für die Kirchen der Grundriß in Form eines Kreuzes bevorzugt). Im Islam gibt es 8 Himmel im Gegensatz zu den 7 Höllen, weil Gottes Barmherzigkeit größer als sein Zorn ist. Der Buddhismus kennt einen achtfachen Pfad, der zu dem erstrebten Endzustand, dem Nirvana, führt: rechte Anschauung, Gesinnung, Reden, Handeln, Lebensführung, Kampf, Achtsamkeit und Konzentration.

Im Tarot ist »Die Gerechtigkeit« die achte Karte. Die Herrscherin mit dem Schwert und der Waage in der Hand stellt bildlich den Symbolwert Gerechtigkeit dar, der nach Ansicht der Pythagoreer durch die Zerlegung der 8 in zwei 4en ausgedrückt wird.

Im Charakter des Achtermenschen überschneiden sich ganz ge-

Tarotkarte »Die Gerechtigkeit«

wöhnliche menschliche Bestrebungen mit dem Wunsch nach ideellen Werten. Diese beiden Grundtendenzen zum Ausgleich zu bringen, ist die zentrale Lebensaufgabe des Achters. Das Leben erfordert nämlich, daß man den irdischen Belangen gebührend Rechnung trägt, sich aber gleichzeitig intensiv bemüht, sich innerlich zu vervollkommnen und die geheimen Wünsche seiner Seele zu erfüllen, die in früheren Inkarnationen noch nicht erfüllt wurden. Dieser innere Zwiespalt verzehrt sehr viel Energie. Dem Achter fehlt oft die Kraft, Unternehmungen bis zum Ende durchzuführen. Bei Menschen mit einer Betonung dieser Zahl beobachtet man große Erfolge und steile Karrieren, aber auch katastrophale Mißerfolge und berufliche und gesellschaftliche Abstiege. Ein Achter, der sich zu sehr mit ideellen Werten beschäftigt, unterliegt der Gefahr, ein Fanatiker und Eiferer zu werden. Aber die in ihnen angelegte Tendenz zum Ausgleich bewahrt sie vor dem Schlimmsten, und sie können noch rechtzeitig ihr Verhalten korrigieren. Menschen, die nach ideellen Werten streben, neigen oft dazu, sich von ihren Mitmenschen abzukapseln

und zu den oft bespöttelten Einzelgängern zu werden. Ein wichtiges Charaktermerkmal des Achters ist der Drang, schlechte Taten früherer Inkarnationen in diesem Leben wiedergutzumachen, was sich bis zur Selbstverleugnung steigern kann. Deswegen fällt der Achter seinen Mitmenschen durch seinen Gerechtigkeitssinn und sein persönliches Engagement auf, Auseinandersetzungen und Spannungen in seinem Umfeld zu schlichten und auszugleichen.
Die Traumzahl 8 bedeutet sich »in acht nehmen«, oder sie ist eine Verstärkung der bei der 4 aufgezählten Möglichkeiten.

9 Die 9, welche die höchste Vollendung ausdrückt, hat sehr viel von ihrer Symbolkraft an die 7 abgegeben. Der Symbolwert der 9 wird bestimmt durch ihre besondere Struktur. Sie ist zunächst die Quadratzahl der 3 (3 x 3 = 9). Bemerkenswert ist auch, daß jede Zahl, deren Quersumme durch 9 teilbar ist, ebenfalls durch 9 geteilt werden kann, z. B.

27 : 9 = 3; Quersumme 2 + 7 = 9
45 : 9 = 5; Quersumme 4 + 5 = 9
63 : 9 = 7; Quersumme 6 + 3 = 9

Die 9, die das Ergebnis der dreimaligen Multiplikation der 3 mit sich selbst ist, drückt die höchste für den Menschen erreichbare Vollendung aus. In Ägypten wurden die Gottheiten in der großen und kleinen Neunheit zusammengefaßt. Bei den Griechen, Römern, Kelten und Germanen spielt die 9 eine wichtige Rolle. Die Einweihung in die Eleusinischen Mysterien dauerte 9 Tage. Das Ungeheuer Hydra hatte 9 Köpfe. Die griechische Sage kennt 9 Musen:

Erato (Lyrik)
Euterpe (Flötenspiel)
Kalliope (Epik)
Klio (Geschichtsschreibung)
Melpomene (Tragödie)
Polyhymnia (Gesang)
Terpsichore (Tanz)
Thalia (Lustspiel)
Urania (Sternkunde)

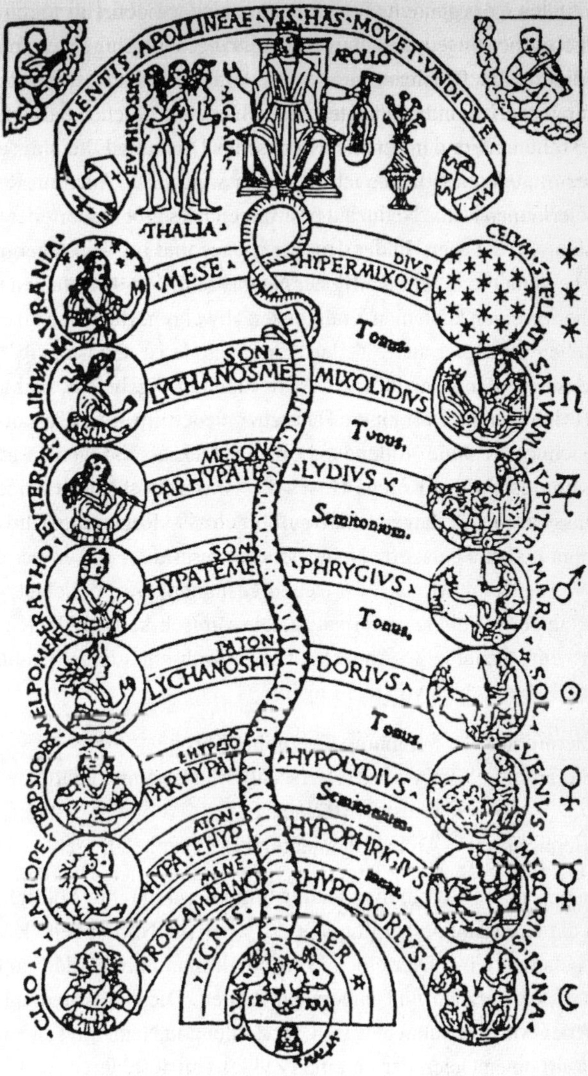

Der Gott Apollo mit den 9 Musen und 7 Planeten

Im antiken Rom galt eine Frau 9 Tage nach der Geburt als unrein. In der keltischen Sage vom König Arthur bringen 9 Könige diesem ihre Huldigung dar, 9 Haushofmeister dienen ihm, 9 Nächte währt seine Gefangenschaft und 9 Wächter mit 9 Hunden bewachen das Schloß einer schönen Frau. In der altgermanischen Dichtung Edda singt eine Seherin: »9 Welten kenne ich, 9 Hölzer weiß ich.« Auch im Recht der Germanen ist die Neunzahl bestimmend. Es gibt 9 Beurteiler und Fristen von 9 Tagen. In der deutschen Sage und im Volksaberglauben begegnet man sehr häufig der Neunerzahl. Mit 9 Kastanien und Eschenzweigen kann man Krankheiten abwehren. Bei den Chinesen bestehen die Opfer aus 9 Teilen. Eine Pagode ist neunstöckig. Geschenke werden in neunfacher Ausfertigung dargebracht, und man wirft sich neunmal vor einem Herrscher nieder. Im Alten Testament bezeichnet die 9 die Vollendung eines Schicksals. So werden im 9. Regierungsjahr des Königs Hosea die 10 israelitischen Stämme in die assyrische Gefangenschaft geführt. Im 9. Regierungsjahr des Königs Zedekia belagerte Nebukadnezar Jerusalem und eroberte es am 9. Tag des 4. Monats. Im Neuen Testament wird berichtet, daß Jesus in der 9. Stunde gestorben ist. Die römisch-katholische Kirche feiert eine neuntägige Andacht. Die jüdisch-christliche Tradition kennt 3 Hierarchien von je 3 Engeln:

1. Hierarchie:	Seraphim, Cherubim, Throne
2. Hierarchie:	Kyriotes (Herrschaften), Dynamis (Kräfte), Exusiai (Mächte)
3. Hierarchie:	Archai (Fürstentümer), Erzengel, Engel

Eine besondere Verbindung hat die 9 mit der 4, da ihre Multiplikation die Kreiszahl 360 ergibt oder 36, wenn die Null unberücksichtigt gelassen wird. Denselben Wert erhält man durch Addition der vier ersten geraden und ungeraden Zahlen. Diese Verbindung ist auch den Maya bekannt gewesen. Ihr Zahlengott Neun trägt auf einer Inschrift einen Geier, der für einen Zyklus von 400 Jahren steht. Die gesamte Dauer dieser zu tragenden Last beliefe sich auf 3600 Jahre. Das Quadrat von 9, die 81, gilt als die Zahl der Ewigkeit.

Oben: Der Zahlengott der Maya trägt einen Geier auf dem Rücken

Rechts: Tarotkarte »Der Eremit«

Die 9 ist im Tarot »Der Eremit«. Die Lampe in seiner Hand bringt zum Ausdruck, daß mit der 9 die Vollendung erreicht ist. Der Eremit, der sich von der Welt zurückgezogen hat, hat auch sein Bewußtsein verändert und ist ein »Erleuchteter« geworden.

Der Neunermensch besitzt die Veranlagung zu Intuition, Spiritualität und Weisheit. Ein Mensch, der unter den Schwingungen der Neun steht, kann leichter sein Bewußtsein verändern. Diese hohen Ziele werden aber nur von wenigen Neunern auch tatsächlich erreicht. Der gewöhnliche Neuner besitzt zwar viele ethische und moralische Qualitäten, aber er ist auch berüchtigt wegen seiner Konfliktbereitschaft. Er geht keiner Auseinandersetzung aus dem Weg. Dem Neuner können durch seine Tollkühnheit und Risikofreude große Gefahren erwachsen. Solchen Menschen muß immer eine passende Aufgabe übertragen werden, damit sie sich menschlich weiterentwickeln können.

Als Traumzahl kommt die 9 selten vor. Sie muß als eine Steigerung der Eigenschaften der 3 gewertet werden.

10 Die 10 ist sowohl der Anfang als auch das Ende aller Zahlen. Gott (1), der die Welt (2 bis 9) aus dem Nichts (0) geschaffen hat, ist wieder zu sich selbst zurückgekehrt. Zwar können alle Zahlen auf die Grundzahlen 1 bis 9 zurückgeführt werden, aber erst die Zehnheit vollendet die 9 Grundzahlen und bildet die Basis unseres Zahlensystems. Agrippa von Nettesheim definiert die 10 so:
»Die Zehnheit heißt die volle, vollkommene, die Universalzahl, denn sie begrenzt den ganzen Lebenslauf. Über sie hinaus kann nicht gezählt werden, es sei denn durch Wiederholung. Sie enthält alle möglichen Zahlen in sich und durch sich … Sie ist der Anfang und die Erfüllung allen Zählens, aber gleichzeitig ist sie auch wieder der Anfang einer neuen Reihe, nämlich der Zehnerreihe. Und gleichwie die Zehnheit zur Einheit, aus der sie hervorging, zurückfließt, so kehrt auch alles Fließende zu dem zurück, von wo es ausfloß. Wie zum Beispiel das Wasser zum Meer, von wo es stammt. So kehrt auch der menschliche Geist, die Schöpfung Gottes, zu Gott seinem Ursprung zurück.«
Bei den Pythagoreern war sie hochgeschätzt, da sie aus der Summe die ersten 4 Zahlen (1 + 2 + 3 + 4 = 10) gebildet wird. 10 ist die Zahl der Gebote im Alten Testament. In der christlichen Tradition wird die 10 entsprechend dem Sinn der 10 Gebote aufgeteilt in die 3 und die 7. Die 3 als Zahl der Dreifaltigkeit bezieht sich auf die 3 Gebote der Frömmigkeit und 7 auf die Gebote gegen die Mitmenschen. Die

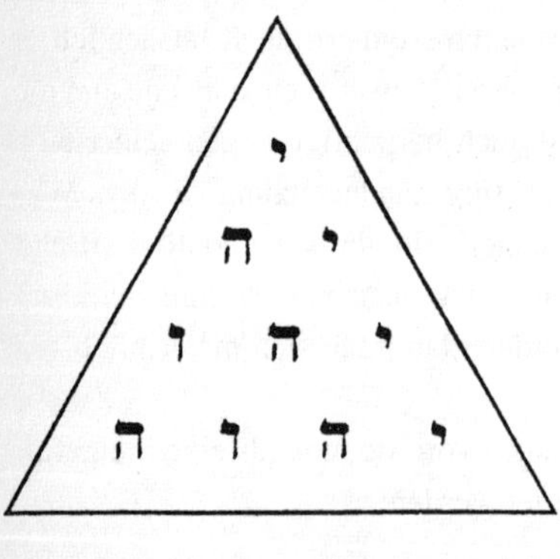

Die Tetraktys (Vierheit)
der Pythagoreer

Ein römischer Denar

7 nämlich symbolisiert den Menschen, der aus dem Leib (4) und der Seele (3 Seelenkräfte) besteht. Im Christentum bedeutet die 10 aber auch das ewige Leben wegen des Denars, der nach der Erzählung des Neuen Testaments den Arbeitern im Weinberg des Herrn zuteil wurde. Diese römische Münze mit dem Wert 10 enthält das Bildnis des römischen Kaisers, den man sich als gottähnlich vorstellte. Da die römische Ziffer (X) für die 10 an ein Kreuz erinnert, wird diese Zahl mit Christus verbunden. Im Griechischen entspricht ihr »Chi«, was als Abkürzung für Christus gebraucht wird.

Auch der Buddhismus kennt 10 Gebote:

1. Abstehen vom Zerstören von Leben
2. Abstehen vom Nehmen nicht gegebener Dinge
3. Abstehen vom unkeuschen Wandel
4. Abstehen von lügnerischer Rede
5. Abstehen von Verleumdungen
6. Abstehen von roher Rede
7. Abstehen von eitlem Geschwätz
8. Nicht-Begehren
9. Nicht-Übelwollen
10. rechte Anschauung

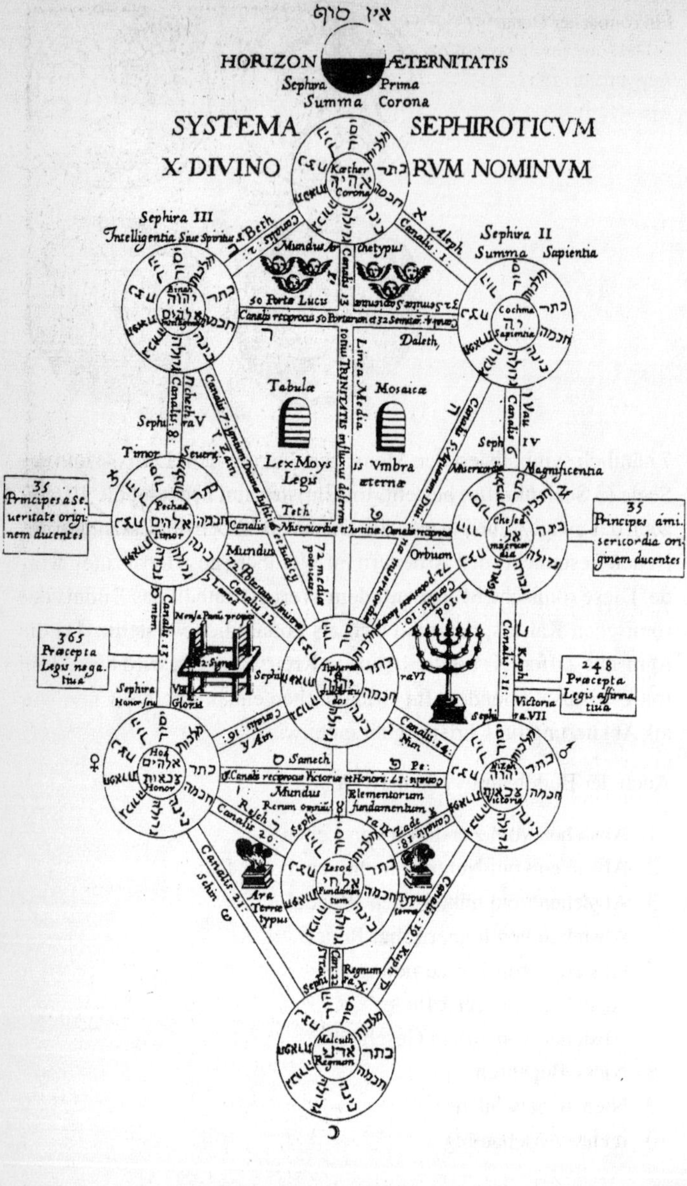

אין סוף
HORIZON ÆTERNITATIS
Sephira Prima
Summa Corona
SYSTEMA SEPHIROTICVM
X. DIVINORVM NOMINVM
Kæther
Corona
Sephira III
Intelligentia Siue Spiritus S.
Beth
Canalis : 2 :
Aleph
Canalis : 1 :
Sephira II
Summa Sapientia
Mundus Archetypus
50 Portæ Lucis
Canalis 13
32 Semitæ Sapientiæ
Canalis reciprocus 50 Portarum et 32 Semitar.
Binah
Cochma
Sapientia
Daleth,
Linea Media
totius TRINITATIS influxus desuper
Tabulæ
Mosaicæ
Lex Moysis
Legis
Vmbra æternæ
Cheth
Canalis : 8 :
Sephira V
Timor
Seueritas
Zain
Canalis 7
Canalis 5
Vau
Canalis 6
Seph IV
Misericordia
Magnificentia
35
Principes a Seueritate originem ducentes
35
Principes a misericordia originem ducentes
Pechad
Timor
Chesed
Teth
Canalis Misericordiæ et Iustitiæ. Canalis reciprocus
Mundus
Orbium
72 Potestates Seueritatis
Canalis 12
72 mediæ potestates
72 potestates
Lamed
Mem
Canalis : 13 :
Canalis : 11 :
Kaph
Iod
Mensa Panis propositionis
365
Præcepta Legis negatiua
248
Præcepta Legis affirmatiua
Sephira VIII
Honor seu Gloria
Tiphereth
Sephira VI
Victoria
Sephira VII
Canalis 16
Ain
Canalis 14
Nun
Hod
Honor
Samech
Pe
Canalis reciprocus Victoriæ et Honoris : 17 :
Nizah
Victoria
Mundus
Rerum omnium
Elementorum fundamentum
Resch
Canalis 20
Sephira IX
Zade
Canalis : 18 :
Canalis : 21 :
Schin
Ara Terræ typus
Iesod
Fundamentum
Typus terræ
Canalis : 19 :
Koph
Can. 22
Tau
Regnum
Sephira X.
Malcuth
Regnum

Linke Seite: Die 10 Sefirot nach Athanasius Kircher, Oedipus Aegyptiacus 1653

Rechts: Tarotkarte »Das Rad«

Buddha zeichnet sich als Erlöser durch 10 Eigenschaften aus:

1. rechte Anschauung
2. rechte Gesinnung
3. rechtes Reden
4. rechtes Handeln
5. rechte Lebensführung
6. rechter Kampf
7. rechte Gedanken
8. rechte Konzentration
9. rechtes Wissen
10. rechte Erlösung

In der Kabbala werden 10 Ausstrahlungen (Sefirot) unterschieden:

1. Keter (Krone)
2. Chochmah (Weisheit)
3. Binah (Intelligenz)

4. Chessed (Liebe)
5. Gevurah (Gerechtigkeit)
6. Tiferet (Schönheit)
7. Nezach (Triumph)
8. Hod (Pracht)
9. Jessod (Fundament)
10. Malkut (Reich)

Im Tarot wird die 10 durch »Das Rad« dargestellt. Das Rad, mit dem der Mensch verflochten ist, wird für ihn zum Glücks- und Schicksalsrad. Darüber thront die Sphinx, das Symbol des ewigen Gesetzes, dem alle Lebewesen unterworfen sind.
Die Geburtstagszahl 10 steht für wechselndes Glück. Der Träger dieser Zahl muß mit steilem Aufstieg, aber auch Abstieg rechnen.

11 Schon durch ihre Form drückt die 11 aus, daß der irdische Bereich verlassen wurde. Die beiden Einser kann man als einen Januskopf deuten, der sowohl rückwärts zur Erde oder in die Vergangenheit wie vorwärts in den Kosmos oder in die Zukunft blickt. Die 11 ist die Zahl, die durch Verdoppelung einer Grundzahl gebildet wird. Diese sogenannten Meister- oder Kettenzahlen zeigen bildlich die Verstärkung der Grundkräfte der betreffenden Grundzahl an.

Der Januskopf stellt bildlich die 11 dar

Tarotkarte »Die Kraft«

Da die 11 über die 10 hinausgeht, betrachtet man sie in der christlichen Tradition als Zahl der Sünde. Der Astrologe Seni in den »Piccolomini« von Schiller sagt: »Elf ist die Sünde; elf überschreitet die 10 Gebote.« Die Quersumme der 11 ist 2. Folglich ist diese Zahl das dem Göttlichen entgegengesetzte andere, das bildlich als der Teufel dargestellt wird. Da nach dem Verrat des Judas nur noch 11 Apostel übrigblieben, ist 11 ein Zeichen für Sünde und Unvollkommenheit.

Die 11. Karte ist im Tarot »Die Kraft«; der Hut der Löwenbezwingerin hat die Form einer Lemniskate, einer liegenden 8, was als ein Symbol der Unendlichkeit gilt. Wer die irdische Welt überwunden und hinter sich gelassen hat, betritt den Kosmos, verändert sein Bewußtsein und wird ein Weiser.

Wer die 11 als Geburtstagszahl hat, muß auf seinem Lebensweg mit vielen Schwierigkeiten rechnen. Er muß sich nicht nur vor Verrat und Intrigen vorsehen, sondern manchmal auch um sein nacktes Leben kämpfen.

12 Die Sonne durchläuft auf ihrer Bahn zwölf Tierkreiszeichen. Die Einteilung des Himmels in 12 Tierkreiszeichen, des Tages in 12 Doppelstunden oder 24 Einzelstunden, die Einteilung des Jahres in 12 Monate und die Kenntnis einer Weltenzeit von 12 Jahren, die der Zeit des Umlaufes des Jupiter um die Sonne entspricht, ist schon von den alten Babyloniern bekannt. In der griechisch-römischen Antike war die 12 als Symbolzahl sehr verbreitet. Die Griechen und Römer hatten 12 Hauptgötter:

Griechen	*Römer*
Zeus	Jupiter
Hera	Juno
Athene	Minerva
Aphrodite	Venus
Hermes	Merkur
Demeter	Ceres
Hephaistos	Vulcanus
Ares	Mars
Hestia	Vesta
Poseidon	Neptun
Artemis	Diana
Apollon	Apollo

Entsprechend der Zahl der Hauptgötter gab es 12 Priester (flamines) in Rom. 12 ist die heilige Zahl Israels. Es gab 12 Stämme, 12 Edelsteine schmückten den Brustschild des Hohepriesters, und 12 beträgt die Zahl der kleinen Propheten. Auch im Neuen Testament, besonders aber in der Offenbarung des Johannes kommt die 12 häufig vor: Mit 12 Jahren kam Jesus in den Tempel, 12 Körbe blieben bei der Speisung übrig, 12 Apostel wählte Jesus aus, 12 Tore hat die himmlische Stadt, 12 Grundsteine ihre Mauer, und der Lebensbaum bringt 12 Früchte hervor. Das Apostolische Glaubensbekenntnis, das die Lehre der katholischen Kirche enthält, hat 12 Artikel.

Der Astrologe Seni sagt in den »Piccolomini« von Schiller: »Zwölf

Der Tierkreis und seine Beziehung zu den bäuerlichen Arbeiten

Zeichen hat der Tierkreis, fünf und sieben, die heiligen Zahlen liegen in der Zwölf.« Die 5 steht für die 5 Elemente (Luft, Feuer, Wasser, Erde und das 5. Element Äther). Die 7 weist auf die 7 Planeten. Die 12 kann aber auch zerlegt werden in 3 x 4. Damit soll ausgedrückt werden, daß Gott bzw. die Dreifaltigkeit (3) in alle Welt (4) verkündet werden soll.

Der 12 entspricht im Tarot »Der Gehängte«, den man mit Jesus verglichen hat. Die 6 weißen und 6 schwarzen Flächen am Kartenrand symbolisieren den Tierkreis. Der Mensch ist als Welt im kleinen (Mikrokosmos) nur ein Abbild des großen Kosmos (Makrokosmos)

Tarotkarte »Der Gehängte«

und kann dem unerbittlichen Schicksal nicht entrinnen. Auch Jesus erfüllte den Willen Gottes.
Die Geburtstagszahl 12 bedeutet Leid, Entbehrung und ein Dasein auf der Schattenseite des Lebens.
Als Traumzahl ist die 12 doppeldeutig. Wenn sie mit angenehmen Symbolen im Traum erscheint, bedeutet sie in Anlehnung an die Heiligkeit der 12 Apostel Spiritualität. In Verbindung mit einem Zifferblatt ist sie ein Unglückszeichen.

13 Der Symbolwert der 13 ist in den verschiedenen Kulturkreisen nicht einheitlich. Auf keinen Fall ist sie nur eine Unglückszahl. Zwar verbanden die Babylonier diese Zahl mit dem Unterweltsgott Nergal, aber sie war wie bei allen orientalischen Völkern auch eine Glückszahl und kündigte neue Aktivitäten an. Als eine heilige Zahl wurde sie von den Juden betrachtet. Im Alten Testament werden 13 Städte erwähnt, die das Geschlecht des Aaron erhält. 13 Jahre baute

Tarotkarte »Der Tod«

Salomon am Palast. 13 Ellen lang war das Tempeltor. Mit 13 Jahren wird der jüdische Junge religiös mündig.

Der Ursprung der 13 als Unglückszahl ist vielleicht darin zu suchen, daß Jesus mit 12 Jüngern das Abendmahl feierte, von denen einer, Judas Iskariot, ein Verräter war. Oder daß eine dieser 13 Personen, nämlich Jesus, den Tod fand. Auch in der germanischen Mythologie gibt es eine Götterversammlung, bei der sich der Verräter Loki eingeschlichen hat. Der Tierkreis, der 12 Zeichen zählt, erhält im Falle eines Schaltmonats, als Zeichen einen auf dem Wasserkrug des Wasserträgers sitzenden Raben. Der Rabe steht als Galgenvogel in dem Ruf, Unglück zu bringen.

Im Tarot ist die 13. Karte »Der Tod«. Der Tod bedeutet aber nicht nur das Ende, sondern auch die notwendige Durchgangsstufe zu einer neuen Existenzform oder zur endgültigen Erlösung aus dem Kreislauf der Geburten.

Wer am 13. geboren ist, muß sich im Leben vorsehen und seine Handlungen gut überlegen. Menschen, die sich daran halten, können viel im Leben erreichen. Die Traumzahl 13 drückt einen Todeswunsch, besonders von Kindern aus. In der 13 steht die 1 für den Tod und die 3 für die Eltern und das Kind. Der Junge wünscht sich den Vater weg, um die Mutter für sich zu haben, bzw. das Mädchen die Mutter, um mit dem Vater alleine zu sein.

Die 14 Nothelfer oder Heiligen

14 14, die doppelte 7, umfaßt die Tage einer Doppelwoche, die vom Vollmond zum Neumond reicht. Bei den Babyloniern zählte die Woche 14 Tage, denen die 14 Begleiter Nergals, des Gottes der Unterwelt, auf seinem Weg in die Unterwelt zu der Göttin Ereshkigal zugeordnet wurden. Im Gegensatz zur 7, die wegen der 7 Planeten auf das unabänderliche Schicksal des Menschen verwies, steht die 14 für Güte und Barmherzigkeit. Vielleicht geht hierauf auch der christliche Brauch zurück, bei Gefahren und in Notlagen die Hilfe der 14 Nothelfer oder Heiligen anzurufen. Das Gegenstück zu diesen Heiligen sind die 14 bösen Dämonen, die gefürchtet werden.

Der ägyptische Gott Osiris, der Gemahl der Isis, wird von seinem eifersüchtigen Bruder Seth in 14 Stücke zerrissen. Jedes Stück brachte dem Land Glück. Auf der Suche nach dem Leichnam findet Isis alle Teile bis auf den Phallus und setzt sie wieder zusammen.

In Israel war eine Wöchnerin 14 Tage lang nach der Geburt unrein.

Der Stammbaum Jesu besteht aus 3 x 14 Gliedern.

Der 14 entspricht im Tarot »Die Mäßigkeit«. Die Frau als Lebensspenderin gießt den Inhalt eines Kruges um. Der Tod ist nur ein

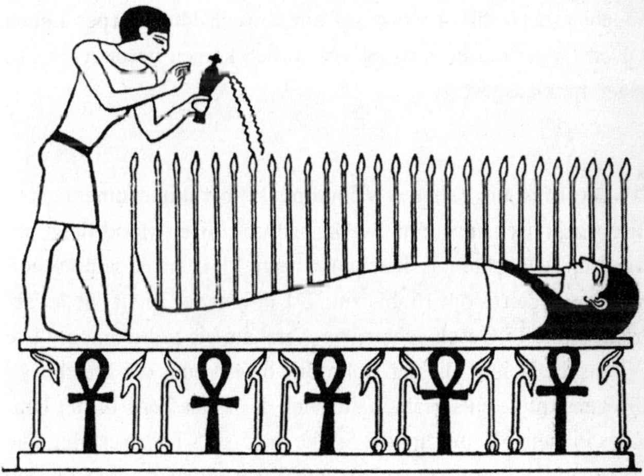

Aus dem Leichnam des Osiris wachsen Pflanzen

Links: Tarotkarte
»Die Mäßigkeit«

Rechts: Die Sibylle

Rechts außen: Tarotkarte
»Der Teufel«

Übergangsstadium, auf das eine Neugeburt oder der Übergang in eine neue Existenz folgt.
Die Geburtstagszahl 14 weist auf ein abwechslungsreiches Leben hin. Der Träger dieser Zahl ist vermutlich keinen besonderen Lebensgefahren ausgesetzt.

15 Die 15 ist die Zahl des Vollmondes. Im Talmud, einem nachbiblischen jüdischen Sammelwerk, heißt es: »Der Mond fängt am 1. Nisan an zu leuchten. Er leuchtet bis zum 15. Dann ist seine Scheibe voll geworden. Vom 15. bis zum 30. nimmt das Licht wieder ab. So zählt Israel 15 Geschlechter von Abraham bis zu Salomon.« Die babylonische Ischtar, die der Aphrodite bzw. Venus der griechisch-römischen Antike entspricht, hatte auch die 15 als Zahl, da der Umlauf des Planeten Venus um die Sonne in 15 x 15 Tagen erfolgt. Die Sibyllen, antike Prophetinnen, die in Höhlen lebten, stellte man sich als Verkünderinnen der Ischtar bzw. Venus vor. Die Einsicht in die

sogenannten Sibyllinischen Bücher, die angeblich von der Sibylle aus Cumae stammten, war in Rom einem Kollegium aus 15 Männern vorbehalten. Da die 15 aus der 7 (Sabbat) plus 8 (Auferstehung) gebildet werden kann, symbolisiert sie die Einheit von Altem und Neuem Testament oder Gesetz und Gnade. Im Alten Testament gibt es 15 Stufenpsalmen. 15 Arten von »Liebe« zählt das Hohelied der Liebe. Auch der Rosenkranz umfaßt 15 Geheimnisse.

Im Tarot nimmt den 15. Platz »Der Teufel« oder besser ein Teufelstrio ein. Man ist geneigt, in diesen 3 Personen eine Satire auf die Dreifaltigkeit zu sehen. Die Wiedergeburt ist nicht problemlos. Die Seele muß sich erst an den neuen Körper gewöhnen. Viele schlechte Taten aus der früheren Existenz belasten das neue Leben. Das Teufelstrio steht für das Schuldenkonto aus früheren Leben, das in dem gegenwärtigen Leben abgearbeitet werden muß.

Die Geburtstagszahl 15 steht für musische Begabung und Ausstrahlungskraft auf die Umwelt. Menschen mit dieser Zahl haben eine Beziehung zum Okkultismus und zur Esoterik.

Tarotkarte »Der Turm«

16 Die 16 stellt die Verstärkung der 4 dar, die als Symbol der 4 Elemente und der Welt gilt. Sie ist wie die 8 die Zahl der babylonischen Liebesgöttin Ischtar. Im indischen Kulturkreis kommt die 16 häufig vor. Die ältesten Schriften der Inder, die Veden, kennen 16 Beschwörungen. Die ideale Frau hat 16 Schönheitszeichen, und die 16 ist Maßeinheit in der Lyrik und Musik. Das Alte Testament erwähnt den 16. Tag als Tag der Tempelvollendung.
»Der Turm«, die 16. Karte im Tarot, symbolisiert die Fragwürdigkeit, Unsicherheit und Vergänglichkeit der Welt. Die Überschätzung des Materiellen führt zu einem Diesseitsstolz, der den Menschen z. B. zum Turmbau zu Babel verleitet hat. Dieser Stolz, Gott gleichgeworden zu sein, ist die Ursünde der Menschheit. Nur ein Blitz genügt, um alles zu beenden.
Wer die 16 als Geburtstagszahl hat, muß sich wie der Dreizehner im Leben vorsehen und möglichst kein Risiko auf sich nehmen.

Tarotkarte »Der Stern«

17 Für die alten Ägypter war die 17 eine Unglückszahl, weil Osiris am 17. des Monats getötet wurde. Auch die Pythagoreer hatten Angst vor dieser Zahl. Sie liegt nämlich zwischen der Quadratzahl 17 (4 x 4) und der 18, die man in zwei gleich große Hälften zerlegen kann. In der christlichen Tradition wird sie als Erfüllung des Alten Testamentes (10) durch das Neue Testament (7) angesehen, weil die 7 die 7 Gnadengaben des Heiligen Geistes symbolisiert. 17 ist deshalb die Zahl aller Menschen, die durch die Erfüllung der 10 Gebote und der göttlichen Gnade zur Seligkeit kommen. Für den besonderen Charakter dieser Zahl lassen sich auch Belege aus dem Alten Testament anführen. Die Arche Noah ist am 17. Tag vollendet worden. In der griechischen Mythologie wird der tote Achilleus 17 Tage lang beweint.

»Der Stern« als die 17. Karte im Tarot enthält das Bild einer nackten Frau unter der Sonne, die von den 7 Planeten umgeben ist. Sie gießt den Inhalt des Gefäßes wieder in den Fluß oder das Meer zurück, der

in Karte 14 umgegossen wurde. Nach der Wiedergeburt ist die Seele des Menschen in einen neuen Körper eingetreten. Der ewige Kreislauf von Tod und Wiedergeburt geht weiter. Unklar ist, ob der Mensch der Verdammnis, wenn auch nur in Form einer neuen Wiedergeburt, oder der endgültigen Erlösung zustrebt.
Die Geburtstagszahl 17 verrät, daß der Träger mit Geistesgaben ausgestattet ist und Beachtliches in den Künsten und Wissenschaften leisten kann.

18 Die 18 ist eine bedeutsame Zahl, weil alle 18 Jahre die Sonnen- und Mondfinsternisse wiederkehren. Sie ist auch die Hälfte der Kreiszahl 36. Diese wichtige Zahl konnten die antiken Gelehrten nicht in das nur 25 Buchstaben umfassende griechische Alphabet einordnen. Die Zahl 18 aber vertrat der Buchstabe Σ, der ursprünglich die Form eines Halbkreises (C) hatte. Zykluszahlen sind immer auch Glückszahlen. Wenn man 18 in 3 x 6 zerlegt, erhält man als geometrisches Bild 3 Sechsecke oder Davidschilde, die häufig auf Glücksamuletten angebracht werden. Auch der Zahlwert des hebräischen Namens David beträgt 18 (D = 4, I = 10, D = 4). Die christlichen Gelehrten verweisen darauf, daß die 18 sich aus der Zahl der 10 Gebote und der 8, dem Symbol der Auferstehung, zusammensetzt. Ihr Symbolwert ist die Steigerung des Alten zum Neuen Testament oder der Ersatz der jüdischen Synagoge durch die christliche Kirche. 18 beträgt auch der Zahlwert des Anfangsbuchstaben des Namens Jesus, wenn er griechisch geschrieben wird (IH). Die islamischen Mystiker schätzen diese Zahl, da sie eine Verdoppelung der 9 ist. Für den Orden der »Tanzenden Derwische« spielt die 18 eine überragende Rolle. Ein wichtiges Werk dieses Ordens, das Mathnavi (»Lied der Rohrflöte«), das von Jelaludin Rumi (1207–1273) geschrieben wurde, umfaßt 18 Doppelverse.
Die 18. Karte im Tarot ist »Der Mond«. Der Weg durch die beiden Türme, Tiere und vorbei an dem im Wasser lauernden Skorpion ist mit Gefahren verbunden. Die 18 Blutstropfen, die vom Himmel fal-

Tarotkarte »Der Mond«

len, drücken dies sehr drastisch aus. Ständig muß der Mensch auf seinem Lebensweg Entscheidungen treffen. Fehler an den Wendepunkten des Lebens sind meistens nicht rückgängig zu machen und belasten das Leben in einer neuen Wiedergeburt.

Die Geburtstagszahl 18 gilt als wenig glückverheißend. Der Träger ist zu sehr in dieser Welt verwurzelt, um nach ideellen Werten zu streben. Ihm steht ein wechselvolles Schicksal bevor.

19 Der 18jährige Zyklus der Finsternisse war schon den Völkern des Alten Orients bekannt. Sie glaubten deshalb, daß die Welt mit dem 19. Jahr wiedergeboren würde. Die Quersumme der 19 weist auf die geheimnisvolle Zahl 10, die Anfang und Ende in sich vereinigt. 19 ist auch die Zahl des Metonischen Zyklus. Der Athener Meton (450 v. Chr.) versuchte, das Mondjahr mit dem Sonnenjahr auszugleichen. Er hatte errechnet, daß 235 Mondjahre die gleiche Länge wie 19 Sonnenjahre besitzen. Die 6940 Tage dieser Sonnenjahre

Tarotkarte »Die Sonne«

teilte Meton so in Monate ein, daß sie mit dem Mondwechsel übereinstimmten. Die Monatsanfänge fielen mit dem Tag zusammen, wo der Mond als schmale Sichel am Abendhimmel sichtbar ist. Die 19 wurde deshalb als die »goldene Zahl« bezeichnet. Das an der 19. Stelle des griechischen Alphabetes stehende T war aus diesem Grund Symbol des Glücks und Segens. 19 ist überdies die Summe des Tierkreises (12) und der 7 Planeten. Die aus dem Islam hervorgegangene religiöse Gemeinschaft der Baha'i betrachtet die 19 als eine heilige Zahl. Sie kennt ein Jahr von 19 Monaten mit je 19 Tagen. Ihre religiösen Feste dauern ebenfalls 19 Tage.

Im Tarot nimmt den 19. Platz »Die Sonne« ein. 2 Kinder tanzen unter der Sonne. Das Paar symbolisiert die polaren Kräfte des Universums. Diese Gegensätze sind die Voraussetzung jeder Entwicklung.

Als Geburtstagszahl verkündet die 19 Glück und Erfolg im Leben.

Tarotkarte »Das Gericht«

20 Die 20 wurde bei den Babyloniern dem Sonnengott Schamasch zugeordnet. In der christlichen Tradition wird diese Zahl in 2 x 10 zerlegt und bedeutet die Verwirklichung der 10 Gebote durch die doppelte Liebe zu Gott und dem Nächsten. Eine andere Deutung geht von dem Produkt (4 x 5 = 20) aus. Die 5 steht für die 5 Sinne und die Sündhaftigkeit der Welt, die durch die 4 Evangelien geheilt werden kann. Wenn man die 20 als Zwillingszahl der 10, das Symbol der sichtbaren Welt, auffaßt, dann stellt sie die Vereinigung von Diesseits und Jenseits dar.

Im Tarot nimmt »Das Gericht« den 20. Platz ein. Diese Karte stellt das Jüngste Gericht dar. Durch den Trompetenklang des Erzengels Gabriel werden die Toten erweckt. Dieses Erwachen läßt sich auch allgemein als Erleuchtung und Übergang zur Spiritualität deuten. Menschen, die ihr Bewußtsein nicht verändern können, sind Tote und so leblos wie die Materie.

Wer die 20 als Geburtstagszahl hat, steht allem Neuen aufgeschlos-

Tarotkarte »Die Welt«

sen gegenüber. Viel Aufmerksamkeit müssen diese Personen ihrer geistigen und seelischen Entwicklung widmen, wenn ihr Leben problemlos verlaufen soll.

21 Die Zusammensetzung der 21 aus den beiden herausragenden Symbolzahlen (3 x 7) verleiht ihr einen besonderen Charakter. Im Alten Testament kommen 21 Vollkommenheiten der Weisheit vor. Die Gestalt in der Mitte der 21. Karte im Tarot kann man als den vollendeten Menschen deuten, der den 4 Repräsentanten der Weltelemente seine Huldigung darbringt. In Zahlen übersetzt, lautet diese Symbolik:

5 (vollkommener Mensch)
16 (4 x 4, Produkt der Elemente)
――
21

21 als Geburtstagszahl sichert dem Träger weltliche und geistige Erfolge.

22 22 ist eine Symbolzahl im Judentum. Das hebräische Alphabet zählt 22 Buchstaben. Das Alte Testament besteht aus 22 Büchern. In der Bibel werden weiterhin 22 Schöpfungswerke Gottes und 22 Tugenden Christi erwähnt. Die 22. Karte im Tarot ist die alles umfassende Null, »Der Narr«. Die Großen Arkana des Tarot bestehen nicht zufällig aus 21 + 1 Karten. Die 21 Karten kann man unterteilen in je 3 Siebenerreihen, welche die 3 Wege darstellen. Diese 3 Wege treffen sich im »Narren«, der einen 4. Weg andeutet. Die Verdoppelung der 21 führt zu den 42 geheimnisvollen Büchern des Thot. Sie sollen uralte ägyptische Einweihungsschriften sein. Je zwei dieser Bücher entsprächen einer Tarotkarte. Auf den Narren entfällt kein Buch, weil seine Narrenweisheit über dem ganzen Bücherwissen steht.
Mit der 22 beginnt nach dem Siebenerrhythmus ein neuer Lebensabschnitt.
Der Träger der Geburtstagszahl 22 hat Schwierigkeiten, mit den Realitäten des Lebens fertig zu werden.

23 Eine Zahl ohne tieferen Symbolwert. Wer die 23 als Geburtstagszahl hat, kann oft mit fremder Hilfe rechnen und wird ganz allgemein vom Glück begünstigt.

24 Die Anzahl der Stunden eines Tages. Für die Pythagoreer war 24 die vollkommenste Zahl, weil das griechische Alphabet 24 Buchstaben umfaßt. Für sie war es unmöglich, sich vorzustellen, daß etwas in dieser Welt die 24 übertreffen könnte. Sie ist die Zahl der Totalität dieser Welt, der Harmonie des Kosmos mit der Erde und überhaupt aller Sphären.
In der jüdischen Mystik hatte das hebräische Wort Kad (»das Gefäß«) den Zahlwert 24. Deshalb galt diese Zahl als Symbol des Maßes. Im letzten Buch des Neuen Testaments, der Offenbarung des Johannes, werden 24 Älteste erwähnt. In der christlichen Tradition

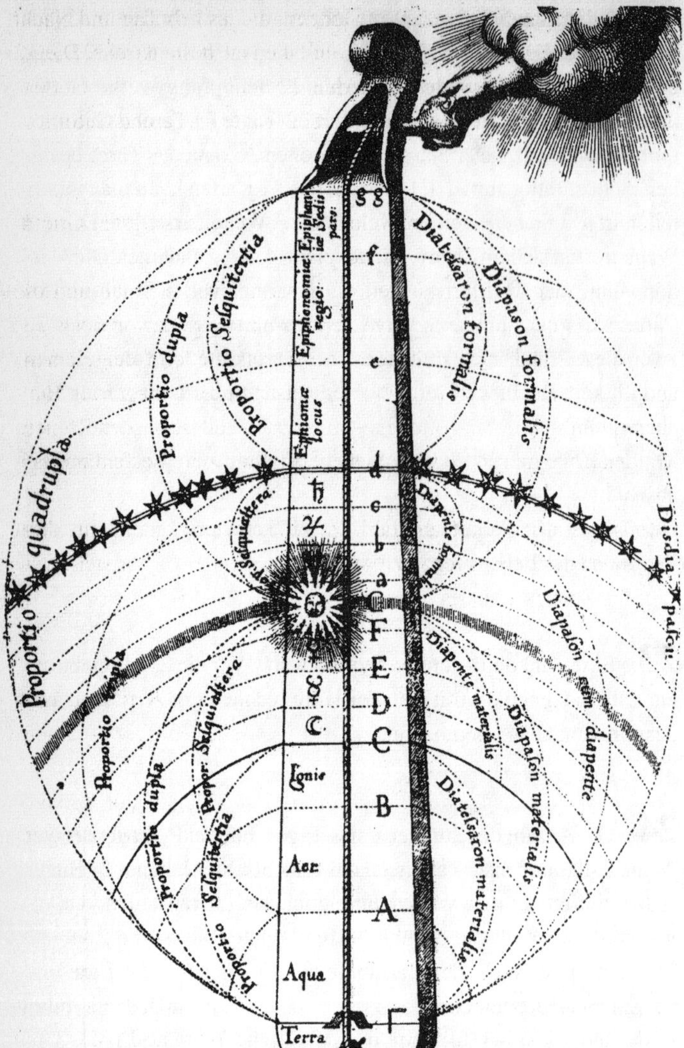

Sphärenharmonie – Gott stimmt das ganze Weltsystem

gibt es die Einteilung in 2 x 12 Stunden, die jeweils Tag und Nacht entsprechen. Der Tag ist Christus und die Nacht die Kirche. Die 12 wird mit den 12 Aposteln verbunden.
Die Geburtstagszahl 24 beschert ihrem Träger Liebe und Geld.

25 Diese Zahl bildet die Summe der symbolträchtigsten Grundzahlen: 1 + 3 + 5 + 7 + 9 = 25
Als Quadratzahl der 5 (5 x 5) weist sie auf die 5 Sinne und die Erkenntnis der sichtbaren Welt. Zerlegt man diese Zahl in 6 x 4 + 1, dann bezeichnet sie das gute Handeln (6), das auf den Evangelien (4) und dem Glauben an Gott (1) beruht. Der Brauch, die 25 als Jubiläumszahl zu feiern, beruht vielleicht darauf, daß sie bei den Römern die Zahl des beginnenden Mannesalters und der Waffenfähigkeit war.
Menschen mit diesen Geburtstagszahlen haben in jungen Jahren mit Schwierigkeiten zu rechnen. Mit fortschreitendem Alter stehen sie auf der Sonnenseite des Lebens.

26 Der ägyptische Gott Osiris wurde in 26 Teile zerrissen. Auch der Zahlwert der Konsonanten des hebräischen Gottesnamens JHWH ist 26.
Wer an diesem Tag geboren ist, muß sich davor hüten, auf Versprechungen und Verlockungen, die ihm einen schnellen Erfolg versprechen, hereinzufallen. Nur durch Einsatz aller Kräfte und intensiver Arbeit können die erstrebten Ziele erreicht werden.

27 Als Kubikzahl der 3 (3 x 3 x 3 = 27) hat sie auch den Symbolwert dieser Zahl. 27 ist aber auch die Zahl der Mondnächte. 3 x 9 Nächte ist der Mond im Idealfall sichtbar. Den Tierkreis durchwandert der Mond in etwas mehr als 27 Tagen, während die Sonne für diesen Weg ein Jahr benötigt. Diesen »siderischen Mondumlauf«

kannten schon die Babylonier. In einem Keilschrifttext heißt es: »Am 9. Tag sollst du Mond und Sonne dreimal anrufen. Am 27. Tag teilen sich Sonne und Mond in die Bestimmung für die Geschichte des Landes und geben dem Land Orakel.« Dahinter steht die Vorstellung, daß die Tierkreiszeichen das Schicksal der Menschen beeinflussen. In der Bibel ist die 27 mit dem Ende der Sintflut verbunden, weil die Arche Noah am 27. Tag wieder auf Grund stieß. Nach Ansicht mittelalterlicher Gelehrter steht hinter diesem 27. Tag ein tieferer Sinn, denn eine Kubikzahl wird geometrisch durch einen Würfel dargestellt und besitzt im übertragenen Sinn auch dessen Masse und Stabilität.

Die 27 als Geburtstagszahl bezeichnet Menschen, die zwar mit Fähigkeiten begabt sind, aber diese nicht oder nur teilweise zur Entfaltung bringen können.

28 Die 28 ist die Summe ihrer Teiler (1 + 2 + 4 + 7 + 14). Im Alten Testament wird berichtet, daß die Teppiche der Stiftshütte der Israeliten eine Länge von 28 Ellen hatten.

Der Symbolwert der 28 beruht aber vor allem darauf, daß sie die Zahl des Mondumlaufes ist. Am 28. Tag vollendet der Mond seinen Umlauf (vgl. auch die 27). Vermutlich sind die 28 Stationen des Mondumlaufes viel älter als die 12 Tierkreiszeichen. Die 28 Mondstationen eignen sich sicherlich vorzüglich dazu, die leiblich-seelische

Stiftshütte

Entwicklung des Menschen zu verdeutlichen. Im Freiburger Münster wird deshalb der Weg zu Gott durch 28 Figuren dargestellt. Der 28-Tagesrhythmus prägt sehr stark das Leben der Frau.
Im Islam hat diese Zahl einen besonderen Charakter, weil das arabische Alphabet 28 Buchstaben zählt. Der Koran, das Wort Gottes, ist in arabischer Sprache verfaßt. Folglich drückt die 28 die Übereinstimmung von Gott und der Welt aus.
Der am 28. geborene Mensch ist ständig den Anforderungen der Vollkommenheit ausgesetzt. Er sollte sich alle Vorhaben genau überlegen. Ansonsten besteht die Gefahr, daß er eher als andere Menschen wieder von vorne anfangen muß.

29 Thot, der Gott der Weisheit und Magie, suchte zusammen mit Isis 29 Tage lang den verschwundenen Osiris. Da Jesus für 30 Silberlinge verkauft wurde, ist der Mensch nach altchristlicher Auffassung höchstens 29 Silberlinge wert.
Die Geburtstagszahl 29 steht für Kummer und Enttäuschungen, besonders in Partnerbeziehungen.

30 Der zeitliche Abstand zwischen zwei Neumonden beträgt fast 30 Tage. Die wechselnde Gestalt des Mondes übte schon auf die alten Völker eine große Faszination aus. Bei den Babyloniern war die 30 die Zahl des Mondgottes. Auffällig ist, daß diese Zahl gehäuft bei der Zusammensetzung von Behörden und bei Terminen auftaucht. In Rom mußte ein Volkstribun 30 Jahre alt sein. Der Ältestenrat der Athener umfaßte 30 Mitglieder. Im Alten Testament werden für eine Hochzeit 30 Brautgesellen ausgewählt. Der Richter Jair hat 30 Söhne, die 30 Esel reiten und 30 Städte besitzen. Nach dem Talmud steht der Mensch mit 30 auf seinem Höhepunkt. Im Alter von 30 Jahren begannen Moses und Jesus, in der Öffentlichkeit zu wirken. Mit 30 trat David seine Regierung an. Die christliche Tradition zerlegt diese Zahl in 3 x 10. Die 3 steht für den Glauben an die

Trinität und die 10 für das Handeln nach den Geboten Gottes. Nach altdeutschem Recht konnte eine Erbschaft erst nach 30 Tagen angetreten werden. In der katholischen Kirche findet 30 Tage nach dem Tod eines Menschen der Gedenkgottesdienst statt.
Die 30 als Geburtstagszahl charakterisiert einen Menschen, der sich mehr um geistige als um materielle Werte kümmert. Diesem Menschen müßte man den Rat geben, darauf zu achten, daß er »mit beiden Beinen« auf der Erde steht und sich nicht zu sehr idealistischen Zielen verschreibt.

31 Der Zahlwert des hebräischen Wortes El (»Gott«) beträgt 31. Sie ist die umgekehrte Zahl 13. Als Geburtstagszahl weist sie deshalb auf manche Beschwerlichkeit hin.

32 Diese Zahl ist eine Glückszahl, denn sie enthält die 4 und ihre Steigerung, die 8. Im Buddhismus hat das »große Wesen« 32 Zeichen. Die Juden kennen 32 Arten, die Schrift auszulegen, und es gibt 32 Skatkarten. Das hebräische Wort Leb (»Herz«) hat den Zahlwert 32. Der 32. Psalm besingt die Gerechtigkeit. Folglich bedeutet 32 in der christlichen Tradition die Berufung der Gerechten (Symbolwert 8) aus der viergeteilten Welt. Diese Zahl zeigt auch die Überwindung von Schwierigkeiten an.

33 Die indische Religion kannte in ihrer ältesten Periode 33 Götter, von denen je 11 in der Luft, auf dem Land und im Wasser lebten. Die Buddhisten kennen 33 Lichtgottheiten, zu denen sich der Gläubige bei der Meditation erhebt. Diese Lichtgottheiten sind die alten Götter des Volksglaubens wie z. B. Indra, die keine individuelle Persönlichkeit mehr besitzen, sondern nur noch Ämter. Da Jesus 33 Jahre lebte, nahm der Anthroposoph Rudolf Steiner an, daß das Weltgeschehen von einem 33-Jahre-Rhythmus geprägt ist. Auch

König David regierte 33 Jahre in Jerusalem. Bei Freimaurern ist der 33. Grad ein wahrer Meistergrad. Die Biorhythmik hat nachgewiesen, daß sich das menschliche Stimmungsbarometer jeweils nach Ablauf von 33 Tagen ändert. Auf 33 »gute« Tage folgen jeweils 33 »schlechte« Tage. Die 33 verstärkt als Ketten- oder Meisterzahl die Symbolkraft der 3. Sie symbolisiert die Vereinigung mit Gott. Wer die 33 in seinem Numerogramm hat, zählt zu den Günstlingen des Schicksals.

34 Die 34 als Verdoppelung der 17 teilt auch deren Symbolwert.

35 Der Grieche Plutarch (etwa 45–125 n. Chr.) hielt diese Zahl für eine harmonische Zahl, weil sie die Summe der ersten männlichen und der ersten weiblichen Kubikzahl bildet:

3 (männlich):	3 x 3 x 3	=	27
2 (weiblich):	2 x 2 x 2	=	8
			35

Bei den Pythagoreern bildete sie die 2. Vierheit (Tetraktys): 6 + 8 + 9 + 12 = 35
Kepler nahm diese Tetraktys als Grundlage für seinen Beweis, daß die Welt harmonisch aufgebaut ist.

36 Die 36 ist die geheimnisvolle Weltzahl bei den Pythagoreern. Sie ist die Summe der ersten 4 geraden und ungeraden Zahlen. Ein Vollkreis hat 360 Grad: 360 = 36 + 0 = 36. Diese Zahl ist eng mit der Astrologie verbunden. Die 12 Tierkreiszeichen werden in je 3 gleich große Abschnitte (Dekanate) eingeteilt.

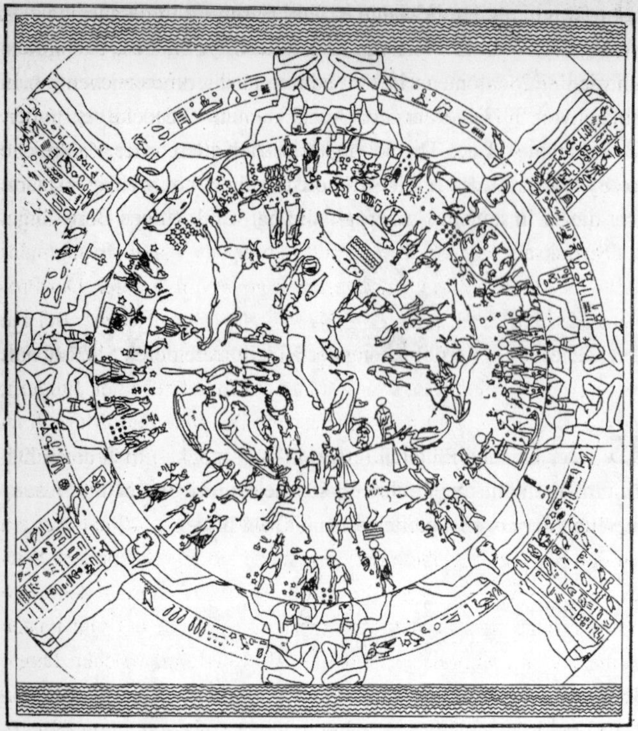

Der Tierkreis im Hathor-Tempel in Dendera.
Die Dekanate sind als Männer, Schlangen und Tiere zu erkennen.

39 Bei den Juden stand auf Arbeiten am Sabbat die Todesstrafe. Die jüdischen Schriftgelehrten stellten eine Liste von 39 Arbeiten auf. Man wählte diese Zahl, weil sie zusammen mit dem Verbot die Zahl 40 ergab. Die ursprünglichen 40 Geißelhiebe des mosaischen Gesetzes wurden durch 39 ersetzt, weil man vermeiden wollte, dieses Gebot durch Verzählen zu durchbrechen. Die Entwicklung des Kindes im Mutterleib dauert 39 bis 40 Wochen. Das hebräische Wort Tau, das den Zahlwert 39 hat, steht für Befruchtung.

40 Diese Zahl hat in vielen Kulturkreisen einen herausragenden Symbolwert. Vielleicht ist der Grund darin zu suchen, daß sie die Summe der 28 Mondstationen und der 12 Tierkreiszeichen ist. In dem keltischen Heiligtum Stonehenge dienen 40 Blöcke als Pfeiler. Der Durchmesser des Tempelkreises beträgt 40 Schritte. Zahlreiche Belege für diese Zahl finden sich auch in der Bibel. 40 Tage dauerte die Sintflut und ebenso lange weilte Moses auf dem Berg Sinai. 40 Jahre war er Hirte in Midian und Führer des Volkes Israel in der Wüste. Nach einer 40tägigen Wartezeit geht Ninive unter. Der Prophet Elias ging 40 Tage und 40 Nächte zum Berg Horeb. 40 Tage hielt sich Jesus vor seinem öffentlichen Auftreten in der Wüste auf. Nach seiner Auferstehung war er noch 40 Tage bei seinen Jüngern. Erst mit 40 Jahren kam nach Auffassung der Juden ein Mensch zu Verstand. In Andenken an die 40 Stunden, die Jesus im Grabe ruhte, kennt die katholische Kirche ein 40stündiges Gebet. Mit 40 Jahren empfing Mohammed seine ersten Offenbarungen. 40mal werden von den Muslimen Gebete rezitiert, wenn sie eine besondere Wirkung erzielen wollen. Wer in einen der mystischen Orden des Islam eintreten will, bereitet sich 40 Tage lang durch Gebet und Fasten darauf vor. Im Türkischen bedeutet 40 »das ganze Leben lang«. Auch das bei den Juden und Arabern übliche Reinheitsgebot von 40 Tagen für Wöchnerinnen geht vielleicht auf die 40tägige Sperre (Quarantäne) im Mittelalter von seuchenverdächtigen Schiffen zu-

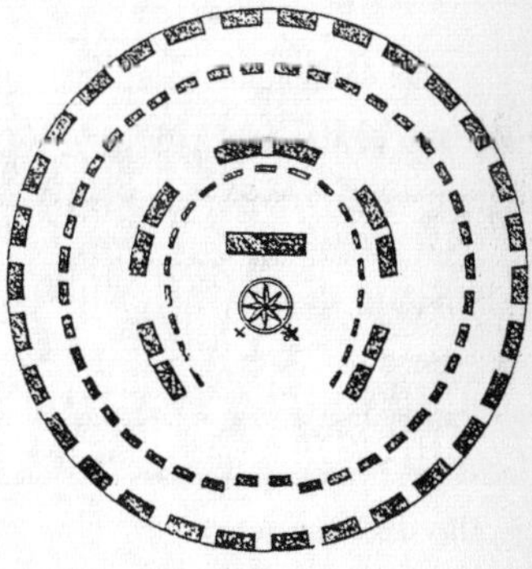

Grundriß des Heiligtums von Stonehenge

rück. Die Zahl 40 hat in der Numerologie die Bedeutung einer Grenze und eines Einschnittes. Den älteren Menschen erinnert sie daran, seine Lebensziele nicht zu vergessen, den Jüngeren, sich nur mit solchen Vorhaben zu beschäftigen, die seinen augenblicklichen Möglichkeiten entsprechen.

41 Diese Zahl nach der 40 drückt symbolisch die Überschreitung einer Grenze aus. Dies weist auf neue Kontakte oder Wohnortswechsel hin.

42 Die ägyptische Mythologie kennt 42 Totenrichter und 42 Todsünden. Das Totengericht findet meistens vor dem Gott Osiris statt, vor den der Tote von Anubis geführt wird. Sein Herz wird auf eine Waagschale gelegt, während auf der anderen Maat sitzt. Der Gott Thot überwacht den Vorgang und schreibt das Ergebnis nieder. Während dieses Vorgangs spricht der Verstorbene das doppelte Bekenntnis. Das zweite Bekenntnis enthält 42 Artikel, die sich nacheinander an jeden der 42 Richter wenden. Je nachdem, wie das Ergebnis des Wiegevorgangs ausfällt, stürzt sich sofort Maat, die Verschlingerin, auf den Verstorbenen, oder man führt ihn ins Paradies.

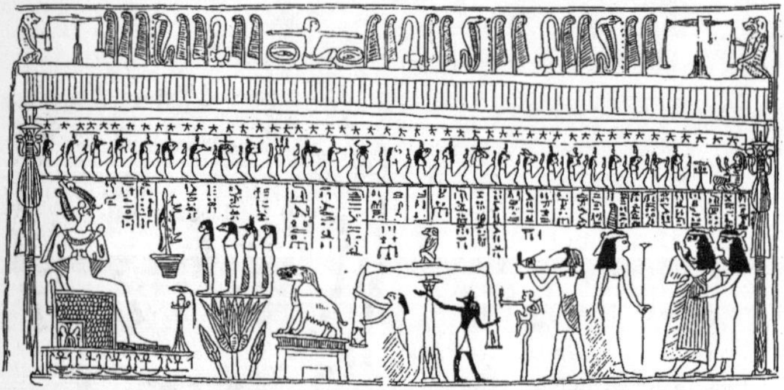

Ägyptisches Totengericht

Im Alten Testament werden 42 Kinder zerrissen, weil sie einen Propheten verspotten. 42 Stationen durchläuft das Volk Israel, ehe es nach seinem Auszug aus Ägypten den Berg Sinai erreicht. Die jüdische Mystik kennt einen 42buchstabigen Gottesnamen, der aus 12 Buchstaben der 3 obersten Sefirot besteht (Keter, Chochmah und Binah plus alle 10 Sefirot-Namen). Jesus gehört der 42. Generation nach Abraham an. Jesus ist im 30. Lebensjahr getauft worden. Die Zerlegung der Zahl 30 in ihre Teile ergibt 42: 1 + 2 + 3 + 5 + 6 + 10 + 15 = 42. 42 gilt als ausgesprochene Glückszahl.

43 Diese Zahl kündigt nach Cheiro Gefahr an. Eine 43 im Numeroskop verlangt Vorsicht und die Fähigkeit zu Gratwanderungen in gefährlichen Situationen.

44 Diese Zahl im Numeroskop ist als Warnschild zu werten: »Erst nachdenken, dann handeln!«

45 Das hebräische Wort Adam hat den Zahlwert 45. In der christlichen Tradition ist 45 das Symbol für die Gemeinschaft ausgewählter Menschen.

46 Eine biblische Zahl, denn der Tempelbau dauerte 46 Jahre. Der Tempel steht aber für den Leib Christi. Der Kirchenlehrer Augustinus nimmt die 46 mit 6 mal und gewinnt die Zahl 276, die der Anzahl der Tage zwischen der Empfängnis und der Geburt Christi entspricht. Da der Name Adam in griechischen Buchstaben geschrieben ebenfalls den Zahlwert 46 hat, erblickt man hierin einen Hinweis auf die menschliche Abkunft Jesu. Diese Zahl hat wegen ihrer Quersumme (4 + 6) eine enge Verbindung zur 10. In der Numerologie gilt sie als Aufforderung, daß Herz und Verstand zusammenarbeiten sollen.

47 In der Numerologie wird 47 als Warnung gedeutet, auf seinen Umgang zu achten.

48 Es gab in Israel 48 Propheten, und 48 Städte wurden den Leviten zugeteilt.

49 Als Quadrat der 7 teilt diese Zahl auch deren Symbolwert. 49 ist die Zahl der vollendeten Entwicklung. Die Ausgießung des Heiligen Geistes erfolgt 49 Tage nach der Auferstehung (da nach antiker Zählweise der Anfangs- und Endtag gezählt werden, kam man auf die Zahl 50 [Pentecoste = Pfingsten]). Ihr Symbolwert in der Numerologie ist Intuition, Inspiration und Spiritualität. Aber sie verrät auch gesunden Menschenverstand.

50 Da die 49 die Vollendung symbolisiert, steht die 50 für den Neubeginn. In der Mythologie und in der Bibel kommt diese Zahl sehr häufig vor. In der griechischen Mythologie wird der König Danaos in Argolis erwähnt, der 50 Töchter (Danaiden) hatte. Sein Bruder, der König Ägyptus, hatte 50 Söhne. Weiterhin gibt es 50 Nereiden, der Gott Helios hat 50 Rinder und der Hirte Eumaios ebenso viele Schweine. In der Bibel werden 50 Gerechte erwähnt, um derentwegen Sodom verschont werden soll, und je 50 Personen nehmen an dem Speisungswunder teil. Erst mit 50 Jahren hat man nach jüdischer Auffassung das gereifte Alter erreicht. Wer noch nicht 50 ist, gilt als jung. Die christliche Tradition deutet die 50 als Zahl der Ruhe, Versöhnung und Reue. Die letztere Bedeutung erhielt die Zahl wegen des 50. Psalmes, der von der Reue und der Vergebung der Sünden handelt. Oder die 50 wird in 7 x 7 = 49 + 1 zerlegt. Die 7 ist Symbol der Ruhe und des Sabbats, während die 1 für Gott steht. Im Numerogramm verrät die 50 gute Verstandesgaben, die man aber auch gebrauchen sollte.

51 Mittelalterliche Theologen zerlegten diese Zahl in 3 x 10 + 3 x 7. Dies bedeutet: In der Welt (3) erleiden die Frommen wegen ihres Glaubens an die Trinität (3) Verfolgungen, aber der heilige Geist (7) schützt sie, und sie erlangen ewigen Lohn (10). 51 ist im Numerogramm die Zahl des Lebenskünstlers.

52 Nach der Freilassung der Juden durch den Perserkönig wurde die Mauer Jerusalems in 52 Tagen wiederaufgebaut. Die 52 spielt bei den Maya und Azteken eine wichtige Rolle. Neben dem Sonnen-

Aztekischer Kalenderstein. In der Mitte die Sonne, die von den 20 Tageszeichen umgeben ist.

kalender, der auf 18 Monaten zu je 20 Tagen und 5 »leeren Tagen« beruhte, gab es noch einen rituellen Kalender. Er bestand aus 20 Perioden zu je 13 Tagen. Dazu kamen noch 20 verschiedene Tageszeichen. Dieses Schema reichte aus, um einen Zyklus von 52 Jahren mit 18 980 Tagen zu konstruieren.
In der Numerologie steht die 52 für Unruhe, Mißtrauen und Opposition.

53 Diese Zahl hat im Numeroskop die Bedeutung Disziplin, Arbeitsethos, Treue und soziale Anpassung.

54 Numerologische Bedeutung: Elan, Initiative und Ehrgeiz.

55 Diese Zahl ist die Summe aller Zahlen von 1 bis 10, also vom Uranfang bis zur Vollendung (1 + 2 + 3 + 4 + 5 + 6 + 7 + 8 + 9 + 10 = 55). Überdies enthält sie als Kettenzahl den Symbolwert der 5, besonders des Pentagramms. Das Alte Testament erwähnt, daß Moses in der Wüste ein Zelt mit 55 in den Ecken sichtbaren Säulen errichtete. Die numerologische Bedeutung der 55 sind rege Geistestätigkeit und soziale Kontakte.

56 Diese Zahl verrät Impulse, Talente und starkes Interesse an geistigen Dingen. Das Materielle wird gering geschätzt.

57 Numerologische Bedeutung: Opfersinn und Selbstlosigkeit.

58 Im Numeroskop ein Hinweis auf Ichstärke, Selbstbewußtsein und eine autoritäre Persönlichkeitsstruktur.

59 Bei dieser Zahl ist höchste Vorsicht geboten. Der Energiefluß im Körper kann gestört sein.

60 Auf dieser Zahl beruht das Sexagesimalsystem der Babylonier. In diesem Zahlensystem wird mit einem Vielfachen von 6 und 10 gerechnet: 1, 10, 60, 600, 3600 usw. Der Tierkreis mit den 12 Zeichen und die 360 Grad des Vollkreises passen ausgezeichnet in das Sexagesimalsystem hinein. 60 ist die Zahl des obersten babylonischen Himmelsgottes Anu. Außerdem gibt es noch 60 große Götter und Dämonen. Im Alten Testament wird berichtet, daß 60 eine Maßzahl beim Bau des Salomonischen Tempels ist. Nach jüdischer Auffassung hört mit 60 das reife Mannesalter auf, und es beginnt das Greisenalter. Der Talmud enthält den tiefsinnigen Satz: Feuer ist 1/60 der Hölle, Schlaf 1/60 des Todes und der Traum 1/60 des Prophetentums. Die Chinesen kennen einen Lebenszyklus von 60 Jahren.
Die numerologische Bedeutung der 60 ist zwiespältig. Sie steht für Harmonie, aber auch für starke Triebhaftigkeit.

61 Die numerologische Bedeutung kann man mit Geheimnis, Priesterschaft und Lehrertum umschreiben. Ganz allgemein zeigt sie die Fähigkeit, seine Mitmenschen zu beeinflussen, an.

62 Im Numeroskop ein Hinweis auf Melancholie und Depressionen.

63 Diese Zahl warnt: »Nicht über das Ziel hinausschießen!«

64 Das jahrtausendealte chinesische Orakel I Ging besteht aus 64 Hexagrammen. Ein Bündel von 50 Schafgarbenstengeln wird geworfen und daraus dann eine Figur aus 6 Strichen (Hexagramm)

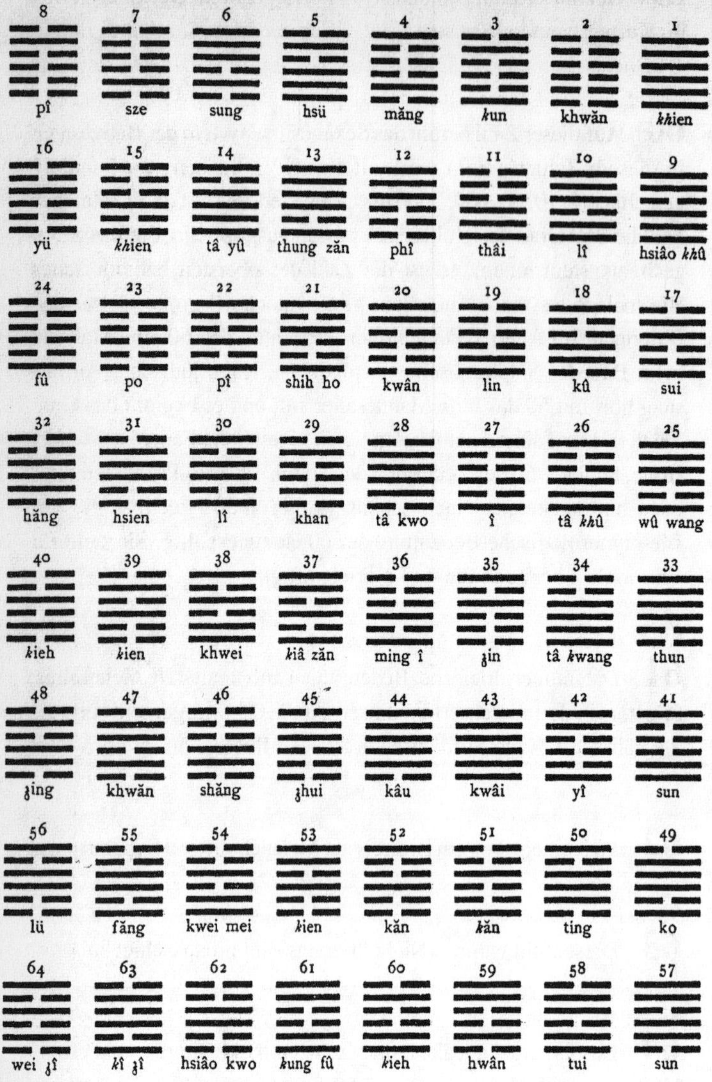

Die 64 Hexagramme des I Ging

ermittelt. Jedes Hexagramm wird als eine Kombination der beiden Urkräfte Yang und Yin aufgefaßt. Auch der genetische Code enthält 64 Buchstaben. Da die Quersumme von 64 die 10 ist, die sich wiederum auf die 1 zurückführen läßt, symbolisiert diese Zahl Ichstärke. Doch warnt diese Zahl auch, seine Kräfte nicht zu zersplittern.

65 Das hebräische Wort Adonai (Gott) hat diesen Zahlwert. Numerologische Bedeutung sind Durchblick, Inspiration und Erleuchtung. Sie warnt aber gleichzeitig vor der Vernachlässigung des Materiellen.

66 Eine Ketten- oder Meisterzahl, die den Symbolwert der 6 noch steigert. Eine besondere Bedeutung hat diese Zahl im Islam, da sie den Zahlwert des Namens Allah enthält. In der Numerologie wird 66 als Hinweis auf das Übersinnliche gedeutet.

70 In der Bibel kommt 70 sehr häufig vor. Das Alte Testament spricht von einer 70jährigen Lebensdauer des Menschen. 70 Tage dauerte die Totentrauer um Moses. 70 Söhne des Ahas wurden geköpft. Mit Moses, Aaron und Nadab stiegen die 70 Ältesten auf den Sinai. Die babylonische Gefangenschaft der Juden dauerte 70 Jahre. Nach der jüdischen Überlieferung soll es 70 Völker geben. Das Neue Testament berichtet, daß Jesus 70 Jünger vor sich herschickte. 7 mal 70 soll ein Jünger Jesu vergeben. 70 Gelehrte haben vom Alten Testament eine griechische Übersetzung angefertigt, der man den Namen Septuaginta (griech. »70«) gab. Mit dem 70. Tag vor Ostern beginnt in der katholischen Kirche die stille Zeit. An diesen Tagen sind den Gläubigen Vergnügungen untersagt, und in der Messe unterbleibt das Halleluja. Die numerologische Bedeutung ist Religiosität, aber auch Melancholie.

71 Diese Zahl symbolisiert das Streben nach den höchsten Erkenntnissen. Im Numeroskop ein Hinweis auf Einsamkeit.

72 Der besondere Symbolwert dieser Zahl erklärt sich vielleicht aus der schon seit langer Zeit bekannten Tatsache, daß sich der Frühlingspunkt der Sonne auf der Ekliptik in 72 Jahren um ein Grad verschiebt. 72 Granatäpfel schmückten das Gewand des Hohepriesters. Diese Symbolik wurde in der späteren Zeit als Hinweis auf die 72 Jünger verstanden, die das Evangelium in 72 Sprachen verkünden sollten. Vor allem ist 72 die Zahl des Namens Jahwes in der jüdischen Mystik. Im Alten Testament (2. Moses 14, 19–21) heißt es nämlich:
»Da erhob sich der Engel Gottes, der vor dem Heer Israels herzog, und stellte sich hinter sie. Und die Wolkensäule vor ihnen erhob sich und trat hinter sie. Und kam zwischen das Heer der Ägypter und das Heer Israels. Und dort war die Wolke finster, und hier erleuchtete sie die Nacht, und so kamen die Heere die ganze Nacht einander nicht näher. Als Moses seine Hand über das Meer reckte, ließ es das Meer zurückweichen durch einen starken Ostwind die ganze Nacht und machte das Meer trocken, und die Wasser teilten sich.«
Diese 3 Verse schildern die Errettung des Volkes Israel vor den Ägyptern. Die jüdischen Mystiker versuchten nun, mit Hilfe dieser

י ה ו ה י ה ו ה י ה ו ה
ה ו ה י ה ו ה י ה ו ה
ו ה י ה ו ה י ה ו ה
ה י ה ו ה י ה ו ה
י ה ו ה י ה ו ה
ה ו ה י ה ו ה
ו ה י ה ו ה
ה י ה ו ה
י ה ו ה

Der 72buchstabige Name Gottes
in hebräischen Buchstaben

Bibelstelle den Namen Gottes zu rekonstruieren. Da der hebräische Originaltext 72 Buchstaben zählt, glaubte man, daß der Name Gottes (Schem oder Schemhamphoras »geteilter Name«) aus der gleichen Anzahl von Buchstaben bestehen müsse. In der Magie deutete man diesen Namen zu Bezeichnungen für Engel um. Bei den Etruskern war diese Zahl mit einem seltsamen Brauch verbunden. Wer das 72. Lebensjahr erreicht hatte, war eigentlich schon tot, denn die Götter hörten nicht mehr auf ihn. Der Islam kennt 72 Sekten. Im germanischen Recht waren 72 Eidshelfer vorgeschrieben. Der Gralstempel der Kelten zählte 72 Säulen. Im chinesischen Kulturkreis wird die 72 als das Produkt aus den 9 Provinzen und 8 Himmelsrichtungen angesehen. Dem Konfuzius werden nicht nur 72 Schüler zugeschrieben, sondern er soll auch mit 72 Jahren gestorben sein.

76 Entspricht dem Zahlenwert des hebräischen Gottesnamens Elohim.

80 An einer berühmten Stelle des Hohenliedes wird von 60 Königinnen und 80 Nebenfrauen gesprochen. Die 60 Königinnen symbolisieren die vollkommenen Menschen, die ein zurückgezogenes und meditatives Leben führen. Die 80 Nebenfrauen sind das Sinnbild des unvollkommenen Menschen und des aktiven und ruhelosen Lebens.

84 Nach dem Neuen Testament entspricht diese Zahl den Lebensjahren der Prophetin Anna bei der Darbringung Christi im Tempel. 84 ist in Indien eine Glückszahl, die in der Regel vertausendfacht auftritt. So hat der indische König Aschoka 84 000 Grabdenkmäler für die Gebeine Buddhas gebaut. Manche indischen Könige sollen 84 000 Jahre regiert haben. Der Weltberg Meru ist 84 000 Maßeinheiten hoch.

85 In der christlichen Tradition wird diese Zahl in 80 + 5 zerlegt. Moses war 80 Jahre alt, als er die Juden, denen er die 5 Gesetzesbücher gab, aus Ägypten führte.

90 Der Symbolwert ist das Schweigen und die Trennung von dem, was man geliebt hat.

96 In Asien hat diese Zahl eine mystische Bedeutung. 96 Rubine wirken als Amulett gegen Krankheiten, deren Zahl 96 beträgt. Wenn man beispielsweise in Burma einem anderen Menschen Glück wünscht, sagt man: »Mögest du gegen die 96 Krankheiten ebenso undurchdringlich sein wie das Lotosblatt gegen das Wasser.«

99 In der Bibel wird mit dieser Zahl die Seltenheit einer Sache bezeichnet, wie zum Beispiel ein verirrtes Schaf und 99 auf der Bergweide oder ein bußfertiger Sünder und 99 Gerechte. Der muslimische Rosenkranz besteht aus 99 Perlen, die den 99 Namen Allahs entsprechen. In der Numerologie steht sie für Berufung.

100 Im Alten Testament ist 100 die Zahl der Vollendung. Im 100. Lebensjahr vollendete Noah den Bau der Arche. 100 Jahre dauerte der Zug in das Land der Verheißung. Wegen der Verwandtschaft mit der Zehn (10 x 10) ist 100 die Zahl der 10 Gebote.

101 Sie überschreitet die 100 und bezeichnet »alles, was jenseits des Horizontes liegt«. Als eine Unendlichkeitszahl kommt sie in religiösen Formeln vor, die nicht 100mal, sondern 101mal wiederholt werden müssen. Numerologische Bedeutung ist die Reinkarnation.

108 Eine Glückszahl im Buddhismus. Der buddhistische Rosenkranz umfaßt 108 Perlen. Der Kanon der tibetischen Buddhisten besteht aus ebenso vielen Einzelschriften. In Tibet müssen beim Tod eines Prinzen oder einer Prinzessin 108 Lamas anwesend sind.

120 Die Zahl des Lebensalters von Moses. Das Neue Testament erwähnt, daß 120 Anhänger bei der Ausgießung des Heiligen Geistes anwesend waren. Der legendäre Christian Rosenkreutz, auf den die Rosenkreutzerbewegung zurückgehen soll, verfügte angeblich in seinem Testament, daß sein Grab 120 Jahre nicht geöffnet werden dürfe.

144 In der Offenbarung des Johannes wird berichtet, daß die Stadtmauer von Jerusalem 144 Ellen beträgt. In der christlichen Tradition ist diese Zahl das Symbol der Stabilität.

150 Die Gesamtzahl der Psalmen. Die Sintflut dauerte 150 Tage.

152 Der in griechischen Buchstaben geschriebene Name Marias hat den Zahlwert 152.

153 Im Johannesevangelium fängt der Jünger Petrus 153 Fische. Der Kirchenlehrer Augustinus deutet diese Zahl als die Summe der Zahlen 1 bis 17. Die Symbolwirkung dieser Zahl beruht auf der 17, die zerlegt in 10 + 7 für die 10 Gebote und die 7 Gaben des Heiligen Geistes steht. Das Alte Testament (10 Gebote) findet seine Erfüllung im Neuen Testament. Da die antike Zoologie nur 153 Fischarten kennt, hat diese Bibelstelle möglicherweise keinen tieferen Sinn. Petrus fing alle damals bekannten Fischarten.

200 Im Alten Testament die Zahl der Wächter im Weinberg des Salomo. Die christliche Tradition versteht darunter die Lehrer der Kirche oder die Repräsentanten der vollkommenen Menschen, von denen je 100 aus dem Alten Testament und dem Neuen Testament genommen werden.

216 Eine Glückszahl. Auf dem Fußabdruck Buddhas befinden sich 216 Glückszeichen. Nach Ansicht der Pythagoreer dauerte die Seelenwanderung 216 Jahre.

231 Das kabbalistische Werk Sefer Jezirah nennt 231 als die Summe der Zahlen 1 bis 21 den »Toren«. 22 nämlich, die Zahl der hebräischen Buchstaben, ist das Symbol des Zieles und der Vollendung.

248 Im Talmud wird erwähnt, daß der menschliche Körper aus 248 Teilen besteht. Diesen Zahlwert haben auch die Anfangsworte des jüdischen Bekenntnisses zum Eingottglauben: Schma'Israel (Höre, Israel).

250 Das Alte Testament erwähnt 250 Amtsleute, die über das Volk herrschen. Ebenso viele Männer empören sich gegen Moses. Numerologische Bedeutung ist Autorität.

270 In der jüdischen Mystik Sinnbild für die Welt und das Gerechte.

284 Zahlwert des griechischen Wortes Theos (»Gott«).

300 Da der griechische Buchstabe T, das mystische Tau, diesen Zahlwert hat, ist 300 Sinnbild des Kreuzes. Im Alten Testament ist die Zahl Symbol des Heldentums. Abisai tötete 300 Menschen. Gideon scharte um sich 300 Gefolgsleute.

318 Nach dem Bericht des Alten Testamentes hatte Abraham 318 Knechte. Die christliche Tradition sieht in dieser Zahl einen Hinweis auf Jesus, da man sie in 3 x 100 + 18 zerlegen kann. 300 entspricht dem griechischen Tau und 18 dem Zahlwert der Anfangsbuchstaben (IH) des Namens Jesu, wenn man ihn griechisch schreibt. Der Mond ist nur an 318 Tagen sichtbar.

345 Zahlwert des hebräischen Wortes El Shaddai (Gott, der Allmächtige), Schem (das Absolute) und Moses.

354 Die Vollzahl des Mondjahres. Neben dem Sonnenjahr gab es in den frühen Hochkulturen auch das Mondjahr, das immer noch einer zusätzlichen Schaltung bedurfte. Gewöhnlich verdoppelte man den letzten Monat, der dann eine unglückliche Bedeutung hatte. Noch heute ist in der islamischen Welt das Mondjahr im Gebrauch. Da aber Mohammed alle Schalttage verbot, besteht ein erheblicher Unterschied zum Sonnenjahr. Alle 33 Jahre muß deshalb ein zusätzliches Jahr eingeschoben werden.

360 Als Maßeinheit des Kreises hat diese Zahl eine mystische Bedeutung. In ihr ist die 3. Vierheit der Pythagoreer, d. h. die Summe der vier ersten geraden und ungeraden Zahlen enthalten, die 36 beträgt. 360 ist auch die Zahl des verkürzten Sonnenjahres. Die Mondzahl 27 verhält sich zu der Zahl 360 wie 1 zu 13,3. Da das Gold der Sonne und das Silber dem Mond zugeordnet wurden, gab die Zahl

13,3 in der Antike das Verhältnis dieser beiden Metalle zueinander an.

361 In der Religionsgemeinschaft der Baha'i ist 361 die Zahl aller Dinge.

364 Zahlwert des hebräischen Wortes für Satan. 364 Tage lang kann er die Menschen verführen. Aber am 365. Tag muß er Sühne für seine Taten leisten.

400 Nach einem Bericht des Alten Testamentes hatte König David 400 Gefolgsleute. Die mittelalterlichen Theologen zerlegten diese Zahl in 4 x 100. Die 4 steht für die 4 Kardinaltugenden und die 100 für die Vollkommenheit. Die 400 Mitstreiter Davids sind das Symbol der vollkommenen Gläubigen, die das ewige Leben erlangen werden.

432 Der Kammerton, das eingestrichene a', setzt sich aus 432 Schwingungen zusammen. Diese Zahl spielt auch in der Weltalterlehre der Inder eine große Rolle. Das große Jahr (Maha-Yuga), das aus 4 Perioden besteht, umfaßt 4 320 000 Jahre. Vielleicht ein versteckter Hinweis auf die Sphärenharmonie und den musikalischen Aufbau des Kosmos. Aber diese Zahl läßt sich auch mit Hilfe der Vierheit der Pythagoreer erklären:

Maha-Yuga = 4 320 000	=	432 000	x	10
1. Periode: Kali-Yuga	=	432 000	x	1
2. Periode: Dvapara-Yuga	=	432 000	x	2
3. Periode: Treta-Yuga	=	432 000	x	3
4. Periode: Kritam-Yuga	=	432 000	x	4

Die rechte Spalte ergibt die Reihe 1 + 2 + 3 + 4 = 10.

500 Die Zahl des Kosmos und der großen Götter in Babylon. Buddha hatte 500 Jünger um sich. Ebenso viele Jahre müssen nach der Lehre des japanischen Buddhismus die Zweifler im Kelch des Lotos zubringen. Das Alte Testament erwähnt, daß Hiob 500 Rinder und 500 Eselinnen hatte. Die christliche Tradition zerlegt diese Zahl in 50 x 10. 50 ist das Symbol der ewigen Ruhe, und die 10 steht für Vollendung. Der Besitz Hiobs ist also die Verheißung der ewigen Ruhe.

600 Das Alte Testament erzählt, Noah sei beim Ausbruch der Sintflut 600 Jahre alt gewesen. Die Zahl der erschlagenen Philister betrug 600. Die christlichen Theologen des Mittelalters sahen in der 600 die Zahl der Vollendung, weil sie mit der Sechszahl des Schöpfungswerkes verbunden ist.

608 Das Symbol der Sonne. Martianus Capella, ein lateinischer Schriftsteller des 5. Jahrhunderts, berichtet: »Die Sonne heißt in Italien Sol (Sonnengott), bei den Ägyptern Serapis und Osiris. In Babylon Adonis und Ammon in Libyen. Andere Namen sind Typhon, Mithras und Pluto.« Ihr heiliger Name (Sol) hat 3 Buchstaben, deren Zahlwert 608 beträgt. Der Zahlwert des hebräischen Wortes Cham (Hitze) ist ebenfalls 608.

666 Eine berühmte Zahl aus dem Neuen Testament. In der Offenbarung des Johannes heißt es:
»Und ich sah ein Tier aufsteigen aus der Erde; und hatte zwei Hörner gleich wie ein Lamm und redete wie ein Drache ... Wer Verstand hat, berechne die Zahl des Tieres, denn es ist eines Menschen Zahl und eine Zahl 666.«
Schon die Kirchenlehrer konnten dieser Stelle keinen Sinn geben, weil ihnen die Geheimnisse der antiken Numerologie nicht bekannt

Qui numeri ſingulis litteris deputentur.

A B C D E F G H I K L M N O
1 2 3 4 5 6 7 8 9 10 20 30 40 50

P Q R S T V X Y Z
60 70 80 90 100 200 300 400 500.

I V HI HV.
600 700 800 900.

Hæc igitur erit ſumma numerorum perſidi Hæreſiarchæ:

M A R T I N L V T E R A
30 1 80 100 9 40 20 200 100 5 80 1.

qui ſimul iuncti numeri pariunt 666. Sed & eundem ordinem diximus ſeruaſſe Græcos omnibus ſuis litteris exprimentes numeros. verum toto alphabeti ſui charactere in numerorum figuras extenſo, tres, qui plus ſunt, numeros notis proprijs, quæ ex alphabeto non ſunt depingunt, prima eſt ϛ, notans 6. ſecunda ϟ, notans 90. poſtrema ϡ, ſignans 900. Græci igitur nomen beſtiæ reperiunt in nomine τιτᾶνος *.i. gigantis, hoc inquam modo:*

T E I T A N
300 5 10 300 1 50.

Et ſibi nomen Antichriſtus, quaſi omnibus potentia antecellat, vſurpatum reputans, ipſum ſe eſſe iactans; de quo ſcriptum eſt: Exultauit vt
Pſal. 18. *Gigas ad currendum viam à ſummo cælo egreſſio eius. Ponit Tychonius aliud nomen, quod illuſtris dicitur interpretatum:*

Λ Α Μ Π Ε Τ Ι Σ
30 1 40 80 5 300 10 200.

Aliud affert Arethas, quod Latinus dicitur:

Λ Α Τ Ε Ι Ν Ο Σ
30 1 300 5 10 50 70 200.

Ponit & Primaſius duo nomina, dictam numerorum ſummam comprehendentia. primum eſt:

Α Ν Τ Ε Μ Ο Σ
1 50 300 5 40 70 200.

quod ſignificat honori contrarium. (neque enim honor ei, ſed anathema conuenit.) Alterum iſtud:

Α Ρ Ν Ο Υ Μ Ε
1 100 50 70 400 40 5.

Inter-

Das Tier 666 ist Martin Luther

waren. Schon im frühen Christentum kursierten zahlreiche Auflösungen, die alle auf dem griechischen Text der Offenbarung beruhen. Überzeugender sind diejenigen Deutungen, die davon ausgehen, daß dem griechischen Text möglicherweise ein älterer hebräischer Text vorausging. So stieß man auf den falschen Propheten Bileam, der »in Pethor am Wasser, im Lande der Kinder seines Volkes« wohnte (4. Moses 22, 5). Weite Verbreitung fand die Vermutung, daß die Zahl 666 auch auf den Muttermörder Nero passe, wenn man seinen Namen in hebräischen Buchstaben schreibe:

N	R	O	N	K	S	R		
50	200	6	50	100	60	200	=	666

Falls diese Deutung richtig ist, müßte dieser Teil des Neuen Testaments kurz nach Neros Tod abgefaßt worden sein. Gegner dieser Deutung machen geltend, daß ein in griechisch abgefaßtes Buch, das sich an einen griechisch sprechenden und in dieser Sprache denkenden Leserkreis wendet, schwerlich ein Zahlenrätsel enthalten könne, das nur mit Hilfe der hebräischen Sprache aufgelöst werden könne. 666 ist auch die Summe der Zahlen 1 bis 36.

801 Der Zahlwert der griechischen Buchstaben Alpha und Omega, die symbolisch für den Anfang und das Ende stehen.

888 Der Zahlwert des griechisch geschriebenen Namens Jesu:

I	H	Σ	O	Y	Σ		
10	8	200	70	400	200	=	888

1000 Im Mittelalter Symbol der Fülle und Vollendung. Da sie die Kubikzahl der Zehn (10 x 10 x 10) ist, entspricht ihr als geometrische Form der Würfel. Wenn deshalb in der Bibel von 1000 die Rede ist, so ist dies nicht wörtlich zu nehmen. Das 1000jährige Reich in der Offenbarung des Johannes bezeichnet die gesamte Zeit der Kirche bis zum Ende der Welt.

TEIL III

LEXIKON DER NAMEN UND BEGRIFFE

Abrakadabra

Ein Zauberwort aus der Antike, das in Form einer auf dem Kopf stehenden Pyramide dargestellt werden kann. In der Numerologie versteht man unter der A.-Methode ein Verfahren, bei dem eine Zahlenpyramide eines Namens hergestellt wird. Man schreibt zunächst unter den Gesamtnamen die Zahlwerte, die man einer der Umrechnungstabellen entnimmt. Um die Spitze der Pyramide zu erreichen, werden immer zwei Zahlen zusammengezählt. Werte über 9 werden durch Bildung der Quersumme vereinfacht.

```
H   E   L   M   U   T   W   E   R   N   E   R
8   5   3   4   3   2   5   5   9   5   5   9
  4   8   7   7   5   7   1   5   5   1   5
    3   6   5   3   3   8   6   1   6   6
      8   2   8   6   2   5   7   7   3
        2   1   5   8   7   3   5   1
          3   6   4   6   1   8   6
            9   1   1   8   9   5
              1   2   9   8   5
                3   2   8   4
                  5   1   3
                    6   4
                      1
```

Die Namenszahl (auch Spitzenzahl genannt) beträgt 1. Die Deutung dieser Zahl ist im Lexikonteil »Zahlen« nachzuschlagen.

Abraxas

Hebr. »Stein der Segnung«. Der Zahlwert beträgt 365:

A	=	1
B	=	2
R	=	100
A	=	1
X	=	60
A	=	1
S	=	200
		365

Bei den Gnostikern ein Gott, der über die Zeit, das Jahr und 365 Götter regiert. Er wurde oft auf Gemmen abgebildet.

Abraxas-Gemme

Abundante Zahlen

Lat. abundans »überfließend«. Eine schon von → Pythagoras gebrauchte Bezeichnung für Zahlen, deren Teiler eine Summe bilden, die größer als die Zahl selbst ist. Zum Beispiel 12 kann in die Teiler 1, 2, 3, 4 und 6 zerlegt werden, deren Summe 16 beträgt. Oder 36: $1 + 2 + 3 + 4 + 6 + 9 + 12 + 18 = 55$. Gegensatz → defiziente Zahlen.

Ägypter und Zahlen

Im Götterkult und in der Zauberei der Ägypter spielten Zahlen eine wichtige Rolle. Magische Formeln und Handlungen mußten mehr-

Der ägyptische Gott Chnum formt einen Menschen, gegenüber sitzt Hathor

fach wiederholt werden. Auch die Gliederung der Götter in Gruppen und Systeme erfolgte nach bestimmten Zahlen. Von großer Wichtigkeit war die 7, deren Beliebtheit mit der Zeit immer größer wurde. Man faßte nicht nur die Götter in Siebenergruppen zusammen, sondern einzelne Gottheiten traten in der Siebenerzahl auf. So gab es je siebenmal Hathor, Maat und Chnum. Da bei den Ägyptern in der Frühzeit der Monddienst sehr wichtig war, hat die 7 wegen der 7 Tage der Mondviertel eine besondere Stellung bekommen.

Agrippa von Nettesheim

→ Magisches Quadrat.

Alltagszahl

→ Geburtszahl plus Sternzeichen.

Altamerikanische Hochkulturen und Zahlen

Die Zahlenmystik der Azteken und der Maya war an ihr hochentwickeltes Kalendersystem gebunden. Ihr »heiliger« Kalender bestand aus 260 Tagen. Auf diese Zahl kamen sie, weil bei ihnen der Monat 20 Tage zählte und noch jeder Tag mit einer Ziffer der Zahlenreihe 1 bis 13 versehen wurde. Man nimmt an, daß dieser Zeitraum von der Dauer einer Schwangerschaft abgeleitet wurde. Neben diesem heiligen oder rituellen Kalender gab es noch einen Sonnenjahr-Kalender. Er umfaßte 18 Monate mit je 20 Tagen. Hinzu kamen noch 5 unglückbringende Tage. Durch Kombination mit den Götternamen und den Zahlen 1 bis 13 wurde eine 52-Jahres-Periode (18 980 Tage) geschaffen. Nach den Vorstellungen der Azteken wiederholten sich nach Ablauf dieses Zeitraumes alle unglücklichen bzw. glücklichen Ereignisse. Die 52 war für sie eine so wichtige Zahl, daß sie sogar zur Maßzahl beim Bau der Pyramiden und Tempel wurde. Die 52-Jahres-Periode wurde von den Priestern so mit Namen und Zahlen versehen, daß diese Zahl unter der gleichen Bezeichnung erst nach 374 000 Jahren wieder erscheinen konnte. Die Azteken verfügten auch über eine Wahrsagetechnik, um das Geschlecht eines Kindes im voraus zu bestimmen. Grundlage dieses Verfahrens ist die Zahl 49. Man addiert zu dieser Zahl den Monat der Empfängnis und zieht das Alter der Schwangeren ab, das auf die nächsthöhere Zahl aufgerundet wird, falls der letzte Geburtstag länger als 6 Monate zurückliegt. Von diesem Ergebnis werden dann die Zahlen 1, 2, 3 usw. so lange abgezogen, bis die kleinstmögliche Zahl über Null übrigbleibt. Bei einer geraden Endzahl wird ein Mädchen geboren, bei einer ungeraden ein Junge.

Beispiel:

Geburtstag der Frau:	13. 8. 1953		
Empfängnismonat:	März 1973		
Berechnung:	Grundzahl		49
	Empfängnismonat (März)	+	3
			52
	Alter der Frau	–	20
			32

Nun wird so weiter verfahren: 32 – 1 = 31 – 2 = 29 – 3 = 26 – 4 = 22 – 5 = 17 – 6 = 11 – 7 = 4. Da 4 gerade ist, bringt diese Frau ein Mädchen zur Welt.

Analoge Zahlen
Gruppen von Zahlen, die entweder gerade oder ungerade sind, z. B. 2, 4, 6, 8, 10 oder 1, 3, 5, 7, 9.

Arithmomantie
Zusammensetzung aus griech. arithmos »Zahl« und manteia »Weissagung«. Bezeichnung für eine schon in der Antike bekannte Methode, mit Hilfe von Zahlen Voraussagen zu machen. Die A. wurde vor allem benutzt, um bei Kämpfen den Sieger im voraus zu ermitteln. Ein berühmtes Beispiel ist der Zweikampf des Trojaners Hektor und des Griechen Patroklos. Zahlwert der griechischen Buchstaben von Hektor ist 19 und von Patroklos 34.
Beide Zahlen werden durch 9 oder 7 geteilt, und der bei der Teilung entstandene Rest wird miteinander verglichen. Läßt sich eine Zahl glatt teilen, dann wird statt des Restes das Ergebnis benutzt.

Hektor:	19 : 9 = 2 Rest 1
Patroklos:	34 : 9 = 3 Rest 7

Der Sieger wird nach folgenden Regeln ermittelt: Wenn beide Zahlen gerade bzw. ungerade sind, gewinnt die kleinere. Ist eine Zahl gerade und die andere ungerade, siegt die größere Zahl. Bei Gleichheit der Zahlwerte werden zwei Fälle unterschieden:

1. ungerade Zahlen: Sieg des Angreifers
2. gerade Zahlen: Sieg des Verteidigers

In unserem Beispiel besiegte Hektor den Patroklos.

Astro-Numerologie
Auch kabbalistische Astrologie. Eine Richtung in der Astrologie, die auf den Franzosen Dom Guyon zurückgeht. Napoleon war von seinen astrologischen Ratschlägen so beeindruckt, daß er ihn als Bibliothekar in den Tuilerienpalast berief. Später entwickelte der Bibliothekar P. Christian (Pseudonym für J.-P. Pitois; geb. 1811), unterstützt von → Balzac und Eliphas Levi, die A. weiter, nachdem er durch

Zufall eine Handschrift Guyons, die das ganze System der kabbalistischen Astrologie enthielt, entdeckt und sich ganz dem Studium der Geheimwissenschaften zugewandt hatte. Nachfolger sind Ely Star (geb. 1847), Descomier (Pseudonym Phaneg) und der Engländer → Sepharial.

Ausgangspunkt ist der Zahlwert des »irdischen Namens«. Wie der folgenden Tabelle zu entnehmen ist, besteht er aus einem Sonnen- und einem Mondwert:

Sonne	1	5	6	9	3	8	8	3	9	6	5	7
	A	B	C	D	E	F	G	H	IJ	K	L	M
	N	O	P	Q	R	S	T	U	VW	X	Y	Z
Mond	7	1	5	6	9	3	8	8	3	9	6	5

Außerdem werden berücksichtigt der Zahlwert des Tages- und des Stundenplaneten (s. S. 259):

Sonne:	1, nachmittags 4
Mond:	7, nachmittags 2
Jupiter:	3
Venus:	6
Mars:	9
Merkur:	5
Saturn:	8

Wenn der Zahlwert des Namens mit der Summe des Tages- und Stundenplaneten oder deren Produkt übereinstimmt, verheißt dies Glück.

Atemrhythmus

Das Einatmen, Anhalten und Ausatmen der Luft erfolgt in den esoterischen Systemen nach bestimmen Zahlwerten. Das älteste, schon bei den Indern gebrauchte Atemrhythmussystem wird von den Zahlen 1–4–2 bestimmt. Setzt man z. B. für die 1 einen Wert von 6 Sekunden, dann ergibt sich folgender Atemrhythmus: 6 Sekunden einatmen, 24 Sekunden anhalten, 12 Sekunden ausatmen. Auf diese Weise wird eine intensive Körperkontrolle erreicht.

Aufgabenzahl
→ Gesamtlebenszahl.

Augustinus, Aurelius (354–430 n. Chr.)
Kirchenlehrer, der die mittelalterliche Lehre von der Zahlensymbolik und Zahlenallegorese entscheidend beeinflußte. Ihm zufolge sind die Zahlen der Schöpfung vorgeordnet und stammen letztlich von Gott. Besonders wichtig sind die Zahlen in der Bibel, die nach seiner Auffassung ein Bild des Absoluten sind und folglich symbolisch gedeutet werden müssen. Wer die Symbolgehalte der Zahlen nicht kennt, dem bleibt auch der mystische Sinn der Heiligen Schrift verschlossen. Unter den Zahlen spielt die 6 eine besondere Rolle. Sie ist die vollkommene Zahl, welche die Schöpfung geprägt hat.

Außenweltzahl
→ Machtzahl.

Äußere Erscheinungszahl
Andere Bezeichnung für → Konsonantenzahl.

Babylonier und Zahlen
Schon die Sumerer, die ältesten Bewohner des Zweistromlandes, schrieben den Zahlen einen verborgenen Sinn zu. Den Göttern wurden Zahlen von 60 bis 1 zugeordnet. Ihr höchster Gott An (»Himmel«) symbolisierte die 60, auf der das gesamte Zahlensystem (Sexagesimalsystem) beruhte. Enlil, der Gott des Sturmes, besaß die 50. Der weise und gütige Enki hatte die 40, Seni, der Mondgott, die 30 usw. Die Babylonier übernahmen dieses System. Die 30 des Mondgottes, die der Anzahl der Tage des Monats entsprechen, weist darauf hin, daß diese Ordnung durch das Kalendersystem bedingt war. Herausgehobene Symbolzahlen waren bei den Sumerern die 7 und die 3. Weshalb die 7 bei ihnen gelegentlich eine Glückszahl, aber meistens eine dämonische, unglückbringende Zahl ist, entzieht sich einer rationalen Erklärung. In der sumerischen Mythologie wer-

den aber 7 böse Geister erwähnt, welche die Menschen quälen. Den Babyloniern ist die 7 nach Ansicht von Fachleuten vielleicht die wichtigste heilige Zahl gewesen. Der Grund dürfte in der astronomischen Bedeutsamkeit der 7 liegen: 7 Planeten und Zerlegung des Mondzyklus in 4 x 7 Tage. Weitere Symbolzahlen sind die 3, 4, 10, 12, 40 und 70. Die bei dem griechischen Philosophen Plato erwähnte Zahl 12 960 000 (60 x 60 x 60 x 60 oder 3600 x 3600) halten manche Gelehrte für eine heilige Zahl der Babylonier. Diese Zahl hebt sich nicht nur als Vollzahl aus dem Sexagesimalsystem heraus, sondern weist noch einige Besonderheiten auf. In ihr sind als Teiler sowohl die 216 wie die 270 enthalten. Diese beiden Teiler stehen für die kürzeste (7 Monate) und längste Zeit (9 Monate), die ein Kind für seine Entwicklung im Mutterleib benötigt. Merkwürdigerweise sind die sumerischen Unglückszahlen 13, 11 und 7 keine Teiler dieser geheimnisvollen Weltzahl.

Balliet, L. Dow

Amerikanische Esoterikerin, die um die Jahrhundertwende zahlreiche Werke zur Numerologie verfaßte und von amerikanischen Numerologen als eine Vordenkerin auf diesem Gebiet gefeiert wird.

Balzac, Honoré de (1799–1850)

Französischer Romanschriftsteller mit Neigung zum Okkultismus. Sein Werk »Seraphita«, das der Weltanschauung der Rosenkreutzer verpflichtet ist, enthält auch Gedanken zur Zahlenmystik. Die Zahlen sind nach seiner Ansicht göttliche Wesenheiten, gleichsam der Atem Gottes.

Beda, Venerabilis (673–735)

Englischer Mönch, Theologe und Gelehrter; gilt als Wegbereiter der karolingischen Renaissance. Seine Werke behandeln nicht nur theologische Fragen wie die Auslegung der Bibel, sondern auch mathematische Themen, die Symbolik der Zahlen und Fragen des Kirchenkalenders. B.s. Werke enthalten zwar wenig eigene Gedanken, aber um so mehr Meinungsäußerungen der Kirchenväter zur Symbolik der Zahlen in der Bibel.

Befreundete Zahlen

Zwei Zahlen heißen befreundet, wenn jede dieser Zahlen die Summe der Teiler der anderen ist. Die kleinsten befreundeten Zahlen sind 220 und 284. Die Summe der Teiler

von 220: 1 + 2 + 4 + 5 + 10 + 11 + 20 + 22 + 44 + 55 + 110 = 284
von 284: 1 + 2 + 4 + 71 + 142 = 220

→ Pythagoras hat diese Zahlenpaare als erster entdeckt. Man kennt über eintausend Paare solcher Zahlen. Vielleicht waren diese Zahlen auch im Alten Orient bekannt, denn im Alten Testament schenkt Jakob dem Esau als Freundschaftsgabe 220 Ziegen.

Berufungszahl

→ Gesamtnamenszahl.

Biblische Zahlen

Wie die Ägypter benutzten die Juden das Dezimalsystem. Das ältere Sexagesimalsystem, das bei den Völkern des Zweistromlandes im Gebrauch war, findet sich allenfalls noch in Spuren – man denke an die häufige Erwähnung der 60 im Alten Testament. Im Lexikonteil »Zahlen« ist ausführlich der Symbolwert der Zahlen 1 bis 1000 in der Bibel behandelt. Daß der Symbolwert von Zahlen im Neuen Testament gelegentlich von den griechisch sprechenden und denkenden Lesern mißverstanden wurde, zeigt die Zahl 666, deren geheimer Sinn Kenntnisse des Hebräischen voraussetzt. Jüdische Mystiker setzten den Text in Zahlen um und versuchten so, den geheimen Sinn von Bibelstellen zu ergründen. Jeder hebräische Buchstabe hat einen Zahlwert. Die hebräischen Buchstabenreihen sind folglich auch Zahlenreihen. Mögen auch zwei Worte in ihren Lauten verschieden klingen, wenn dieselben Zahlengruppen darin vorkommen, bedeuten sie dasselbe. Hierauf beruhen die Buchstaben und Zahlenspekulationen der Kabbalisten, der jüdischen Mystiker, die dem Text des Alten Testamentes einen verborgenen Sinn unterlegen wollen. Die Bibel beginnt mit den Worten »Am Anfang ...«, die hebräisch »bereschit« lauten. Der Zahlwert von bereschit ist: 2 – 200 – 1 – 300 – 10 – 400. Die Bibel beginnt somit den Schöpfungsbericht mit der 2 und stellt damit bildhaft dar, daß Schöpfung eigentlich eine »Zweimachung« ist. Auf die Zweiheit »Himmel-Erde« folgt Licht-Finsternis usw. Ähnliche Überlegungen lassen sich auch am griechischen Text des Neuen Testamentes vornehmen, da bekanntlich auch die griechischen Buchstaben einen Zahlwert haben, z. B. hat Maria, die Mutter Gottes, den Zahlwert 64, den auch das griechische Wort »sophia« (Weisheit) hat. Maria und die »sophia« sind Gehilfinnen Gottes bei der Weltschöpfung. Die »sophia« ist der Heilige Geist Gottes, der über dem Wasser des Chaos schwebte, bevor das Licht die Finsternis teilte. In den Sprüchen Salomos wird Sophia personifiziert dargestellt und ruft den Menschen zu, daß Gott sie zu einer Werkmeisterin gemacht habe. Maria schenkte der Welt den Sohn Gottes.

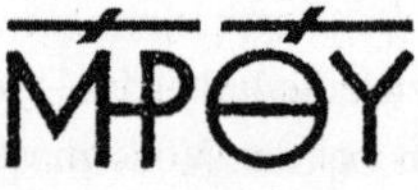

Altchristliches Monogramm Marias
Abkürzung für MHTHP ΘEOY (Gottesmutter)
M = 12, H = 7, P = 17, Θ = 8, Y = 2

Bildzahlen

Zahlen, deren Ziffer schon einen Symbolwert haben. Die 1 z. B. ähnelt einem Phallus oder die 8 einer → Lemniskate.

Bindel, Ernst

Deutscher Mathematikprofessor und Anthroposoph der Gegenwart. Seine Werke »Die geistigen Grundlagen der Zahlen« (1958), »Die Zahlengrundlagen der Musik im Wandel der Zeiten« (1950) und

»Die ägyptischen Pyramiden als Zeugen vergangener Mysterienweisheit« (1957) gelten als Grundlagenwerke der Zahlenmystik. → Cheopspyramide.

Biorhythmus

Bezeichnung für regelmäßig wiederkehrende Zeiträume im menschlichen Leben, die durch Hoch- und Tiefpunkte ausgezeichnet sind. Neben dem männlichen Rhythmus von 23 Tagen und einem weiblichen von 28 Tagen gibt es einen dritten Rhythmus von 33 Tagen. Da dieser letztere Zeitraum den Zustand und die Entwicklung der geistigen und schöpferischen Kräfte des Menschen beschreibt, trägt er die Bezeichnung Intellektrhythmus. Der 23-Tage-Rhythmus beschreibt den Verlauf der Entschlußkraft, der 28-Tage-Rhythmus die Entwicklung des Gefühlslebens. Alle 3 Kurven bestehen aus einer positiven und einer negativen Hälfte.

Bongo, Pietro (gest. 1601)

Verfasser eines Zahlenlexikons, »Numerorum Mysteria« (Geheimnisse der Zahlen), das nicht nur aufgrund seines Umfangs, sondern auch durch die Einbeziehung der ägyptischen Hieroglyphen, antiker Autoren, der Pythagoreischen und Platonischen Zahlenphilosophie und jüdischen Mystik ein unschätzbares Nachschlagewerk der Zahlenmystik ist. B. deutet die Zahlen anhand ihres Vorkommens in der Bibel. Dabei behandelt er zunächst Deutungen, die von der Summe 7 + 8 ausgehen, dann folgen Hinweise auf die Bedeutung des Produktes 3 x 5, und schließlich wird auf die Verwandtschaft der Zahlen 15 und 120 eingegangen.

Brown-Landone

Amerikanischer Esoteriker, der aus einem alten italienisch-französischem Adelsgeschlecht abstammt. Neben einer zehnbändigen Kulturgeschichte veröffentlichte er »Die mystischen Meister«, »Die Prophezeiungen Melchi-Sedeks in der Großen Pyramide« und »Die Sieben Tempel«. Grundlage seines Systems sind die Teloiszahlen

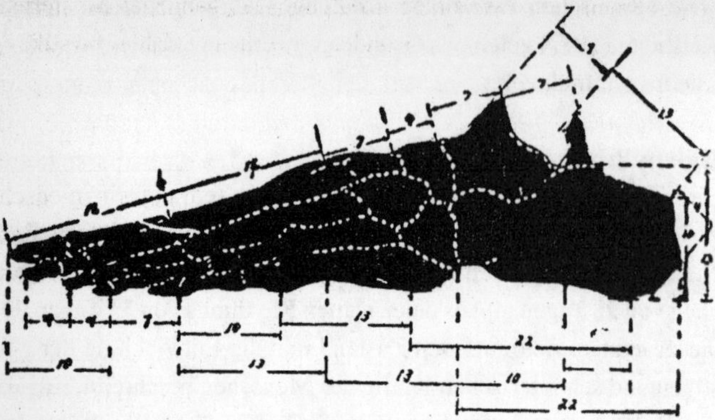

Telois-Maße der Fußknochen: 4, 7, 10, 13, 16 und 22

(griechisch telein, »vollenden«), die man als vollkommene oder heilige Zahlen bezeichnen könnte. Diese Zahlen, aber auch Maße und Proportionen, finden sich in Tonleitern, Entfernungen der Planeten von der Sonne, in der Struktur der Kristalle etc. Brown-Landone unterscheidet 3 Arten von Teloiszahlen:

1. Grundzahlen: 1, 4 und 7
2. Primärzahlen: 13, 19, 25 und 31
3. Sekundärzahlen: 10, 16, 22 und 28

Brown-Landone entwickelte mit Hilfe dieser Teloiszahlen eine Art Telois-Geometrie. Jedes Kunstwerk setzt sich aus Flächen zusammen, die wiederum aus Dreiecken, Quadraten, Kreisen und den Zwischenräumen bestehen. Die Zwischenräume müssen bei der Ermittlung der Summe einer Fläche immer mitgezählt werden. Diese geometrischen Figuren haben 4 Merkmale:

1. Von den zahlreichen Möglichkeiten werden nur 7 Gruppen als Muster benutzt.
2. Ihre Teloiszahlen sind: 4, 7, 13, 16 und 19.
3. Jedes geometrische Muster ist eine Gruppe von Flächen, deren Summe eine Teloiszahl ergibt.

4. Jedes heilige Symbol weist eine Teloiszahl von Flächen auf.
5. Diese Teloisflächen bilden die einzelnen geometrischen Zeichen, die zu allen Zeiten und bei allen Völkern als schön empfunden wurden.
6. Die Teloiszahlen bilden die Grundlage jeder vollkommenen Form auf Erden.
7. Teloiszahlen bestimmen den Bau aller Hallen und Tempel der großen Pyramide von Giseh.

Chakras

Sanskrit »Rad«. Bezeichnung für die feinstofflichen Energiezentren im Körper. Eine numerologische Analyse der 7 Chakras findet sich auf Seite 57.

Cheiro (1866–1939)

Pseudonym des englischen Grafen Louis Hamon. C. war zu seiner Zeit ein geschätzter Okkultist, Chirologe und Numerologe. Sein Werk (»Book of Numbers«, 1935; dt. Teilübersetzung »Buch der Zahlen«) enthält sein umfangreiches Wissen auf dem Gebiet der Numerologie. Weite Verbreitung fand das von ihm entwickelte System, den Buchstaben einen Zahlwert zuzuordnen (siehe Umrechnungsmethode 3, S. 26). Seine Deutung von 52 → Doppelzahlen gehört zum bleibenden Bestand der Numerologie, weil das überlieferte Wissen bereichert wurde mit dem Erfahrungsschatz, den er als Numerologe über Jahrzehnte gesammelt hatte.

Cheopspyramide

Grabdenkmal des Pharao Chufu (ca. 2700 v. Chr.), das ursprünglich eine Höhe von 146,5 m hatte. Das in der Antike zu den Weltwundern gezählte Bauwerk ist seit dem 19. Jahrhundert Gegenstand von zahlenmystischen Spekulationen.

Ausgelöst wurde die Suche nach den verborgenen Zahlengeheimnissen der C. von den beiden Engländern John Taylor und Piazzi Smith. Taylor war Buchhändler der Londoner Universität und Smith Pro-

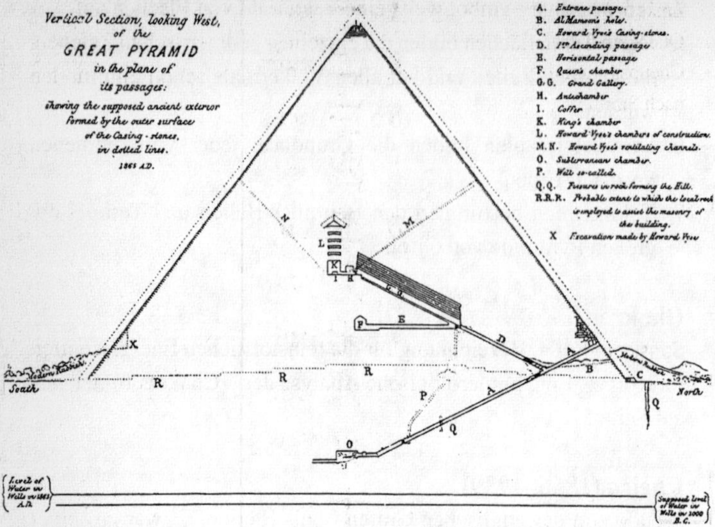

fessor für Astronomie. Bekannt wurden diese beiden Forscher einem breiten Leserkreis durch den Roman »Der Kampf um die Cheopspyramide« von Max Eyth. Unter den zahlreichen deutschen Beiträgen müssen die Arbeiten von Fritz Noethling, »Die kosmischen Zahlen der Cheopspyramide« (1921), und K. Kleppisch, »Die Cheopspyramide. Ein Denkmal mathematischer Erkenntnis« (1921), erwähnt werden. Ein Versuch, dem Zahlenrätsel der C. auf die Spur zu kommen, stammt von E. Bindel. Er versuchte den Nachweis zu erbringen, daß diese Pyramide das Zusammenklingen der Himmelskräfte mit den Erdenkräften ausdrückte, die symbolisch durch den Kreis und das Quadrat dargestellt werden. Die Synthese beider Figuren sei die Dreiecksform der C.

Chinesen und Zahlen

Die C. besaßen eine Zahlenmystik, die noch umfangreicher als die Zahlenphilosophie des → Pythagoras war. Die Philosophen des Alten China brachten der Zahl ein großes Interesse entgegen. Grund-

Linke Seite:
Querschnitt der Cheopspyramide nach Smith

1 一 *y.*
2 二 *eulr.*
3 三 *scn.*
4 四 *se.*
5 五 *ou.*
6 六 *lou.*
7 七 *tsi.*
8 八 *pa.*
9 九 *kieou*
10 十 *che.*

Rechts: Die chinesischen Zahlen 1 bis 10

legend ist der Unterschied zwischen geraden und ungeraden Zahlen. Die 1 bezeichnet die göttliche Macht, aus der alles entstanden ist. Weiterhin bezeichnet sie Pomau-Ksu, den ersten Menschen. Die 2 ist das Symbol der Zweiheit: Vater–Mutter, aktiv–passiv, Geist–Materie etc. Die 3 repräsentiert »Tien-Hoang«, der über den Himmel (Tien-Hoang), die Erde (Tie-Hoang) und den Menschen (Gien-Hoang) herrscht. In Gemeinschaften mit den 10 göttlichen Mitgliedern oder großen Helfern entstehen die Zahlen:

11 = Gien-Hoang + 10 göttliche Mitglieder
12 = Tie-Hoang + 10 göttliche Mitglieder
13 = Tien-Hoang + 10 = göttliche Mitglieder

Gien-Hoang stellt die göttlichen Ki oder Herrscher der heroischen Dynastien dar, Tie-Hoang das Universum und Tien-Hoang, das ja 12 Mitglieder (10 + Gien und Tie) mit den gleichen Rechten hat, die 12 Stationen des Tierkreises, die 12 Monate und die 12 Doppelstunden des Tages. 4 hat keinen Symbolwert. Da die 5 die Mitte der

Erde symbolisiert, ist sie die auffälligste Symbolzahl der Chinesen. Die 6 ist die Summe aus:

Tien (Himmel) + Geist
Tie (Erde) + Materie
Gien (Mensch) + Universum

Die 7 wehrt böse Geister und Krankheiten ab. Die → magischen Quadrate sind am frühesten in China bezeugt.

Christentum und Zahlen

Grundlage der christlichen Zahlenmystik bilden die → biblischen Zahlen und ihre Interpretation durch die Kirchenväter, besonders die Deutungen von → Augustinus, auf denen die christliche Tradition beruht. Einzelheiten sind im Lexikonteil »Zahlen« nachzuschlagen.

Defiziente Zahlen

Lat. deficiens, »ermangelnd«. Bezeichnung für eine Zahl, deren Teiler eine Summe bilden, die kleiner als die Zahl selbst ist. Zum Beispiel 16 (Teiler 1, 2, 4; Summe = 1 + 2 + 4 = 7). Gegensatz → abundante Zahlen.

Digitalwurzel

Bezeichnung der → Quersumme.

Doppelzahlen

oder Zwiezahlen. Bezeichnung der aus zwei Ziffern bestehenden Zahlen. In der modernen Numerologie werden die D. durch Bildung der Quersumme zu einer Grundzahl vereinfacht. Ausgenommen sind die Geburtstagszahlen, um der Tatsache Rechnung zu tragen, daß z. B. Menschen, die am 9., 18. (1 + 8) und 27. (2 + 7) eines Monats geboren sind, unterschiedliche Charaktere haben. Auch die → Meisterzahlen, die aus zwei gleichen Zahlen – wie z. B. 11, 22, 33 – bestehen, dürfen nicht vereinfacht werden. → Cheiro vertritt die Auffassung, daß die D. die geheimen Kräfte symbolisieren, die den

Menschen beeinflussen. Die einfachen Zahlen, d. h. die Grundzahlen bis 9, hingegen stellen den Menschen dar, wie er als irdische Persönlichkeit seinen Mitmenschen zu sein scheint. Bei Cheiro findet sich eine Deutung der D. 10 bis 52. → Reichstein benutzte ebenfalls die D. (→ kosmische Ereigniszahlen) und erweiterte den Deutungskatalog bis zur Zahl 66. Deutungen nach Cheiro sind:

10 Wechsel, Durchführung von Plänen
11 Warnung vor Gefahr, Verrat
12 Angst, Leiden
13 zerstörende Kraft
14 Erneuerung durch Zucht, Gefahren in der Natur
15 Magie
16 Katastrophe
17 Frieden, Liebe
18 Verrat
19 Glück, Freunde
20 Engel, Wiedergeburt
21 geistige Erfolge
22 Selbsttäuschung, Mißerfolg
23 Erfolg
24 (33, 42) Liebe
25 (34) Geisteskraft, Gewinn durch Erfahrung
26 (35, 44) schwerste Warnung vor Partnern
27 (36, 45) Lohn eigener Leistung
28 Verluste
29 (38, 47) Verrat, Betrug
30 (39, 48) gut oder neutral
31 (40, 49) Vereinsamung
32 (41, 50) magische Kraft
37 (46) Liebe, Freundschaft
43 (52) Unglück, Streit, Revolution
51 Erfolg, Gefahren

Dreieckszahlen

Zahlen, die sich durch Dreiecke darstellen lassen, wie z. B. die → Tetraktys der Pythagoreer. Die Griechen sind die Erfinder dieser Zahlen. Sie bilden die D. aus Summen der Form: 1, 1 + 2, 1 + 2 + 3 usw. D. sind: 1, 3 (1 + 2), 6 (1 + 2 + 3), 10 (1 + 2 + 3 + 4), 15, 21, 28, 35 usw.

Eckhartshausen, Karl von (1752–1803)

Bayerischer Hofrat und Archivar; seine esoterischen Schriften sind geprägt von der rosenkreutzerischen und alchimistischen Gedankenwelt. Die Zahlenmystik behandelt er in seinem Werk »Zahlenlehre der Natur« (1794). Einen wichtigen Platz räumt er der 4 und der 10 als Summe der ersten vier Zahlen ein.

Edelsteine

Zahlenzuordnungen zu Edelsteinen s. S. 82.

Einstellige Zahl

→ Grundzahlen.

Enneagramm

Griech. »Neuneck«; ein Modell zur Erkennung und Erklärung der menschlichen Persönlichkeit. Jeder der 9 Eckpunkte stellt einen Persönlichkeitstyp dar: 1. Der Perfektionist, 2. Der Helfer, 3. Der Macher, 4. Der Individualist, 5. Der Beobachter, 6. Der Loyale, 7. Der Generalist, 8. Der Boß, 9. Der Friedliebende. Die Ziffern beinhalten keine Wertung. Jeder Mensch hat sich in einem Stadium seiner frühesten Kindheitsentwicklung eines dieser 9 Verhaltensmuster zugelegt, um nach dem allmählichen Liebesentzug durch seine Eltern zu überleben. Im Gegensatz zu den Zahlen der Numerologie, die einen Menschen während seines ganzen Lebens prägen, sind die Zahlen des Enneagramms nur Embleme, die wandlungsfähig sind. Ein Mensch kann eine andere »Nummer« werden.

Das Ennea-
gramm

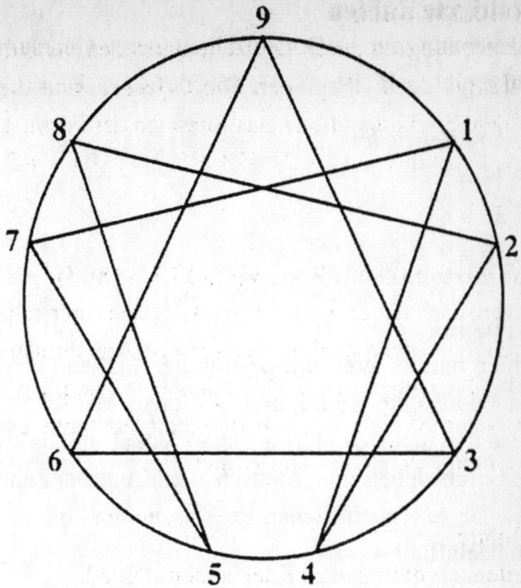

Entwicklungszahl
Andere Bezeichnung der → Vornamenszahl. Gelegentlich auch Zahlwert eines angenommenen Namens. Er gibt Auskunft über die Zukunft eines Menschen.

Erbschaftszahl
Andere Bezeichnung der → Nachnamenszahl. Manche Numerologen verstehen darunter auch die Summe des Vor- und Nachnamens von Vater und Mutter.

Essentielle Zahlen
Wichtige oder symbolträchtige Zahlen. Oberbegriff für alle Zahlen des → Numeroskops.

Ewigkeitszahl
→ heilige Zahl.

Exaltierte Zahlen

Bezeichnung für → Doppelzahlen, deren Quersumme eine Grundzahl ergibt, z. B. 19, 28, 37, 46, 55, 64, 73, 82 = 1.

Weitere Beispiele:

25, 34 = 7

26, 35 = 8

27, 36 = 9

Farbzahl

Zahlen harmonieren mit bestimmten Farben (siehe S. 83). Zahlen können also die »richtige« Farbe eines Menschen bestimmen. Am ehesten eignet sich hierfür die → Vokalzahl, da sie Auskunft über das Gefühlsleben eines Menschen gibt, und der Zahlwert der → Chakras. Diese feinstofflichen Energiezentren können auch durch Farben beeinflußt werden.

Fehlende Zahl

→ Karmische Akkumulationszahl.

Fischer, Oskar

Prof. aus Döbeln; F. fand heraus, daß alle Namen des Alten Testamentes und der griechischen Mythologie einen Zahlwert haben, der in Faktoren zerlegt werden kann. Er unterscheidet zwischen Faktorenpaaren und einstelligen Faktoren.
Faktorenpaare sind:

12 = Vollständigkeit

13 = Jahwefaktor, Krone, Pracht

14 = Milde, Liebe

15 = Befruchtung

16 = Erleuchtung

17 = Güte und Schönheit

18 = Sinnlichkeit und Lust

19 = Dienstbarkeit

23 = Heldenkraft
67 = Eintritt ins neue Leben usw.
98 = Hervortreten der Sonne in glänzendem Strahlenkranz

Einstellige Faktoren:

1 = Das Eine
2 = Geist
3 = Stoff
4 = Idee usw.
11 = Unvollständigkeit, Naturkraft

Beispiele:

Der Jahwefaktor kommt vor in: Jahwe = 2 x 13, Adonai (Gott) = 5 x 13, Elohim (Gott) = 7 x 13, Moses = 27 x 13, Jakob = 14 x 13, Joseph = 13 x 13, Maleachi (Engel) = 7 x 13.
67 kommt vor in: griech. Tartaros (Ort in der Unterwelt) 16 x 67, Chaos 13 x 67.

Fließ, Wilhelm (1857–1928)

Deutscher Arzt, der regelmäßige Rhythmen im Ablauf des menschlichen Lebens entdeckte. → Biorhythmus. Werke: »Der Ablauf des Lebens« (1906), »Das Jahr im Lebendigen« (1919).

Freimaurer

Die F. kennen in ihren Ritualen zahlreiche → Symbolzahlen. Zusammengefaßt findet sich die Zahlensymbolik der F. in einer Fragereihe des altenglischen Katechismus: »Welche Anzahl macht eine Loge?« Antwort: »3, 5, 7 oder 11.« »Warum 3?« Antwort: »Weil 3 Großmeister die Welt bildeten und also auch den kostbarsten Teil der Architektur (d. h. Gott Vater, Sohn, Heiliger Geist), den Menschen, der ein so vollkommenes Ebenmaß hat, daß die Alten ihre Architektur nach denselben Regeln anfingen. Außerdem waren 3 Großmeister (d. h. Salomo, Hiram von Tyrus und Hiram Abif) beim Bau des Salomonischen Tempels beteiligt.«

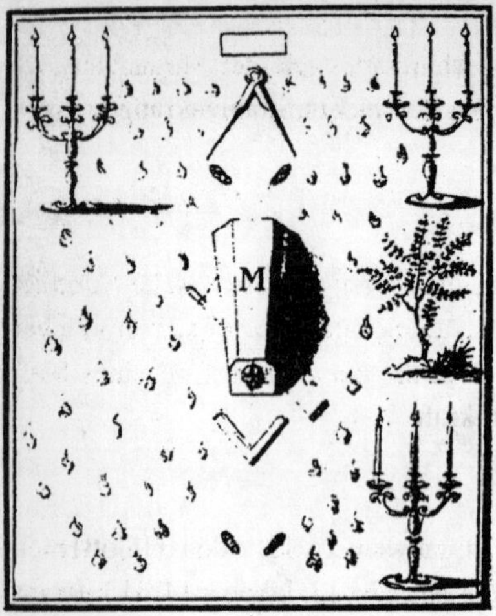

Die Symbole der Freimaurer sind durch die Dreiheit bestimmt

»Warum machen 5 eine Loge?« Antwort: »Weil jeder Mensch 5 Sinne hat.«
»Warum machen 7 eine Loge?« Antwort: »Weil es 7 freie Wissenschaften gibt.«
»Warum 11?« Antwort: »Weil es nur 11 Patriarchen gab, als Josef verkauft und vermißt wurde. Ferner gab es nur 11 Apostel, als Judas Christus verraten hatte.«
Von großer Wichtigkeit ist bei den F.n die Dreizahl, die symbolisch durch das Dreieck dargestellt wird. Aus dem Dreieck hat sich nach Ansicht der F. auch die älteste Form des Buchstabens A entwickelt. Im Tempel der F. bilden die 3 Säulen ein Dreieck. Sie stellen die Weisheit, die Schönheit und die Stärke dar. 3 Beamte leiten eine Loge: der Meister und 2 Aufseher. Auf dem Altar liegen die 3 großen Lichter: Bibel, Zirkel und Winkelmaß.

Geburtsmonatszahl

Andere Bezeichnungen sind Talent- oder Selbstwertzahl. Gelegentlich wird sie noch mit der Jahreszahl verbunden. Sie gibt das Bild an, das sich ein Mensch von sich selbst macht.

Geburtsortszahl
Sie wird aus dem Namen des Geburtsortes gebildet. Sie sagt aus, wie der Mensch zur Natur steht. Sie darf nicht mit der → Prägeortszahl verwechselt werden.

Geburtstagszahl
Andere Bezeichnungen sind Umweltzahl und psychische Nummer. Die Geburtstagszahl wird nicht durch Bildung der Quersumme vereinfacht. Sie gibt Auskunft über das persönliche Bild eines Menschen.

Geburtszahl
Andere Bezeichnungen sind: Geburtsweg, Schicksalszahl, Schicksalsweg, Schicksalsnummer, Lebensweg, Lebenszahl, Lebensaufgabenzahl, Lektionszahl. Sie ist die Summe aus Geburtstag, -monat und -jahr. Sie ist der kosmische Code eines Menschen.

Geburtszahl plus Sternzeichen
Die Summe aus dem Zahlwert des Geburtsdatums und dem Zahlwert des Sternzeichens ergibt die Alltagszahl. Sie gibt Auskunft, wie die Probleme des täglichen Lebens von einer Person bewältigt werden.

Geheimes Selbst
→ Vokalzahl.

Gerade Zahlen
Alle Zahlen, die durch 2 teilbar sind.

Germanen und Zahlen
Die Germanen haben das heute noch geltende Zahlensystem von den christlichen Mönchen übernommen. Die ältere Zahlenordnung hat sich nur noch in sprachlichen Resten erhalten. Einheiten dieses Zahlensystems waren: 4, 5, 10, 12 und 20. Die wichtigsten → Symbolzahlen waren die 3 und ihre Steigerung, die 9. Diese Zuordnungen

reichen von den 9 Welten und den 9 Himmeln über die Dreiergruppe der höchsten Götter (Wodan, Donar und Ziu) und Neunergruppen der niederen Götter bis zu den Krankheiten, von denen man 3, 9 oder bisweilen 99 zählte. Im Laufe der Christianisierung wurde die 9 vielfach durch die 7 ersetzt.

Gerüstzahl

→ Konsonantenzahl.

Gesamtlebenszahl

Die Summe aller Zahlen des → Numerogramms. Sie beschreibt das Wesen eines Menschen auf einen Blick.

Gesamtnamenszahl

Andere Bezeichnungen sind Schicksalszahl, Zahl des integrierten Selbst, Berufungszahl und Persönlichkeitszahl. Die Summe aller Namen und gegebenenfalls des Adelsprädikates und Doktortitels. Sie gibt Aufschluß über das zukünftige Leben des Namensträgers und seine Fähigkeiten, die Lebensziele zu erreichen.

Glückliche Zahlen

Zahlen, die mit Hilfe eines »Siebes« gewonnen werden. Man streicht zunächst aus der Folge der natürlichen Zahlen 1, 2, 3, 4 usw. alle geraden Zahlen heraus. Dies ergibt eine Folge von ungeraden Zahlen: 1, 3, 5, 7, 9, 11, 13, 15, 17, 19, 21, 23, 25, 27, 29 31 …

Nach der 1 ist die 3 die nächste ungerade Zahl. Deshalb streicht man jeweils die 3. Zahl aus der Folge: 1, 3, 7, 9, 13, 15, 19, 21, 25, 27, 31.

Da die nächste ungerade Zahl die 7 ist, streicht man jede 7. Zahl aus der Folge heraus: 1, 3, 7, 9, 13, 15, 21, 25, 27, 31.

Dann wird das Verfahren mit der 9 fortgesetzt und die 27 gestrichen. Die Folge der glücklichen Zahlen nach dieser Vorgehensweise bis 31 ist: 1, 3, 7, 9, 13, 15, 21, 25, 31. Menschen mit diesen Geburtstagszahlen sollen im Leben besonders erfolgreich sein.

Glückstage und Glückszahlen

Alle Tage und Zahlen, die selbst oder deren Quersumme der Geburtstagszahl eines Menschen entsprechen. Wenn z. B. ein Mensch am 9. Geburtstag hat, sind seine Glückszahlen 9, 18, 27, 36 usw. → glückliche Zahlen.

Gnosis und Zahlen

Die religiösen Sekten zur Zeit des frühen Christentums, deren Glaubensinhalte unter der Sammelbezeichnung Gnosis zusammengefaßt werden, haben sich intensiv mit Zahlenmystik beschäftigt. Die Gnostiker begnügten sich nicht damit, den Namen als solchen zu kennen. Wenn man wissen wollte, was hinter dem Namen verborgen ist, mußte man die Buchstaben mittels der Zahlen entschlüsseln. Dies setzte aber eine Umrechnungstabelle voraus. Da die gnostischen Sekten ihre Lehren vor Außenstehenden verborgen hielten, bedienten sie sich nicht der üblichen Zahlwerte des griechischen Alphabetes. Nur den Eingeweihten war ihr Buchstaben-Zahlenschlüssel bekannt. Mit Hilfe dieses Geheimschlüssels untersuchten sie die Namen der Gottheit, der Engel, Erzengel und Dämonen. Ein solcher Geheimcode verschaffte aber auch die Möglichkeit, künstliche Namen zu bilden. Man spricht deshalb auch von der Wortzahlenmystik der Gnostiker. Beispiel: Der Kosmos, der die Zahl 88 hat, entsteht, wenn Gott (*theos* = 46), sein Plan der Schöpfung (*metis* = 65) und die 4 Elemente Feuer (*pyr* = 53), Luft (*aer* = 25), Wasser (*hydor* = 65) und Erde (*ge* = 10) vereinigt werden. Die Summe 264 (3 x 88) verweist deutlich auf den Kosmos.

Goethe und Zahlen

Den »Faust« G.s als ein kabbalistisches Werk zu deuten und die Verse in Zahlen umzusetzen war ein Ansporn für zahlreiche Numerologen. Ausgangspunkt dieser Versuche ist das → Hexen-Einmaleins.

Goldene Zahl

Ein universales Maß (1,618033 ...), das bei Strecken und Größen erscheint, die im Verhältnis des Goldenen Schnittes geteilt werden. Eine Strecke im Goldenen Schnitt teilen heißt, sie so teilen, daß der kleinere Abschnitt sich zum größeren so verhält wie der größere zum Ganzen. In dem abgebildeten Pentagramm bedeutet dies in Zahlen ausgedrückt: 3 : 5 = 5 : 8.
Der Goldene Schnitt war schon bei den Ägyptern bekannt. Bei der Pyramide von Gizeh ist das Verhältnis der Höhe einer Seitenfläche zur Hälfte der Grundlinie 1,618. Die Bezeichnung Goldener Schnitt stammt von Leonardo da Vinci. Die Künstler der Renaissance bedienten sich stets dieses Maßes bei der Aufteilung der Bildfläche. Da sich diese Verhältniszahl ganz deutlich beim → Pentagramm zeigt, wurde diese Figur zu einem Symbol der Baumeister und geheimen Gesellschaften.

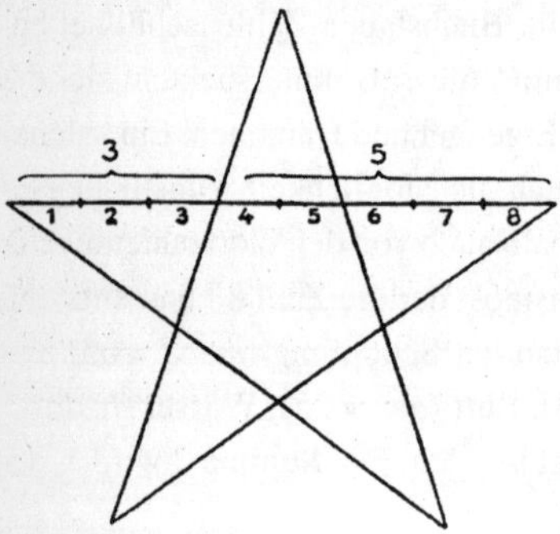

Ein im Goldenen Schnitt geteiltes Pentagramm

Griechen und Zahlen

Die wichtigsten Symbolzahlen der Griechen sind 3, 9 und 12. Die 3 kommt häufig in der Mythologie vor, z. B. die Dreiheit Zeus, Poseidon, Hades, aber auch Dreiheiten niederer Gottheiten. 3 und auch 9 sind wichtige Zahlen im Kult. 12 ist die Zahl der obersten Götter. Eros wird manchmal als der 13. Gott hinzugefügt. Zur Zahlenmystik: → Pythagoras.

Grundzahlen

Die Zahlen 1 bis 10; in der Numerologie nur die Zahlen bis 9. Durch Bildung der → Quersumme können alle anderen Zahlen auf sie zurückgeführt werden. Der Bereich der Grundzahlen kann in Ebenen zerlegt werden:

Mentale Ebene: 1, 8
Physische Ebene: 4, 5
Emotionale Ebene: 2, 3, 6
Intuitive Ebene: 7, 9

Oder man teilt die Grundzahlen in »Gruppenzahlen« ein:

Ausdrucksziffern: 3, 6, 9
Denkziffern: 1, 5, 7
Geschäftsziffern: 2, 4, 8

Gruppenzahlen

→ Grundzahlen.

Hall, Manly P. (geb. 1901)

Amerikanischer Esoteriker; in seinen Werken behandelt er ausgiebig Fragen der Numerologie und Zahlenmystik. So befaßt er sich in »The Secret Teaching of all Ages« mit der pythagoreischen Zahlenlehre und in »The most holy Trinosophia of the Comte de Saint Germain« mit der Zahlenmystik der Rosenkreutzer.

Hand der Fatima

Eine Methode, um wahrzusagen, die nach der jüngsten Tochter Mohammeds benannt wurde. Angeblich hat Cagliostro diese Technik 1795 in einem alten Manuskript entdeckt. Den Buchstaben des Namens werden Zahlen zugeordnet. Die Buchstaben-Zahlen-Zuordnungen in der Hand verraten den Charakter, während die kreisförmige Buchstaben-Zahlen-Anordnung zur Weissagung des Schicksals benutzt wird. Für die Charakterdeutung gibt es Tabellen:

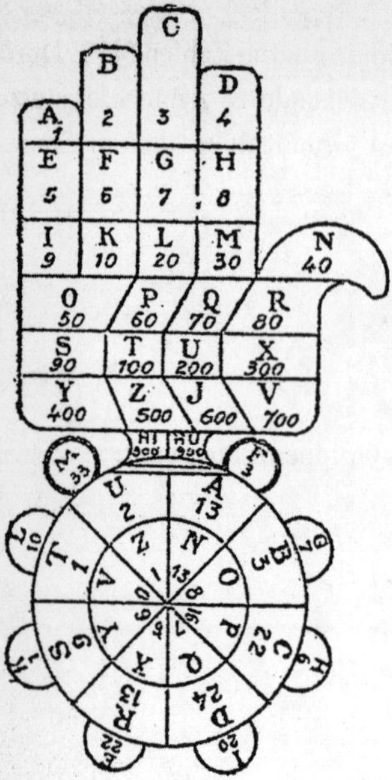

Die Hand der Fatima

H	E	L	M	U	T		
6	5	20	30	200	700	=	961
W	E	R	N	E	R		
700	5	80	40	5	80	=	910

Namenszahl 961 + 910 = 1871. Diese Zahl wird zerlegt in:

1000 = Leidenschaften
800 = Herrschaft, Ruhm
70 = Liebe zur Wissenschaft
1 = Leidenschaft, Passion

Der zweite Anwendungsbereich dient dazu, vorauszusagen, wer in einem Kampf gewinnt, ob man die Liebe einer Frau gewinnt etc. Zunächst wird der Zahlwert der beiden Namen ermittelt. Das Ergebnis wird durch 9 geteilt und nur mit dem Rest weitergearbeitet. Welche Zahl »siegreich« ist, kann folgender Tabelle entnommen werden:

1 besiegt 3, 2, 7, 9
2 besiegt 1, 4, 6, 8
3 besiegt 2, 5, 7, 9
4 besiegt 1, 3, 6, 8
5 besiegt 2, 4, 7, 9
6 besiegt 1, 3, 5, 7
7 besiegt 2, 4, 6, 8
8 besiegt 1, 3, 5, 7
9 besiegt 2, 4, 6, 8

Haymes, Marguerita
→ Unitologie.

Hebräisches Alphabet
Jeder der 22 hebräischen Buchstaben hat einen Zahlwert. Siehe hierzu Abb. S. 22.

Heilige Dekade
Bezeichnung der 10, die bei den Pythagoreern heilig war, weil sie die Summe der ersten vier Zahlen ist. → Tetraktys.

Heilige Zahl
Bezeichnung der Zahl 0,123456789 …

Herausforderung
Darunter werden die Schwierigkeiten verstanden, mit denen ein Mensch in seinem Leben zu rechnen hat. Man unterscheidet 4. H.en, die mit Hilfe des Geburtsdatums ermittelt werden können. Berechnung:

1. Unterherausforderung: Geburtstag minus Geburtsmonat
2. Unterherausforderung: Geburtstag minus Geburtsjahr

3. und Hauptherausforderung: 1. Unterherausforderung minus 2. Unterherausforderung.
4. Herausforderung: Geburtsmonat minus Geburtsjahr.

Herrschende Zahl

Jede Zahl im → Numerogramm eines Menschen. Nach den Vorstellungen der Numerologen »beherrschen« sie den Menschen.

Herzzahl

→ Vokalzahl.

Hexagramm

Griech. »Sechseck«.

Hexen-Einmaleins

In → Goethes »Faust« (1. Teil, Vers 2540ff.) findet sich eine Versgruppe, welche die ganze Symbolik der Zahl 1–10 enthält:

»Du mußt verstehn!
Aus Eins mach Zehn,
Und Zwei laß gehn,
Und Drei mach gleich,
so bist du reich.
Verlier die Vier!
Aus Fünf und Sechs,
So sagt die Hex',
Mach Sieben und Acht,
So ist's vollbracht:
Und Neun ist Eins,
Und Zehn ist keins.
Das ist das Hexen-Einmaleins!«

Der 1. Vers ist eine Aufforderung, wieder zur Ewigkeit zurückzukehren. Aus der Null, dem Nichts, stammt alles Leben, und dorthin wird alles wieder zurückkehren. Die geistige, zeugende Kraft ist die 1.

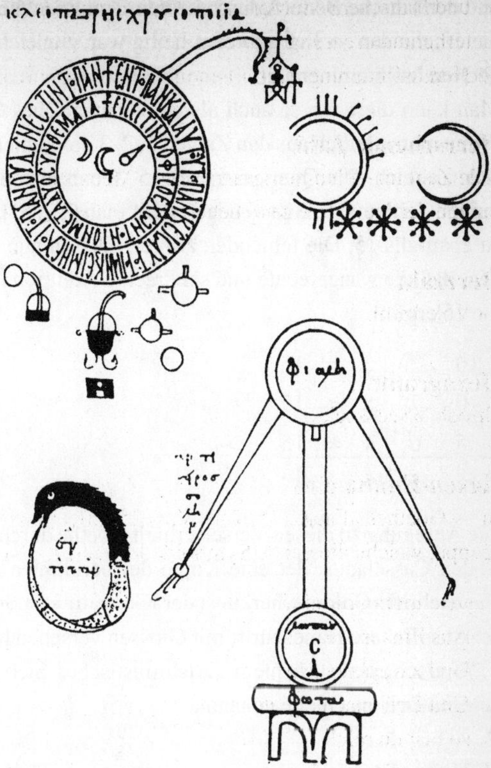

Alchimistische Zeichnungen aus dem Codex Casselanus

Symbolisch wird dieser Prozeß durch die 10 dargestellt. Die 2 ist der Stoff und steht für Passivität. Dies drückt die Bibel so aus: »Siehe, ich bin die Magd des Herrn …« (Luk. 1, 38). Die 3 besteht aus dem aktiven (1) und dem passiven (2) Prinzip. Die 3 ist das Licht, das die tote Materie erst belebt. In der Bibel ist dies Christus, den Johannes als »das Licht der Welt« preist (Joh. 8, 12). Die 4 ist die Zahl der Welt. Genau in der Mitte der 12 Verse steht die 6. Diese Zahl wird der Venus zugeordnet, die gleich durch ihre Verführungskünste den zur Ewigkeit (10) pilgernden Menschen Prüfungen auferlegt. Die 7 und die 8 sind heilige Symbolzahlen. Mit der 9 ist das Ende schon erreicht

und der irdische Bereich durchmessen. Am Ende dieses Weges steht die 10, die den → Pythagoreern heilig war, zugleich das Nichts, die höchste Vollkommenheit.
Man kann diese Verse auch als ein → magisches Quadrat deuten. Wenn man nämlich aus den Zahlen 1, 2, 3 die Zahlen 10, 2, 3 bildet, ist man reich. Die Quersumme ist 15. Wenn man das Hexenrezept auf die Zahlen 4, 5, 6 anwendet, erhält man 0, 7, 8. Die Quersumme ist ebenfalls 15. Die fehlenden Zahlen müssen nun so ergänzt werden, daß die waagerechte und senkrechte Addition immer die Summe 15 ergibt:

10	2	3	=	15
0	7	8	=	15
5	6	4	=	15
15	15	15		

Die Anregung zu diesen Versen erhielt Goethe durch den berühmten Codex Casselanus, der eine Kopie der berühmten alchimistischen Handschrift »Goldmacherkunst der Kleopatra« ist. John Dee (1527–1608) soll diese Handschrift mit Glossen versehen haben. Auch das 1756 erschienene Büchlein »Alchimistisches Siebengestirn« wird gelegentlich als Quelle genannt.

Höhepunkte

(oder Gipfel) Bezeichnung für die 4 wichtigen Perioden im Leben. In der Numerologie wird das menschliche Leben mit einem Kreis verglichen, der in 4 Abschnitte geteilt wird. Die Berechnung des Lebensalters erfolgt so:

1. Höhepunkt: Von der Kreiszahl 36 wird die Geburtszahl abgezogen.
2. Höhepunkt: Zum 1. Höhepunkt wird 9 addiert.
3. Höhepunkt: Zum 2. Höhepunkt wird 9 addiert.
4. Höhepunkt: Beginn nach dem 3. Höhepunkt, Dauer bis zum Lebensende.

I Ging

Chin. »Buch der Wandlungen«; ein 3000 Jahre altes Weisheits- und Wahrsagebuch der Chinesen, an dessen Weiterentwicklung so berühmte Philosophen wie Laotse und Konfuzius mitgewirkt haben sollen. Das I Ging beruht auf dem Gegensatz der beiden Prinzipien → Yin und Yang. Yin wird durch eine unterbrochene und Yang durch eine durchgezogene Linie symbolisiert. Yin steht für eine gerade und Yang für eine ungerade Zahl. Yin und Yang werden zunächst in Dreiergruppen, Trigrammen, miteinander kombiniert, z. B.:

—————— oder ——————

—————— ——— ———

—————— ——————

8 solcher Trigramme können gebildet werden (2 x 2 x 2). Diese Trigramme werden in einem weiteren Schritt zu Sechserkombinationen (Hexagrammen) vereinigt. Die 64 möglichen Kombinationen (8 x 8) sind auf S. 182 abgebildet.
Eine mögliche Verbindung des I Ging mit der Numerologie arbeitete → Mertz aus. Mit Hilfe dieser Technik kann man nicht nur die Zukunft befragen, sondern auch seine eigene Entwicklung erkennen.

Beispiel einer Zukunftsbefragung:
Haben Helmut Werner (geb. am 9. 9. 1942) und Frau Yang Xinrong (geb. am 28. 1. 1954) eine gemeinsame Zukunft?

Für den Fragenden:

1. Aus dem Geburtsdatum ergibt sich die Quersumme: 9 + 9 + 1 + 9 + 4 + 2 = 34 = 7, eine ungerade Zahl, die durch eine durchgehende Linie dargestellt wird.
2. Sodann wird der Zahlwert des Namens ermittelt (nach Umrechnungsmethode 2):

H E L M U T   W E R N E R

8 5 3 4 3 2   5 5 9 5 5 9 = 9

Die Darstellung der 9 erfolgt durch eine durchgezogene Linie.

3. Jetzt werden die beiden Werte 7 und 9 addiert: 7 + 9 = 16 = 1 + 6 = 7. Die grafische Darstellung erfolgt durch eine durchgezogene Linie. Das gesamte Trigramm hat die Form:

———————— 7

———————— 9

———————— 7

Für »Yang Xinrong« wird folgendes Trigramm ermittelt:

1. 28. 1. 1954 = 2 + 8 + 1 + 1 + 9 + 5 + 4 = 30 = 3

2. Y A N G   X I N R O N G

   7 1 5 7   6 9 5 9 6 5 7

   = 67 = 6 + 7 = 13 = 1 + 3 = 4

3. Die Addition der Ergebnisse von 1. und 2. ergibt: 3 + 4 = 7.

———————— 3

——— ——— 4

———————— 7

Das Trigramm des Fragenden bildet die Basis, so daß folgendes Hexagramm entsteht: Hexagramm Nr. 14 – Da yu – Das Wohlergehen

————————

——— ———

————————

————————

————————

————————

Die Zahl 14 kann man noch weiter mit Hilfe der Astrologie hinterfragen. Die zweistelligen Zahlen lassen sich als → Planetenzahlen deuten und auf ihre Verträglichkeit hin überprüfen (siehe S. 70):

1 = Sonne, 4 = Jupiter. Diese Planetenkombination gilt als harmonisch, so daß die obige Frage positiv beantwortet werden muß. Diese Technik kann auch bei Bewerbungen, Firmengründungen etc. angewandt werden. Man muß nur folgendes Schema beachten:

1. Trigramm:
   1. Zeile – Datum des Ereignisses, der Prüfung, Bewerbung etc.
   2. Zeile – Name des Ereignisses (z. B. Prüfung etc.), der in Zahlen umgerechnet wird.
   3. Zeile – Addition von Zeile 1 und 2.
2. Trigramm:
   1. Zeile – Geburtsdatum des Fragenden.
   2. Zeile – Zahlwert seines Namens.
   3. Zeile – Addition von Zeile 1 und 2.

Um welches Hexagramm es sich handelt, kann man auf der Abbildung auf S. 182 sehen. Die Deutung kann folgender Tabelle entnommen werden. Die Namen und die Anordnung der Hexagramme haben in der langen Geschichte des I Ging viele Änderungen erfahren. Wir folgen der Deutung von B. A. Mertz.

1 Das Schöpferische	15 Die Mäßigung
2 Das Empfangende	16 Die Einsatzfreude
3 Der Wagemut	17 Die Konsequenz
4 Das Hochhinauswollen	18 Das Gutmachen
5 Der Zwang zur Reife	19 Die Annäherung
6 Der Entschluß	20 Die Betrachtung
7 Der Einfall	21 Die Kraftreserve
8 Die Gemeinsamkeit	22 Die Anmut
9 Die Urangst	23 Die Gefahr
10 Das Machtstreben	24 Die Brücke
11 Die Stärke	25 Die Klarheit
12 Das Verweilen	26 Die Anspannung
13 Die Strebsamkeit	27 Die Annahme
14 Das Wohlergehen	28 Die Betreuung

29 Die Verwirrung
30 Die Glut
31 Der Magnet
32 Die Ausdauer
33 Der Rückzug
34 Die Macht
35 Die Bremsung
36 Die Schatten
37 Der Kreis
38 Der Gegensatz
39 Die Engel
40 Die Heilung
41 Der Kern
42 Die Verarbeitung
43 Der Einsatz
44 Die Sinnsuche
45 Die Union
46 Die Karriere
47 Das Aufbegehren
48 Der Born
49 Der Entfaltungsinstinkt
50 Die Zeitordnung
51 Der Schicksalsschlag
52 Die Schweigsamkeit
53 Die Warnung
54 Das Herauswachsen
55 Der Kelch
56 Die Planung
57 Der Eindruck
58 Die Freundschaft
59 Die Auflösung
60 Die Grenze
61 Das Erkennen
62 Das Ausufern
63 Die Philosophie
64 Der Zielraum

Inder und Zahlen

Die häufigsten → Symbolzahlen sind die 3, ihre Produkte 9 und 99 und die 7. Ursprünglich hat die Dreizahl das Weltbild der Inder völlig dominiert. Später wurde sie durch die 5 verdrängt. Es läßt sich ein auffälliges Hervortreten der 5 in einigen Lebensbereichen wie z. B. der Heilkunde beobachten. → Symbolzahlen.

Islam und Zahlen

Als freundliche Zahlen gelten bei den Muslimen die ungeraden Zahlen. Von Mohammed stammt der Spruch: »Gott ist einzeln und liebt die Einzelzahl«, d. h. diejenige Zahl, die über die → gerade Zahl hinausgeht. Diese Bevorzugung der ungeraden vor der geraden Zahl findet sich schon bei Pythagoras und bei den Kirchenvätern. Nach dem Fastenmonat Ramadan aß Mohammed vor der Verrichtung des Gottesdienstes nur Datteln in einer ungeraden Zahl (3, 5 oder 7

Stück). Weitere Beispiele für die Bevorzugung der ungeraden Zahlen durch Mohammed sind: den Reitern des Stammes Ahmad, die sich auszeichneten, erteilte er den fünfmaligen Segen. Ein Büßer, der durch das Fasten geschwächt war, gab er den Rat, sich auf 3, 5, 7, 9 oder 11 Fastentage im Monat zu beschränken. Fieberkranken empfahl er, 5-, 7- oder 9mal in einen Fluß unterzutauchen und dabei heilige Formeln zu sprechen. Auch bei der Leichenwaschung sollen nur ungerade Zahlen benutzt werden. Ebenso sollen religiöse Formeln 3-, 7- oder 11mal gesprochen werden. Auch die Gebete mit Körperbewegungen, die Muslime verrichten müssen, haben eine ungerade Zahl (von 3 bis 17).
Die Zahlenmystik spielte auch in den islamischen Sekten eine wichtige Rolle. Im 10. Jahrhundert gab es in Basra eine geheime Gesellschaft, die sich die »Lauteren Brüder der Reinheit« nannte. Sie hat eine wissenschaftliche Enzyklopädie von 51 Schriften hinterlassen. Die Zahlenlehre spielt darin eine zentrale Rolle, da das Studium der Philosophie nach Ansicht dieser Sekte mit der Mathematik beginnt. Alle Dinge sind nach Zahlen gebildet und können nach den ihnen zugrundeliegenden Zahlenverhältnissen gedeutet werden. Hoch geschätzt waren in dieser Sekte die → magischen Quadrate.

Jahwezahl

Von Erich Ludendorff (1865–1937) eingeführter Begriff. Der 1. und 2 Konsonant von Jahwe hat den Zahlwert 10 bzw. 15. Diese Zahlen sind nach Auffassung Ludendorffs in allen unglücklichen Ereignissen nachzuweisen.

Juden und Zahlen

→ Biblische Zahlen.

Kabbala

Hebr. »Überlieferung«. Bezeichnung der jüdischen Mystik und Geheimlehre, besonders ihrer mittelalterlichen Ausprägung, die sich um 1200 in Südfrankreich herausgebildet hat. Einer der zentralen Gedanken der Numerologie, daß Buchstaben in Zahlen umgesetzt werden können, ist in der K. enthalten. Den Geheimsinn der Bibel versuchten die Kabbalisten dadurch zu entschlüsseln, daß sie Wörter mit derselben Zahlenbedeutung untereinander austauschten. Diese Methode trägt den Namen Gematrie. Beispiel: 1. Buch Moses 18, 2: VHNH ShLShH, Vehenna shalisha: »Und siehe, drei Männer«. Der Zahlwert des hebräischen Textes beträgt 701 (vgl. das hebräische Alphabet, S. 22). Diesen Text kann man ersetzen durch: ALV MJKAL GBRJAL VRPAL (»Das sind Michael, Gabriel und Raphael«).

Kabbalistische Addition

oder theosophische Reduktion. Die Verwandlung mehrstelliger Zahlen durch Bildung der Quersumme in einstellige Zahlen, z. B. 42 = 4 + 2 = 6. Die k. A. kann man als ein »logisches Gleichmachen« bezeichnen, das dem Gleichnamigmachen von Brüchen in der Mathematik ähnelt. Die k. A. ist nicht erlaubt bei der → Geburtstagszahl.

Kalenderzahlen

Ursprünglich wurden die Tage durch die 5 bzw. 10 entsprechend der Zahl der Finger markiert. Diese Einteilung verträgt sich auch mit den 30 Tagen eines Monats. Über die Dauer des Jahres haben sich die Menschen lange geirrt, bis sie das richtige Verhältnis zwischen Sonnen- und Mondumlauf herausfanden. Die 12 Monatslängen mit je 30 Tagen ergaben 360 Tage für das ganze Jahr. Diese Zahl paßte sehr gut in das Sexagesimalsystem hinein. Außer dieser Jahreseinteilung kannten die alten Völker noch das »große Weltjahr«, das den Zeitraum umfaßt, in dem der Frühlingspunkt einmal die ganze Ekliptik durchläuft. Die Zahlenangaben schwanken zwischen 25 920 und 26 000 Jahren. Ein Monat in diesem »platonischen Jahr« dauert 2160 Tage. Eine Zeiteinteilung der Völker des alten Orients und der Antike mißt die Zeit, die seit dem Entstehen der Welt bis zum Untergang der alten Welt verflossen ist. Diese Weltperiode dauert 432 000 Jahre. Diese Zahl kennt auch die Edda. Von gleicher Länge ist auch das indische Zeitalter Kali-Yuga.

Karmazahl
Bezeichnung der → Nachnamenszahl.

Karmische Akkumulationszahl
Lat. accumulare »anhäufen«; auch karmische Lektionszahl genannt. Die meisten Numerologen berechnen die Summe der im Namen nicht vorkommenden Vokale und Konsonanten oder nur die fehlenden Konsonanten. Man kann auch die im Namen fehlenden Zahlen nehmen. Die k. A. gibt Auskunft, welche Wünsche und Sehnsüchte der Seele in vorhergehenden Existenzen nicht erfüllt wurden und in der jetzigen Inkarnation nachgeholt werden müssen.

Karmische Ziffern
Bezeichnung 1. der fehlenden Ziffern im Gesamtnamen. → Karmische Akkumulationszahl. 2 → Unglückszahlen.

Kayser, Hans (1891–1964)
Musikwissenschaftler, der den Grundgedanken des → Pythagoras, daß der Kosmos und die Welt entsprechend den Zahlengesetzen der Musik aufgebaut sind, weiterentwickelt hat. Die Zahl/Ton-Gesetze des Kosmos faßt K. unter dem Begriff Harmonie zusammen. K. versuchte in zahlreichen Veröffentlichungen den Nachweis zu erbringen, daß alle Bereiche der Kultur nach solchen »harmonikalen« Gesetzen aufgebaut sind. → Lambdoma, → Sphärenharmonie, → Thimus.

Kelten und Zahlen
Am häufigsten kommen die Zahlen 3, 9 bzw. Vielfache davon und 7 vor. Die Bedeutung der 7 geht wahrscheinlich auf christlichen Einfluß zurück. Die 3 kommt besonders in Verbindungen mit Göttinnen (matres oder matronae) vor.

Kettenzahlen
Bezeichnung von → Doppelzahlen, die aus derselben Ziffer bestehen, auch → Meisterzahlen genannt. Im engeren Sinne mehrgliedri-

Matronae auf einem Altarbild

ge Zahlen mit derselben Ziffer wie z. B. 1111 …, 22222 …, deren Wurzel die Doppelzahl ist. Sie sind Bildzahlen oder Zahlenmonogramme mit mystischer Bedeutung.

Kircher, Athanasius (1601–1680)
Deutscher Jesuit, Mathematiker, Philosoph und Kabbalist. K. versuchte nachzuweisen, daß die ägyptische Religion auf der Zahlenweisheit basiert und viele Naturerscheinungen durch die Zahlenlehre erklärt werden können. Werke: »Arithmologia sive De Occultis Numerorum Mysteriis« (1665), »Sphinx Mystagorum« (1676).

Konsonantenzahl
Andere Bezeichnungen sind Persönlichkeitszahl und Gerüstzahl. Sie wird aus allen Konsonanten der Vornamen und des Nachnamens gebildet. Von ihr kann man ablesen, wie ein Mensch nach außen erscheint. Von einer harmonischen Persönlichkeit kann man nur sprechen, wenn zwischen der K. und der → Vokalzahl → Verträglichkeit besteht.

Kosenamenszahl

Kosenamen sind meistens Kurzformen von Vornamen. Sie werden einer Person aus besonderer Zuneigung, seltener zur Verspottung gegeben. Sie werden zu den Mittelnamen (→ Mittelnamenszahl) addiert. Die Summe erlaubt Rückschlüsse auf das Sozialverhalten des Namensträgers.

Kosmische Ereigniszahl

Grundbegriff der Numerologie von → Reichstein. Die k. E. sind Zahlen, die durch alle nur möglichen Additionen der Vornamens- und Nachnamenszahlen gewonnen werden. Zum Beispiel: Der Vorname ergibt 31, der Nachname 23:

31 = 3 + 1 = 4
23 = 2 + 3 = 5
31 + 23 = 54
31 + 5 = 36
23 + 4 = 27

Die k. E. 4, 5, 9, 23, 27, 31, 36, 54 beeinflussen und prägen einen Menschen sein ganzes Leben lang. Ihre Kenntnis ist ein wichtiges Hilfsmittel zur Selbstverwirklichung. Nach Reichstein können die Zahlen 1 bis 66 k. E. sein. Die 22 Zahlen des hebräischen Alphabetes werden entsprechend der Dreiteilung des Menschen in Körper, Seele und Geist mit Drei multipliziert.

Kurze Deutung der 66 k. E.:

1 Wille
2 Wissen
3 Ehe, Gemeinschaft
4 Tat
5 Religion
6 Sexualität
7 Sieg
8 Gerechtigkeit
9 Weisheit
10 Wechsel des Glücks
11 Spirituale Macht
12 Opferung, Sühne
13 Veränderung
14 Selbstzucht
15 Wirksamkeit
16 Katastrophen

17 Wahrheit, Glaube
18 Falschheit
19 Glück, Freude
20 Wiedergeburt
21 Erfolg
22 Mißerfolg
23 Erbschaften, erfolgreiche geistige Tätigkeit
24 Unterstützung durch Freunde
25 Erfolg nur durch eigene Erfahrung
26 Leichtsinn, Melancholie
27 latente Führereigenschaften
28 Vorsicht vor schnellen Entscheidungen
29 Enttäuschungen durch Verrat
30 geistige Fähigkeiten und Idealismus
31 Einsamkeit
32 leichte Ablenkbarkeit und Beeinflußbarkeit
33 Glück in der Ehe
34 Lebenserfahrung, aber auch Impulsivität
35 geschäftliche Mißerfolge, kein Glück in der Liebe
36 Urteilsfähigkeit, erfolgreiche geistige Tätigkeit
37 Glück in der Liebe
38 Überempfindlichkeit, Illusionen
39 Denken, Grübeln
40 Neigung zur Einsiedelei, Vereinsamung
41 Unsicherheit, Erbschaft
42 Erfolg bei Frauen, künstlerische Talente
43 große Erfolge, Impulsivität
44 Überaktivität
45 Führernatur
46 übermäßige Rationalität
47 falsche Freunde
48 Wankelmut, Entschlußunfähigkeit
49 Nervosität, Jähzorn, Erregbarkeit
50 Lebensklugheit
51 Eignung für Führungsaufgaben
52 oppositioneller Charakter
53 Arbeitseifer
54 Gutmütigkeit
55 wenig Sinn für das Praktische
56 viele Geistesgaben, Erfindernatur
57 Altruismus
58 starkes Selbstbewußtsein
59 Disharmonie, Enttäuschung
60 Progressivität, dem Neuen zugewandt
61 Religiosität
62 Arbeitseifer, Melancholie
63 Reformeifer
64 keine Geduld und Konzentration
65 Neigung zum Spiritismus, Intuition, Nervosität
66 Optimismus

Kreativzahl
Bezeichnung der → Vornamenszahl.

Lambdoma
Abgeleitet von dem griechischen Buchstaben Lambda; auf den rechtwinklig zueinander stehenden Schenkeln werden Zahlenkolonnen angeordnet. Auf dem linken Schenkel steigen die Zahlen von 1 bis unendlich, während der rechte Schenkel die Brüche derselben Zahlen enthält. Diese Zahlenanordnung war schon dem Neuplatoniker Jamblichos bekannt.

1/1

2/1 1/2

3/1 1/3

4/1 1/4

5/1 1/5

Der eine Schenkel entspricht der Obertonreihe, der andere der Untertonreihe. Obertöne sind jene Töne, die beim Erklingen eines Tones fast unhörbar mitschwingen. Das L. kann man als ein Abbild der Welt ansehen. Wenn man in der obigen Abbildung über die 1 die Null setzt, so symbolisiert das L. die Schöpfung. Die Null ist Gott. Die 1 ist ein Untergott, der im Auftrag des Schöpfergottes die sichtbare Welt stufenweise hervorgebracht hat. Hans → Kayser und seine Schüler versuchten, das Gesetz des Lambdoma in den verschiedensten Bereichen (Physik, Akustik, Geometrie, Philosophie usw.) nachzuweisen. Sie kamen zu dem Schluß, daß das L. allgegenwärtig und als Abbild der Welt angesehen werden könne.

Lauretus, Hieronymus (2. Hälfte des 16. Jh.s)
Autor eines grundlegenden Werkes über die Zahlenallegorese (→ Zahlensymbolik) »Silva Allegoriarum« (1570). Ausführlich sind die Artikel in dem lexikonartig angelegten Werk über die Zahlen 1 bis 12. Der philosophische Gehalt und die Zerlegung der Zahlen wird

unter Berücksichtigung der antiken Lehren dargestellt. Aber dieses Lexikon der mittelalterlichen Zahlenallegorese enthält nicht nur die bekannten Deutungen, sondern auch viele bisher noch nicht behandelte Bibelstellen.

Lebensalterszahl
Man bildet die Quersumme seines Lebensalters sowohl vor als auch nach dem Geburtstag in einem bestimmten Jahr und addiert die beiden Werte. Beispiel: Eine am 9. 9. 1942 geborene Person hat für 1955 die L.: 52 + 53 = 7 + 8 = 15 = 1 + 5 = 6. Die L. gibt Auskunft über die augenblicklichen Kräfte und Fähigkeiten.

Lebensaufgabenzahl
→ Geburtszahl.

Lebensmittezahl
Andere Bezeichnung der → Machtzahl.

Lebensquadrat
Eine Methode der Zukunftsvoraussage. → Magisches Quadrat.

Lebenszielzahl
Andere Bezeichnung der → Machtzahl.

Leitzahl
Andere Bezeichnung der → Meisterzahl.

Lektionszahl
Andere Bezeichnung der → karmischen Akkumulationszahl.

Lemniskate
Eine Kurve und mathematisches Symbol der Unendlichkeit, da es die Form einer liegenden 8 hat. In der Esoterik steht die L. für den unendlichen Kosmos.

Logarithmantie

Eine Form der → Arithmomantie. Den Buchstaben werden die → Dreieckszahlen zugeordnet. Der deutsche Humanist Caspar Peucer (1525–1602) entwickelte eine solche Tabelle:

A	B	C	D	E
1	3	6	10	15
F	G	H	I	K
21	28	36	45	55
L	M	N	O	P
66	78	91	105	120
Q	R	S	T	V
136	153	171	190	210
X	Y	Z		
231	253	276		

Maack, Ferdinand (1861–1930)

Arzt und esoterischer Schriftsteller. Für die Numerologie sind seine Werke »Talisman turc« und »Die heilige Mathesis« bedeutsam. Zentrales Thema sind die → magischen Quadrate. M. betont ihre Bedeutsamkeit bei der Entstehung und weiteren Entwicklung der Amulette. Nach seiner Ansicht sind sie für die Darstellung periodischer Vorgänge unersetzlich. Grundlage einer noch zu entwickelnden wissenschaftlichen Periodologie müßten die magischen Quadrate sein.

Machtzahl

Andere Bezeichnungen sind Lebenszielzahl, Lebensmittezahl und Außenweltzahl. Sie wird gebildet aus der Summe der Geburts- und Gesamtnamenszahl. Das Lebensziel ist durch den kosmischen Code des Geburtsdatums vorgegeben. Die Namenszahl zeigt an, welches Rüstzeug die betreffende Person hat. Die M. ist eine wichtige Orientierungshilfe bei Lebensentscheidungen.

Magic Numbers

Engl. »magische Zahlen«. Andere Bezeichnungen sind »Verhältniszahlen oder Nuklearzahlen«. Die Zahlen 2, 8, 20, 28, 50, 82 und 126 spielen im Aufbau des Atomkerns eine wichtige Rolle. Die m. N. sind nicht irgendwelche Zifferzahlen, sondern Ordnungsgrößen der Natur.

Magisches Quadrat

Bezeichnung eines Quadrates, in dem Zahlen so angeordnet werden, daß die Summe der waagrechten und der senkrechten Reihen und der Diagonalen (Verbindungslinien der Eckpunkte) denselben Wert ergeben. Das einfachste m. Q. umfaßt die Zahlen 1–9 in 3 x 3 Zeilen:

4	9	2	=	15
3	5	7	=	15
8	1	6	=	15
15	15	15		

Ein m. Q. wird durch 4 Eigenschaften beschrieben (die Werte des »Dreier-Quadrates« sind in Klammern beigefügt):

1. Die Anzahl der Felder jeder Reihe (3)
2. Die Anzahl aller Felder (9)
3. Die Konstante, d. h. die Summe der waagrechten und senkrechten Reihe und der Diagonalen (15)
4. Die Gesamtsumme der Zahlen (45)

Ein solches m. Q. findet sich schon in dem Werk »Buch der Wagen«, das dem berühmten arabischen Alchimisten Geber (8. bzw. 9. Jh.) zugeschrieben wird. Lange nahm man an, daß die Araber im 8.–11. Jahrhundert die m. Q. erfunden haben. In dem Buch »Sonne der Wissenschaften« von Al Buni (gest. 1225) werden die verschiedensten m. Q. und ihre Bildungsgesetze behandelt. Die Legende berich-

Rechte Seite: Die magischen Quadrate

3 (Saturn)

4	9	2
3	5	7
8	1	6

4 (Jupiter)

4	14	15	1
9	7	6	12
5	11	10	8
16	2	3	13

5 (Mars)

11	24	7	20	3
4	12	25	8	10
17	5	13	21	9
10	18	1	14	22
23	6	19	2	15

6 (Sonne)

6	32	3	34	35	1
7	11	27	28	8	30
24	14	16	15	23	19
13	20	22	21	17	18
25	29	10	9	26	12
36	5	33	4	2	31

7 (Venus)

22	47	16	41	10	35	4
5	23	48	17	42	11	29
30	6	24	49	18	36	12
13	31	7	25	43	19	37
38	14	32	1	26	44	20
21	39	8	33	2	27	45
46	15	40	9	34	3	28

8 (Merkur)

8	58	62	4	5	59	63	1
9	15	51	53	52	54	10	16
48	18	22	44	45	19	23	41
25	39	35	29	28	38	34	32
33	31	27	37	36	30	26	40
24	42	46	20	21	43	47	17
49	55	11	13	12	14	50	56
64	2	6	60	61	3	7	57

9 (Mond)

37	88	29	70	21	62	13	54	5
6	38	79	30	71	22	63	14	46
47	7	39	80	31	72	23	55	15
16	48	8	40	81	32	64	24	56
57	17	49	9	41	73	33	65	25
26	58	18	50	1	42	74	34	66
67	27	59	10	51	2	43	75	35
36	68	19	60	11	52	3	44	76
77	28	69	20	61	12	53	4	45

11 (Erde)

56	117	46	107	36	97	26	87	16	77	6
7	57	118	47	108	37	98	27	88	17	67
68	8	58	119	48	109	38	99	28	78	18
19	69	9	59	120	49	110	39	89	29	79
80	20	70	10	60	121	50	100	40	90	30
31	81	21	71	11	61	111	51	101	41	91
92	32	82	22	72	1	62	112	52	102	42
43	93	33	83	12	73	2	63	113	53	103
104	44	94	23	84	13	74	3	64	114	54
55	105	34	95	24	85	14	75	4	65	115
116	45	106	35	96	25	86	15	76	5	66

tet, daß Salomo eine Abbildung eines solchen Quadrates auf seinem Siegelring getragen hat. Die Zahl 15 der Konstante mußte auf die Juden einen besonderen Zauber ausüben, da die Abkürzung (JH) des → Tetragrammaton diesen Zahlwert hatte. Neuere Forschungen suchen den Ursprung der m. Q. in China. Denn der Grundriß des Ming-Tang-Tempels (Halle der Erleuchtung und Weissagung), der bis ins 11. Jahrhundert zurückreicht, hat die Form eines solchen Dreier-Quadrates. Für diese These spricht, daß im Dreier-Quadrat die 5, eine der wichtigsten Symbolzahlen der Chinesen, im Zentrum steht.

Die Zahlenanordnungen des m. Q. mit denselben Summen in den verschiedenen Reihen übten auf die Menschen eine faszinierende Wirkung aus. Deshalb ist es nicht verwunderlich, daß man solchen Gebilden magische Eigenschaften und Kräfte zuschrieb. So hat man die m. Q. zu allerlei magischen Zwecken gebraucht. Sie schmückten die »Zahlenseite« von Amuletten. Darunter versteht man Anhängsel aus Stein oder Metall, die, mit Figuren und Zeichen versehen, am Körper getragen wurden, um Glück zu bringen. Besonders im Orient stehen sie bis zum heutigen Tag im Dienste der Magie und Zauberei. Das christliche Abendland hat seit dem 15. Jahrhundert die aus dem Orient übernommenen m. Q. ausgiebig für magische Zwecke benutzt. Reichhaltige Belege finden sich in der »Occulta Philosophia« (1533) des Agrippa von Nettesheim.

Wie viele m. Q. gibt es? Für die Zahlen 1 bis 9 gibt es nur ein m. Q., von dem durch Spiegelung und Drehung 8 Nebenformen erzeugt werden können. Für die Zahlen 1 bis 16 sind schon 880 Formen möglich, unter Einbeziehung der Nebenformen erhöht sich die Zahl auf den achtfachen Betrag. Außer einem m. Q. von 9 Zahlen gibt es solche Gebilde mit 16 (4 x 4), 25 (5 x 5), 36 (6 x 6), 49 (7 x 7), 64 (8 x 8), 81 (9 x 9) usw. Zahlen. Für die Magie sind nur die Dreier- bis Neunerquadrate wichtig.

Die m. Q. sind im Abendland vor allem wegen ihrer Verbindung mit den Planeten und ihrer Verwendung als »Planetenamulette« bekannt geworden. Schon die Araber haben im 15. Jahrhundert je ein m. Q.

einem der 7 Planeten zugeordnet. Die beiden in der Tradition bekannten Formen der Zuordnung, die auch Planetentafeln genannt werden, unterscheiden sich nur in der Reihenfolge der Planeten. Die erste Tafel beginnt mit dem erdnächsten Planeten, dem Mond, und die zweite mit dem erdfernsten, Saturn:

m. Q.	*System 1*	*System 2*
3er-Q.	Mond	Saturn
4er-Q.	Merkur	Jupiter
5er-Q.	Venus	Mars
6er-Q.	Sonne	Sonne
7er-Q.	Mars	Venus
8er-Q.	Jupiter	Merkur
9er-Q.	Saturn	Mond
10er-Q.	Tierkreis	–

Erläuterungen:

3er-Quadrat	Zugehöriges Metall: Blei. Die heiligen Zahlen (entsprechend den 4 Eigenschaften der m. Q.) des Saturn: 3, 9, 15, 45. Sefirah (→ Sefirot): Malkut.
4er-Quadrat	Metall: Zinn. Heilige Zahlen des Jupiter: 4, 16, 34, 136. Sefirah: Nezach. Dieses m. Q. befindet sich auch auf Albrecht Dürers bekannter »Melancholia«.
5er-Quadrat	Metall: Eisen. Heilige Zahlen des Mars: 5, 25, 65, 325. Sefirah: Gevurah.
6er-Quadrat	Metall: Gold. Heilige Zahlen der Sonne: 6, 36, 111, 666. Sefirah: Tiferet.

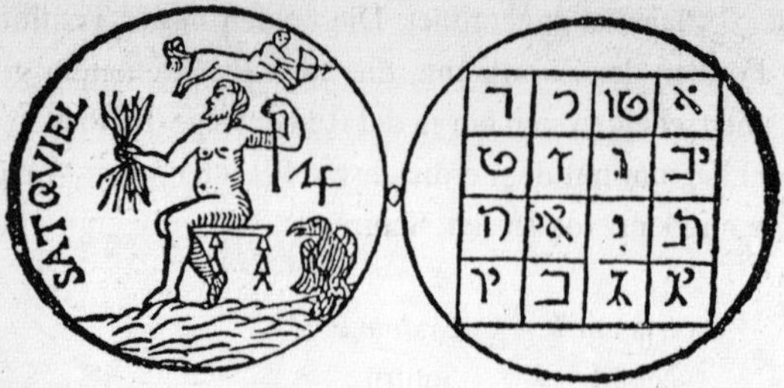

Jupiteramulett. Die Bildseite zeigt Jupiter mit seinen Symbolen Adler, Blitz und Szepter. Satquiel ist der Engel Jupiters. Auf der Zahlenseite wird der Zahlwert durch hebräische Buchstaben ausgedrückt.

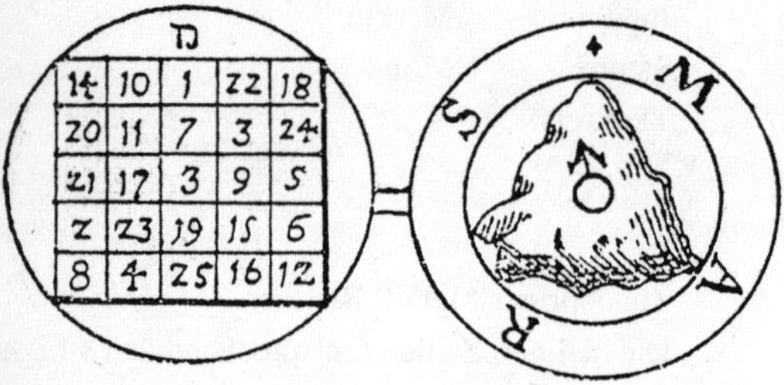

Marsamulett. Mars wurde oft als brennender Berg dargestellt.

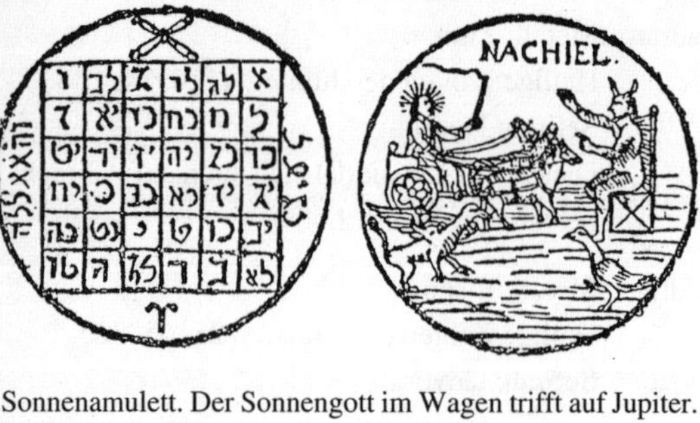

Sonnenamulett. Der Sonnengott im Wagen trifft auf Jupiter. Das Zusammentreffen dieser beiden Planeten soll nach Ansicht der Astrologen besonders wirkungsvolle Kräfte erzeugen. Nachiel bedeutet der Dämon der Sonne.

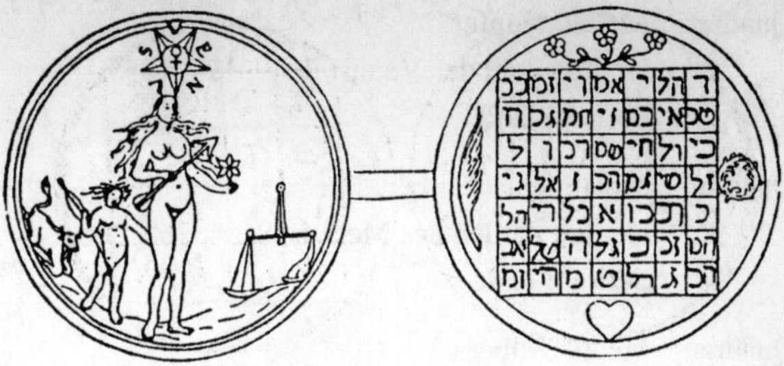

Venusamulett. Venus zusammen mit Amor.

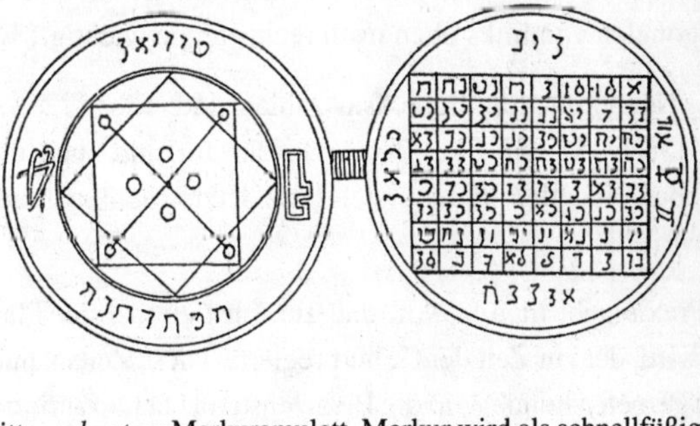

Mitte und unten: Merkuramulett. Merkur wird als schnellfüßiger Götterbote mit Flügeln und Heroldsstab dargestellt.

7er-Quadrat	Metall: Kupfer. Heilige Zahl der Venus: 7, 49, 175, 1255. Sefirah: Hod.
8er-Quadrat	Metall: Quecksilber. Heilige Zahlen des Merkur: 8, 64, 260, 2080. Sefirah: Jessod.
9er-Quadrat	Metall: Silber. Heilige Zahlen des Mondes: 9, 81, 369, 3321. Sefirah: Chochmah.

Zukunftsvoraussage mit Hilfe der m. Q. (»Lebensquadrate«)

Da viele Zahlen auf den Diagonalen der m. Q. eine bestimmte Reihenfolge zeigen, lag es nahe, diese für die Deutung des Lebenslaufes zu benutzen. Rhythmen und abgeschlossene Zeitspannen kennzeichnen ein Menschenleben. Die m. Q. werden eingeteilt in gerade (4er-, 6er-, 8er-Q.) und ungerade (3er,- 5er-, 7er-, 9er-Q.) Für die geraden m. Q. sind alle Zahlen wichtig, die auf den beiden Diagonalen liegen.

Nehmen wir z. B. ein Sechserquadrat: Schicksalszahlen sind: 1, 6, 8, 11, 15, 16, 21, 22, 26, 29, 31, 36. Bei einem ungeraden m. Q. sind die Diagonalen von links oben nach rechts unten wichtig.

Beispiel Neunerquadrat: Schicksalszahlen sind: 13–15; 21–25; 29–35; 37–45; 47–53; 57–61; 67–69. Bedeutsam sind auch die Leit- bzw. Nebenleitzahlen in der ersten bzw. letzten senkrechten Reihe (36 und 46).

In der Praxis geht man so vor, daß zunächst einmal der Planet bestimmt wird, der zur Zeit der Geburt regierte. Diese Zeitspanne nennt man die Planetenstunde. Um die Planetenstunde herauszufinden, teilt man den Tag von einem Sonnenaufgang bis zum nächsten in 24 Stunden ein. Wenn z. B. die Sonne um 6 Uhr früh aufgeht und um 5 Uhr untergeht, so dauert der Tag 11 und die Nacht 13 Stunden. Die Tages-

Sechserquadrat

06	32	03	34	35	01
07	11	27	28	08	30
24	14	16	15	23	19
13	20	22	21	17	18
25	29	10	09	26	12
36	05	33	04	02	31

37	78	29	70	21	62	13	54	05
06	38	79	30	71	22	63	14	46
47	07	39	80	31	72	23	55	15
16	48	08	40	81	32	64	24	56
57	17	49	09	41	73	33	65	25
26	58	18	50	01	42	74	34	66
67	27	59	10	51	02	43	75	35
36	68	19	60	11	52	03	44	76
77	28	69	20	61	12	53	04	45

Neunerquadrat

planetenzahl hat eine Länge von 55 Minuten (11 x 60 : 12 = 55). Die Nachtplanetenstunde dauert 65 Minuten (13 x 60 : 12 = 65). Der folgenden Tabelle kann man entnehmen, in welcher Reihenfolge die Planeten herrschen.

1. Beispiel: Eine Person ist um 7.50 Uhr am 11. September (einem Dienstag) 1993 geboren. Sonnenaufgang: 6.50 Uhr; Sonnenuntergang 19.46 Uhr; Länge des Tages: 776 Minuten. Länge der Tagesplanetenstunde 64 Minuten. In der 1. Stunde, die von 6.50 bis 7.54

Tabelle der Planetenstunden							
	Sonntag	*Montag*	*Dienstag*	*Mittwoch*	*Donnerstag*	*Freitag*	*Samstag*
Stunden von Sonnenaufgang ab:							
1	Sonne	Mond	Mars	Merkur	Jupiter	Venus	Saturn
2	Venus	Saturn	Sonne	Mond	Mars	Merkur	Jupiter
3	Merkur	Jupiter	Venus	Saturn	Sonne	Mond	Mars
4	Mond	Mars	Merkur	Jupiter	Venus	Saturn	Sonne
5	Saturn	Sonne	Mond	Mars	Merkur	Jupiter	Venus
6	Jupiter	Venus	Saturn	Sonne	Mond	Mars	Merkur
7	Mars	Merkur	Jupiter	Venus	Saturn	Sonne	Mond
8	Sonne	Mond	Mars	Merkur	Jupiter	Venus	Saturn
9	Venus	Saturn	Sonne	Mond	Mars	Merkur	Jupiter
10	Merkur	Jupiter	Venus	Saturn	Sonne	Mond	Mars
11	Mond	Mars	Merkur	Jupiter	Venus	Saturn	Sonne
12	Saturn	Sonne	Mond	Mars	Merkur	Jupiter	Venus
Stunden von Sonnenuntergang ab:							
1	Jupiter	Venus	Saturn	Sonne	Mond	Mars	Merkur
2	Mars	Merkur	Jupiter	Venus	Saturn	Sonne	Mond
3	Sonne	Mond	Mars	Merkur	Jupiter	Venus	Saturn
4	Venus	Saturn	Sonne	Mond	Mars	Merkur	Jupiter
5	Merkur	Jupiter	Venus	Saturn	Sonne	Mond	Mars
6	Mond	Mars	Merkur	Jupiter	Venus	Saturn	Sonne
7	Saturn	Sonne	Mond	Mars	Merkur	Jupiter	Venus
8	Jupiter	Venus	Saturn	Sonne	Mond	Mars	Merkur
9	Mars	Merkur	Jupiter	Venus	Saturn	Sonne	Mond
10	Sonne	Mond	Mars	Merkur	Jupiter	Venus	Saturn
11	Venus	Saturn	Sonne	Mond	Mars	Merkur	Jupiter
12	Merkur	Jupiter	Venus	Saturn	Sonne	Mond	Mars

dauerte, regierte Saturn. Für die weitere Berechnung wird nun das Dreier-Quadrat benutzt.

4	9	2
3	5	7
8	1	6

Unter Fortlassung des Jahrhunderts wird das Geburtsjahr an die Stelle der 1 gesetzt. Die nachfolgenden Jahre (ebenfalls unter Fortlassung des Jahrhunderts) werden an die Stelle der folgenden Zahlen (2, 3, 4 etc.) gesetzt. Es ergibt sich folgendes Quadrat:

96	2001	94
95	97	99
2000	93	98

Schicksalszahlen in den ersten 9 Lebensjahren sind: 94 (Nebenleitzahl), 96, 97, 98 und 2000 (Hauptleitzahl). Um das Schicksal in den folgenden 9 Jahren vorauszusagen, müßte erneut ein Dreierquadrat gebildet werden:

13	18	11
12	14	16
17	10	15

An die Stelle der 10 müßte die Zahl 2003 gesetzt werden. Die linke Diagonale hat die Werte: 2004 (Nebenleitzahl), 2006, 2007, 2008 und 2010 (Hauptleitzahl).
In derselben Weise werden die Schicksalszahlen vom 19. bis 28. Lebensjahr usw. ermittelt.

2. Beispiel: Das Lebensquadrat Napoleons (geb. 1769). Planetenherrscher ist der Mond, folglich wird der Lebenslauf Napoleons durch das Neuner-Quadrat dargestellt.

Deutung:
1781–1783: ohne äußere Bedeutung.
1789–1793: politische Kampfzeit.

05	—	97	—	89	—	81	—	73	Lebensquadrat
74	06	—	98	—	90	—	82	[14]	von Napoleon
15	75	07	—	99	—	91	—	83	
84	16	76	08	—	00	—	92	—	
—	85	17	77	09	—	01	—	93	
94	—	86	18	69	10	—	02	—	
—	95	—	78	19	70	11	—	03	
[04]	—	87	—	79	20	71	12	—	
—	96	—	88	—	80	⟨21⟩	72	13	

1797–1803: erfolgreiches Machtstreben.
1805–1813: Glanzzeit.
1815–1821: Endzeit.

Männliche Zahlen

Bezeichnung der → ungeraden Zahlen. In der → Kabbala versteht man unter m. Z. die → Sefirot 2, 4, 7 auf der rechten Seite des Lebensbaumes.

Meisterzahlen

oder → Kettenzahlen. Doppelzahlen, die aus derselben Ziffer bestehen, wie z. B. 11, 22 usw. Sie verstärken den Wert der Grundzahl. Sie dürfen nicht durch Bildung der Quersumme vereinfacht werden.

Mertz, Bernd A. (geb. 1924)

Esoterischer Schriftsteller; M. lieferte durch seine Bücher »Magie der Zahl« und »Das I Ging der Zahlen« sehr originelle Beiträge zur Weiterentwicklung der Numerologie. Seine Werke bestechen durch ihre begriffliche Klarheit. Die von M. im deutschen Sprachraum eingeführten Bezeichnungen für die Zahlen, welche die Persönlichkeit eines Menschen bestimmen, setzen sich allmählich durch.

Mittelnamenszahl

Mittelnamen sind Vornamen, die einem Menschen in Erinnerung an seine Eltern bzw. Großeltern gegeben wurden. Falls eine → Kosenamenszahl gebildet werden kann, wird sie mit dieser addiert. Die Summe erlaubt Rückschlüsse auf das Sozialverhalten des Namensträgers.

Musik und Zahlen

Die enge Beziehung zwischen M. und Z. war schon → Pythagoras und seinen Schülern bekannt. Sie waren der Auffassung, daß keine andere Kunst einen Menschen näher an die Zahlen heranbringen kann als die M. Der Philosoph Plato betrachtete die M. neben der Arithmetik, Geometrie, Astronomie als 4. mathematische Disziplin. Für den Philosophen Leibniz stand fest: »Die Musik ist insgeheim eine mathematische Übung. Wer sich in sie vertieft, bemerkt nicht, daß er mit Zahlen umgeht.« Die Beziehung von M. u. Z. basiert auf zwei grundlegenden Erkenntnissen: 1. Zwischen der Tonhöhe und der Saitenlänge besteht ein bestimmtes Zahlenverhältnis. Wenn man eine in 12 Abschnitte geteilte Saite auf die Längen 6, 8, 9 usw. verkürzt, so erhält man die Oktave (12 : 6 = 2 : 1), die Quinte (12 : 8 = 3 : 2), die Quarte (12 : 9 = 4 : 3) usw. 2. Der Übertragung dieses Tonverhältnisses auf das ganze Sein und besonders auf die Bewegung der 7 Planeten. Die Himmelsbewegungen sind nichts anderes als eine fortwährende mehrstimmige Musik. → Sphärenharmonie.

Nachnamenszahl

Andere Bezeichnungen sind Erbschafts-, Karma- und Pflichtzahl; der Nachname ist das väterliche Erbe, das der Namensträger übernehmen muß und dem er sich nicht entziehen kann. Diese Zahl drückt die Pflichten aus, die man im Leben übernehmen muß.

Namenskorrektur

Im Idealfall stimmen Geburtszahl und Namenszahl überein oder sind miteinander verträglich. Wenn dies nicht der Fall ist, sollten wenigstens die Vokal- und Konsonantenzahlen des Namens miteinander übereinstimmen. Da der Name nicht verändert werden darf, kann der Zahlwert durch Abkürzung des → Vornamens bzw. eventuell vorhandender Mittelnamen oder den Zusatz von Kosenamen oder akademischer Grade verändert werden.

Namensraster

Ein Verfahren der numerologischen Namensanalyse; die Grundzahlen werden in drei Rasterebenen eingeteilt:

Mental	3	6	9
Emotional	2	5	8
Physisch	1	4	7

Mit Hilfe dieser Tabelle kann man den individuellen Namens- und Geburtsraster aufstellen:

Namensraster

H	E	L	M	U	T		W	E	R	N	E	R
8	5	3	4	3	2		5	5	9	5	5	9

Mental:	3 (2 x), 9 (2 x)
Emotional:	2, 5 (5 x), 8
Physisch:	4

Der Namensraster zeigt deutlich ein Überwiegen des emotionalen Bereiches.

Geburtsraster

Geburtsdatum:	9. 9. 1942
Mental:	9 (3 x)
Emotional:	2
Physisch:	1, 4

Der Geburtsraster zeigt eine Verstärkung der mentalen Ebene.

Namenszahl

Die Summe der Zahlwerte eines Namens. In der Numerologie sind wichtig: Gesamtname, Vorname, Nachname, Mittelname, Kosename(n), und Name des Geburts- bzw. Wohnortes.

Nuklearzahlen

→ Magic Numbers.

Numerogramm

oder Numeroskop. Übersichtliche Zusammenstellung der Zahlwerte einer Person. Nicht mitgezählt werden diejenigen Werte, die sich auf die Zukunft oder ein bestimmtes Jahr beziehen. In der modernen Numerologie wird mit 15 Werten gearbeitet:

1. Geburtszahl
2. Geburtstagszahl
3. Geburtsmonatszahl
4. Geburtszahl plus Sternzeichen
5. Gesamtnamenszahl
6. Karmische Akkumulationszahl
7. Zahl des 1. Vokals
8. Vornamenszahl
9. Nachnamenszahl
10. Vokalzahl
11. Konsonantenzahl
12. Mittel- und Kosenamenszahl
13. Geburtsorts- / Prägeortszahl
14. Geburts- und Gesamtnamenszahl
15. Schwingungszahl der Chakras

Die Summe ist die Gesamtlebenszahl.

Numerologie

Lat. numerus, »Zahl«; Bezeichnung der esoterischen Zahlenlehre, die sich aus der → Astro-Numerologie des 19. Jahrhunderts entwickelt hat. Begründer der modernen N. ist → Cheiro.

Numeromantie

Andere Bezeichnung für → Arithmomantie.

Numeroskop
Lat.-griech. »Zahlenüberblick.« → Numerogramm.

Oliver, G. (19. Jh.)
Englischer Pfarrer und Freimaurer. O. verfaßte Bücher über die → Numerologie: »Das Pythagoreische Dreieck«, »Enthüllungen eines Quadrates«. Nach seiner Ansicht können von den → Symbolzahlen die Grundsätze der → Freimaurer abgeleitet werden.

Onomantie
oder Onomomantie, griech. »Weissagung durch den Namen«.

Ortszahl
→ Geburtsortszahl.

Papus (1865–1916)
Pseudonym für Gérard Encausse; französischer Arzt und Okkultist spanischer Abstammung. P. war Theosoph und Mitglied von Rosenkreutzer-Zirkeln. Berühmt wurde er, als der russische Zar Nikolaus II. ihn an den Hof in St. Petersburg rief. Von seinen zahlreichen Schriften ist für die Numerologie wichtig: »Die Wissenschaft der Zahlen«. Dieses Buch enthält zwar nur wenig eigenständige Gedanken, aber dafür faßt es die Kenntnisse und Methoden der Numerologie bis P. zusammen; die Astro-Numerologie wird ausführlich behandelt.

Partnernumerologie
Eines der wichtigsten Anwendungsgebiete der Numerologie. Durch den Vergleich der → Numerogramme und der Prüfung der → Verträglichkeit der Zahlen kann festgestellt werden, ob zwei Menschen von ihrem Persönlichkeitsbild her zueinander passen. Von den 15 Ebenen der Persönlichkeit sollten wenigstens die → Geburtszahl, → Gesamtnamenszahl und → Vokalzahl verträglich sein. Die Frage nach einer gemeinsamen Zukunft zweier Menschen wird mit Hilfe einer numerologischen Analyse untersucht, die auf dem → I Ging beruht.

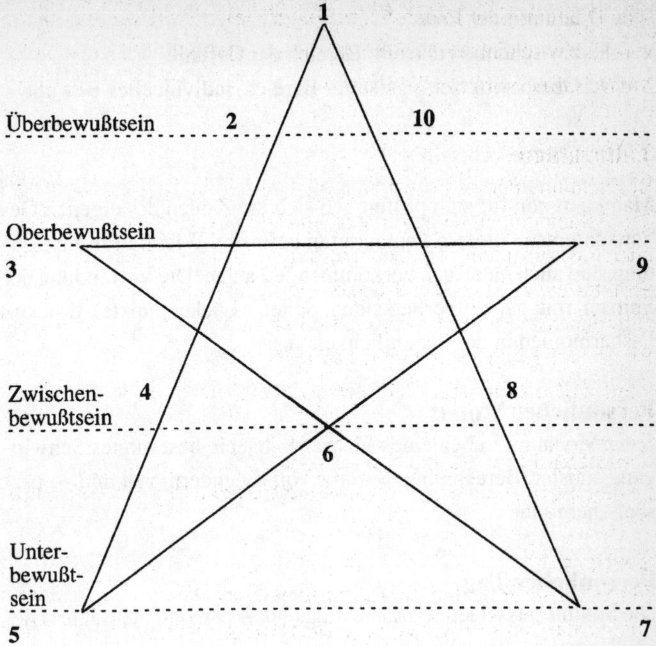

Die Schichten des Pentagramms

Pentagramm

Griech. »Fünfeck«; Symbol der Pythagoreer (s. Abb. S. 119).

Pentalogie

Griech. »Lehre von der Fünf«; Bezeichnung des Lehrsystems der Gesellschaft Pente, die von Hans Müller und Hans Endres 1963 in Saarbrücken gegründet wurde. Der P. liegt ein Pentagramm zugrunde, das von oben gegen den Uhrzeigersinn mit den Zahlen 1 bis 10 versehen wird. Grundlage der P. ist also die Zehnheit, die doppelte Fünfheit. Das Pentagramm wird durch waagrechte Linien in Schichten zerlegt:

5 – 7: Unterbewußtsein; Bereich der Sinne, Instinkte, Verbundenheit mit der Erde.
4 – 8: Zwischenbewußtsein; Bereich der Gefühle.
3 – 9: Oberbewußtsein; geistiger Bereich, individuelles Bewußtsein.
2 –10: Überbewußtsein.

Man kann nun für sich prüfen, wo sich die Zahlen des eigenen Geburtsdatums in diesem Pentagramm befinden. Wichtig für die Deutung sind auch mehrfach vorkommende Zahlen. Die Verbindung der Spitzen mit gegenüberliegenden Seiten (Lückenpunkte) drücken Disharmonien in der Persönlichkeit aus.

Persönlicher Monat
Jeder Monat im Leben eines Menschen hat ein bestimmtes Schwingungsmuster. Berechnung: Summe von Kalendermonat und → persönlichem Jahr.

Persönlicher Tag
Die Summe aus Kalendermonat, -tag und → persönlichem Jahr. Dieser Wert zeigt die Schwingungen an einem bestimmten Tag an.

Persönliches Jahr
Maßzahl der in einem bestimmten Jahr wirksamen Schwingungen, die einen Menschen beeinflussen. Diese für eine Person typischen Schwingungen müssen von den universalen oder kosmischen Schwingungen unterschieden werden. Das p. J. kann durch zwei Methoden berechnet werden:

1. Summe von → universalem Jahr und Geburtstag und - monat.
2. Summe von Geburtstag und -monat und Jahr des letzten Geburtstages.

Persönliche Zahlen
Bezeichnung für die vier Zahlen, welche die Persönlichkeit eines

Menschen bestimmen: → Geburtstagszahl, → Vokalzahl, → Konsonantenzahl und → Gesamtnamenszahl.

Persönlichkeitszahl

Bezeichnung der → Gesamtnamenszahl und der → Konsonantenzahl.

Pflichtzahl

→ Nachnamenszahl.

Planetenzahlen

Jedem Planeten wird eine Zahl zugeordnet, die seine Macht repräsentiert. Menschen, die in ihrem → Numerogramm eine solche Zahl haben, werden von diesem Planeten beeinflußt. Die P. sind jedoch nicht eindeutig, zudem wurden in den letzten zwei Jahrhunderten 3 neue Planeten entdeckt. Diese neu entdeckten Planeten werden auch als die Mysterienplaneten bezeichnet. Der ältesten Zahlenzuordnung liegt die Reihenfolge der Wochentage zugrunde, deren Namen in einigen europäischen Sprachen noch deutlich ihre Herkunft von den Planetennamen verraten. Die Anzahl der Wochentage entspricht der Dauer der Schöpfung.

Wochentag	*Zahl*
Montag: Mond	1
Dienstag: Mars; franz. mardi	2
Mittwoch: Merkur; franz. mercredi	3
Donnerstag: Jupiter; franz. jeudi	4
Freitag: Venus; franz. vendredi	5
Samstag: Saturn; engl. saturday	6
Sonntag: Sonne	7

Heute sind in der Numerologie zwei Zuordnungen üblich, von denen eine auf → Cheiro zurückgeht.

Planet	*nach Cheiro* *1. Variante*	*2. Variante*	*moderne Numerologie*
Sonne	1	1	1
Mond	2	2	2
Mars	9	9	3
Jupiter	3	3	4
Saturn	8	8	5
Merkur	5	5	6
Uranus	4	0	7
Venus	6	6	8
Neptun	7	7	9
Pluto	–	4	0

Mit der Zuordnung der modernen Numerologie stimmen bis auf zwei Ausnahmen die Planetenzahlen der Hindus überein. Zusätzlich zu den Planeten gibt es noch den aufsteigenden (Rahu) und den absteigenden (Ketu) Mondknoten. Darunter versteht man die beiden Punkte, wo die Mondbahn die Ebene der Ekliptik schneidet, der aufsteigende Knoten, wenn er sie nordwärts, der absteigende, wenn er sie südwärts schneidet. Im ersten Fall nennt man den Mondknoten auch Drachenkopf, im zweiten Drachenschwanz. Zahlenzuordnung: Rahu = Uranus oder Sonne (4 oder 1); Ketu = Neptun oder Mond (7 oder 2). Der in den 70er Jahren entdeckte Planetoid Chiron hat noch keine Zahl.

Prägeortszahl

Andere Bezeichnungen sind Wohnortszahl und Herkunftszahl. Sie gibt Auskunft über Sitte, Brauchtum, Religion, Sprache etc. einer Gegend oder eines Ortes, die den Charakter eines Menschen geprägt haben.

Primzahl

Eine Zahl, die außer durch sich selbst und die 1 durch keine andere Zahl teilbar ist. → Tabuzahlen, → Sieb des Eratosthenes.

Progressives Zahlenbild
oder Transite der Buchstaben. Ein numerologisches Verfahren, das die Entwicklung der Persönlichkeit in den einzelnen Lebensjahren aufzeigt. Das p. Z. setzt sich aus folgenden Faktoren zusammen: Alter, Persönlichkeit, Seele, persönliches Jahr, Gesamtzahl und Kalenderjahr.

In der Praxis geht man so vor: z. B. HELMUT GUSTAV WERNER, Geburtsdatum: 9. 9. 1942. Am zweckmäßigsten beginnt man mit der Persönlichkeit, die von den Konsonanten des Gesamtnamens bestimmt wird. Jedem Konsonanten werden entsprechend seinem Zahlwert Jahre zugeordnet. Der erste Buchstabe ist H mit dem Zahlwert 8, folglich ist dieser Buchstabe bis zum 8. Lebensjahr (Kalenderjahr 1950) bestimmend. In derselben Weise verfährt man mit den Vokalen. Der erste Vokal E hat den Wert 5 und ist folglich 5 Jahre nach der Geburt bestimmend. Danach werden die persönlichen Jahreszahlen seit der Geburt berechnet. Die Addition der Zahlwerte der Persönlichkeit, der Seele und des persönlichen Jahres ergibt die Gesamtzahl jedes Lebensjahres, die durch Quersummenbildung vereinfacht wird.

Lebensjahr	1.	2.	3.	4.	5.	6.	7.	8.	9.	10.	11.	12.	13.
Persönlichkeit	H	H	H	H	H	H	H	H	L	L	L	M	M
Seele	E	E	E	E	E	U	U	U	U	U	U	A	E
Persönliches Jahr	7	8	9	1	2	3	4	5	6	7	8	9	1
Gesamtzahl	2	3	4	5	6	5	6	7	3	4	5	5	1
Kalenderjahr	1942												1954

Lebensjahr	14.	15.	16.	17.	18.	19.	20.	21.	22.	23.	24.	25.	26.
Persönlichkeit	M	M	T	T	G	G	G	G	G	G	G	S	T
Seele	E	E	E	E	E	E	E	E	E	E	E	E	E
Persönliches Jahr	2	3	4	5	6	7	8	9	1	2	3	4	5
Gesamtzahl	2	3	2	3	9	1	2	3	4	5	6	1	3
Kalenderjahr	1955												1967

Lebensjahr	27.	28.	29.	30.	31.
Persönlichkeit	T	V	V	V	V
Seele	E	U	U	U	U
Persönliches Jahr	6	7	8	9	1
Gesamtzahl	4	5	6	7	8
Kalenderjahr	1968______1972				

Wenn die Zahlwerte der Vokale bzw. Konsonanten aufgebraucht sind, wiederholt sich der Vorgang, bis das aktuelle Lebensalter erreicht ist. Aus diesem Grund eignet sich das p. Z. für das Erkennen von frühkindlichen Störungen, die ins Unterbewußtsein verdrängt wurden und sich in späteren Lebensjahren wiederholen.

Pythagoreische Zahlen

Bezeichnung für zwei Zahlen, deren Quadratsumme wieder eine → Quadratzahl ergibt, z. B. 3 und 4:

$$\begin{array}{r} 3 \times 3 = 9 \\ + \; 4 \times 4 = 16 \\ \hline 25 = 5 \times 5 \end{array}$$

Pythagoras (etwa 580–497/96)

Griechischer Philosoph, der nach Italien auswanderte und in Kroton einen Bund mit wissenschaftlichen, religiösen und politischen Zielen gründete. Diese Vereinigung, die auch Anhänger in den benachbarten Städten hatte, wurde in die politischen Auseinandersetzungen zwischen Aristokraten und Demokraten verwickelt. Nach einer gewissen Zeit der Vertreibung konnten die Anhänger des Pythagoras wieder zurückkehren. Die Schule bestand noch bis ins 4. Jahrhundert v. Chr. Nach Auffassung des P. ist alles Zahl. Die wichtigste Zahl ist die 10, welche die Summe der ersten vier Zahlen ist. Die wichtigste Entdeckung des P. und seiner Schüler war die enge Beziehung zwischen Tönen und Zahlen, die mit Hilfe der Zahlenverhältnisse der Saitenlängen nachgewiesen wurde. Diese Untersuchungen wurden am Monochord gemacht, einem mit einem beweglichen Steg versehenen Brett, das durch herabhängende Gewichte verschieden stark bespannt werden konnte. → Lambdoma, → Musik und Zahlen, → Sphärenharmonie.

Quadratzahl

Bezeichnung für Zahlen, die bildlich durch ein Quadrat dargestellt werden können. Den Unterschied zwischen zwei Q.en bezeichneten die Griechen als Gnomon oder Gnomonzahl:

4 (2 x 2) –	1 (1 x 1)	= 3
9 (3 x 3) –	4	= 5
16 (4 x 4) –	9	= 7
25 (5 x 5) –	16	= 9 usw.

Nimmt man das Urquadrat 1 als Ausgangspunkt, dann werden die folgenden Quadrate bzw. Quadratzahlen dadurch gebildet, daß man eine Quadratzahl immer um die entsprechende Gnomonzahl vermehrt:

$$1^2 + 3 = 2^2$$
$$2^2 + 5 = 3^2$$
$$3^2 + 7 = 4^2$$

Quersumme

Die Summe der Ziffern einer Zahl. Die Q. wird so lange gebildet, bis sich eine der 9 Grundzahlen ergibt. Bei Geburtstagszahlen wird keine Q. gebildet.

Rechteckzahlen

Zahlen, die sich durch Winkel als Rechtecke darstellen lassen, z. B. 3 : 2/1.

Regressives Zahlenbild

Die Umkehrung des → progressiven Zahlenbildes. Das r. Z. zeigt die Einflüsse zum Zeitpunkt der Empfängnis an. Dahinter steht die Theorie, daß die Seele des Kindes im Augenblick der Empfängnis in die Aura der Mutter eintritt. In der Seele des neuen Lebewesens hinterlassen die Schwingungen der Eltern sehr tiefe Spuren. In der Praxis geht man so vor, daß man 9 Monate vom Geburtsdatum aus zurückgeht und das → persönliche Jahr und den → persönlichen Monat der Mutter ausrechnet.

Reichstein, Herbert

Buchhändler in Pforzheim in den 30er Jahren dieses Jahrhunderts und Autor eines numerologischen Werkes »Praktisches Lehrbuch der Kabbala«. R. genoß als Numerologe im deutschen Sprachraum großes Ansehen. Grundlage seines Systems sind die 66 → kosmischen Ereigniszahlen. Je 22 Zahlen sind dem Körper, dem Geist und der Seele zugeordnet. Die Umrechnungsmethode von Buchstaben in Zahlen R.s findet sich auf S. 26. R. war Ariosoph, und seine Werke wurden nach dem Zweiten Weltkrieg von rassistischem Gedankengut bereinigt.

Römer und Zahlen

Die wichtigsten Zahlen im römischen Religionswesen sind die 3 und ihre Vielfachen. Die Römer kannten ursprünglich 3 Hauptgötter, deren Zahl dann später auf 12 erhöht wurde. Im Kultwesen spielen die Zahlen 5, 10 und 20 eine wichtige Rolle. Das römische Ziffersystem kommt mit 7 Zeichen aus: I = 1, V = 5, X = 10, L = 50, C = 100, D = 500, M = 1000. Gleiche Ziffern und kleinere Ziffern nach der größeren werden addiert. Zum Beispiel XX = 20; XI = 11. Stehen kleinere Ziffern vor der größeren, so werden sie abgezogen. Zum Beispiel XL = 40. Das römische Ziffersystem, das bis ins Mittelalter benutzt wurde, war für komplizierte Rechenoperationen ungeeignet. Man geht heute davon aus, daß die Römer für das Wiegen, Messen etc. noch andere Systeme besaßen.

Runde Zahlen

Im Gegensatz zu den → Symbolzahlen haben die r. Z. keinen tieferen Sinn, der dem Gezählten eine besondere Bedeutung verleihen würde. Sie sind nur »abgerundete«, arithmetische Zahlen, die das Viele hervorheben und betonen. Deshalb sind r. Z. meistens hohe Zahlen. Viele r. Z. finden sich in der Bibel: Ein Tag ist vor dem Herrn wie tausend Jahre und tausend Jahre wie ein Tag; denn tausend Jahre sind vor deinen Augen wie der gestrige Tag; ein Tag in deinen Vorhöfen ist besser als tausend draußen.

Runen

Ursprüngliche Bedeutung »Geheimnis« oder »Raunen«; Bezeichnung für die ältesten Schriftzeichen im nördlichen Europa. Nach Expertenmeinung spielt besonders die Zahl 24 in den Runeninschriften eine wichtige Rolle. Da das älteste Runenalphabet 24 Zeichen hat, wurde durch diese Zahl die geballte Runenkraft symbolisiert. Zum Beispiel das Amulett von Lindholm:

ek erilaR sa wilagaR hateka
aaaaaaaa RRRnnnnbmuttt:alu:

Übersetzung:

1. Zeile: Ich Eril (Name eines Runenmeisters) heiße der Listige.
2. Zeile: Begriffsrunen und alu = Abwehr

   a = Ase, Odin
   R = Elch, Abwehr
   n = Not
   b = Birke (Baum der Liebesgöttin)
   m = Mann
   u = Auerochse = Zeugungskraft
   t = Tyr = Himmelsgott

Das Amulett (6. Jahrhundert n. Chr.), das die Form eines kleinen Fisches hat, dürfte einen Liebeszauber enthalten. Wenn man die Trennungszeichen mitrechnet, hat die 2. Zeile gemäß dem Stellenwert der Runen folgende Zahlwerte:[1]

1 Die im folgenden angegebenen Zahlwerte entsprechen nicht der auf S. 28 vorgestellten Umrechnungsmethode.

aaaaaaaa	RRR	nnnn	bmu	ttt:		alu:	
8x3	3x14	4x9	17+19+1	3x16		3 + 20 + 1	
24	42	36	37	48	2	24	3 = 216

216 = 9 x 24; 9 ist in der antiken Magie die Zahl des Zwanges. Die Zahl 24 ist Symbol des Reichtums (24. Rune = Vieh, Besitz). Der tiefe Sinn des Amulettes ist, seinem Träger durch Zwang Besitz zu verschaffen.

Saint Germain, Comte de (1710–1780)
Okkultist und Rosenkreutzer. Die Theosophin Blavatsky erwähnt in ihrem Buch »The Secret Doctrine«, daß er ein Werk über die Symbolik der Zahlen verfaßt habe. Sein Buch »Die heiligste Trinosophie« ist entsprechend dem Tierkreis in 12 Kapitel eingeteilt.

Saint-Martin, Louis-Claude de (1743–1803)
Beiname »der unbekannte Philosoph«; französischer Freimaurer und Schüler von Martínez de Pasqualis. S.-M. schuf eine Theosophie, die durchsetzt ist mit Gedanken aus der jüdischen Kabbala, von Böhme, Paracelsus und aus den Lehren der Rosenkreutzer. Seine Werke zeigen, daß sich S.-M. intensiv mit der Zahlenmystik beschäftigt hat.
Seine Zahlenlehre ist in dem Buch von A. E. Waite: »The Life of Louis de Saint-Martin« ausführlich dargestellt.

Saint-Yves d'Aleveydre, Alexandre (1842–1909)
Französischer Okkultist, der in seinem Hauptwerk »Archéomètre« ein System von Verwandtschaften zwischen Zahlen, Farben, Gerüchen, Buchstaben und Planeten entwarf. Das Archeometer (griech. »altes Maß«), ein Kreis, der zwei Skalen von 0 bis 360 Grad und 360 bis 0 Grad enthält und in 12 Abschnitte eingeteilt ist, ist eine Art Richtschnur, mit dessen Hilfe der Künstler, Wissenschaftler etc. die Zuordnungen der Zahlen zu den Düften, Tierkreiszeichen usw. vornehmen kann.

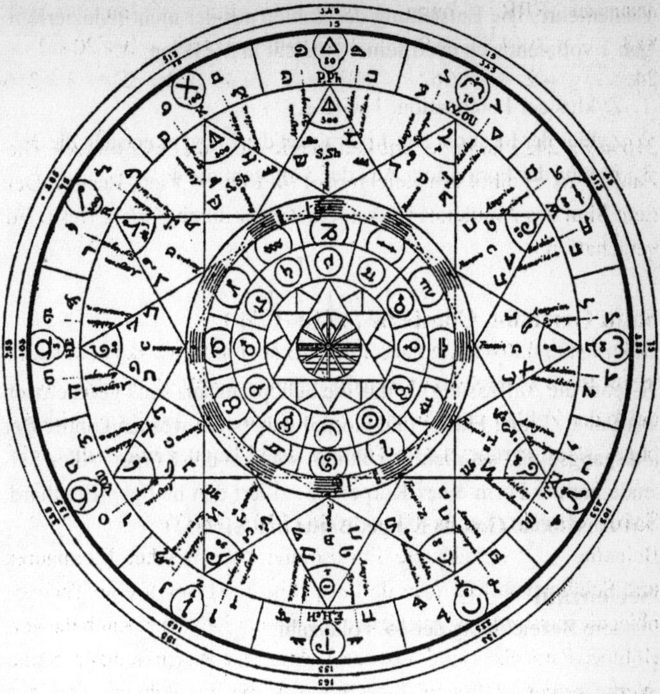

Archeometer

Schicksalsjahre

Wendepunkte im Leben eines Menschen, an denen die kosmischen Schwingungen einen entscheidenden Einfluß ausüben. Zu den verschiedenen Berechnungsmethoden s. S. 34.

Schicksalszahl

Andere Bezeichnung der → Geburtszahl.

Schwaller de Lubicz, René (1887–1961)

Französischer esoterischer Schriftsteller; in seiner 1917 erschienenen Schrift »Studie über die Zahlen« entwickelte er eine esoterische

Zahlenlehre. Die Entstehung der Zahlen aus der nicht reduzierfähigen 1 vollzieht sich nach seiner Ansicht in 3 Zyklen:

1. Zyklus der Polarisation. 1 wird 2.
2. Zyklus der Ideation: Die 1 befruchtet die 2, und es entsteht die 3.
3. Zyklus der Formation: Aus der 3 entsteht die 4.

I
I I
I I I
I I I I

S. lehnt die Auffassung ab, daß die Schöpfung aus der 1 geometrisch als Punkt, Linie, Fläche und Körper dargestellt werden könne. Der Ausgangspunkt sei nicht der Punkt, sondern der Körper. Alles Seiende hat die Form eines Körpers. S. zitiert den heiligen Bernhard: »Was ist Gott? Gott ist Länge, Breite und Tiefe.«

Seelenzahl
Andere Bezeichnung der → Vokalzahl.

Sefirot
Hebr. »Sphären«; Bezeichnung der 10 Attribute des verborgenen Gottes oder Erscheinungsformen des Göttlichen in der jüdischen Mystik (siehe S. 110 und Abb. S. 148). Die 10 S. bilden die Grundlage der Zahlenmystik Eliphas Lévis.

Selbstwertzahl
Andere Bezeichnung der → Geburtsmonatszahl.

Sepharial (1864–1929)
Pseudonym von Walter Gorn-Old; sein 1913 erschienenes zweibändiges Werk »Die Kabbala der Zahlen« ist ein Klassiker der Numerologie. S. ist der Richtung der → Astro-Numerologie zuzuordnen.

Seton, J.
Autorin des Buches »Western Symbology« (1944), das als ein Markstein in der Entwicklung der amerikanischen Numerologie angesehen wird.

Sieb des Eratosthenes
Ein Verfahren, mit dessen Hilfe man → Primzahlen ermitteln kann. In der Reihe der natürlichen Zahlen werden zunächst die Vielfachen von 2, dann die Vielfachen von 3 usw. gestrichen:

1 2 3 4 5 6 7 8 9 10 11 12 13 14 15 16 17 18 19 20 …

1. Schritt – Vielfache von 2: 4, 8, 10, 12, 14, 16, 18, 20 …

2. Schritt – Vielfache von 3: 9, 15, 18 …

Primzahlen – 1, 3, 5, 7, 11, 13, 17, 19 …

Sozialzahl
Andere Bezeichnung der → Mittelnamens- und → Kosenamenszahl.

Spannungszahl
Die Zahl, die den Unterschied zwischen zwei Zahlen im → Numerogramm eines Menschen oder zweier Partner ausmacht. Im Idealfall sind die wichtigsten Zahlen gleich. Die Ermittlung der S. ist eine Methode, um die → Verträglichkeit zweier Zahlen zu prüfen. Siehe S. 70.

Sphärenharmonie
Lateinisch harmonia mundi; darunter versteht man die uralte Erkenntnis der Menschheit, daß die Planeten durch ihre Bewegungen Töne erzeugen. → Pythagoras ahnte schon die Beziehungen, die zwischen den Klangverhältnissen und den Umlaufbahnen der Planeten bestehen. Die älteste überlieferte Planetenharmonik stammt von Nikomachos von Gerasa (1./2. Jh. n. Chr.):

Planet	*Ton*
Saturn	e
Jupiter	f
Mars	g
Sonne	a
Merkur	b
Venus	c'
Mond	d'

Dieses System wurde in der Folgezeit immer mehr verfeinert. Ausführlich wird die S. von dem Astronomen Kepler in seinen »Harmonices mundi« (1619) behandelt.

Johannes Kepler (1571–1630)

Spitzenzahl

Bezeichnung der Endzahl an der Spitze der Pyramide bei der → Abrakadabra-Methode.

Steiner, Rudolf (1861–1925)

Begründer der Anthroposophie. Für S. sind die 7 und die 12 besonders wichtig. Die 7 ist die Zahl der Zeit, und die 12 bezeichnet den Raum. Denn mit 12 Sinnen öffnet sich der Mensch gegenüber der Welt.

Strauß, Alfred (1. Hälfte d. 20. Jh.)

Deutscher Numerologe; in seiner »Deutschen Kabbala« (1929) entwickelte er in Anlehnung an → Fischer ein System der kabbalistischen Namensdeutung. Die Beziehungen zwischen den Zahlen und den Buchstaben sind nach seiner Auffassung kosmische Gesetze, die für alle Zeiten und Länder Gültigkeit haben. In der Praxis geht S. so vor, daß jedem Namen ein Zahlwert (s. Umrechnungsmethode 5, S. 27) zugeordnet und dieser Wert in Faktoren zerlegt wird. Die Faktorendeutung Fischers wird noch durch den Begriff der Quintessenz erweitert. Darunter versteht S. die Lage der einzelnen Zahlen im Raum. Diese Vorstellung geht auf → Maack zurück, der die Zahlen 1 bis 100 nach ihrer möglichen Lage im Raum einteilte:

1. einfache Zahlen: 1, 2, 3, 4, 5, 6, 7, 8, 9 ...
2. Dubletten: 17, 18, 25, 26, 27 ...
3. Tribletten: 41, 50, 54, 65 ...
4. Quadrubletten: 81, 89
5. Zahlen der 4. Dimension: 15, 23, 28, 31, 39, 47, 55

Symbolzahlen

oder heilige Zahlen (lat. divini numeri); Bezeichnung für Zahlen, die neben ihrem arithmetischen Wert eine bestimmte Bedeutung haben, d. h. die nicht nur zählen, sondern der Person bzw. dem Gegenstand etwas von ihrem Wesen oder ihrer »Heiligkeit« abgeben. Diese Zahlen sind der symbolische Ausdruck einer bestimmten Kultur. Manche Forscher glauben, daß der Nordteil der alten Welt in zwei Hälften gegliedert werden kann. In der westlichen Hälfte war die 3 die heilige Zahl, während die östliche die 5 zu einer heiligen Zahl machte. Auffällig ist, daß manche Zahlen in allen Kulturen eine herausgehobene Bedeutung haben. Zwei unterschiedliche Deutungen versuchen diese weltweite Verbreitung der S. zu erklären. Die Wanderungshypothese geht davon aus, daß die S. gleichsam als Kulturgut übernommen wurden. Die im Orient und in der Antike verbreitete 7 ist durch das Christentum auch zu den Kelten und Germanen gebracht worden und hat die 3 als S. verdrängt. Die psychoanalytische Deutung sieht in den S. Archetypen oder Urbilder im kollektiven Unbewußten der Menschen, die in jeder Kultur und bei allen Menschen hervortreten können.

Tabuzahlen

Bezeichnung der → Primzahlen im Traum. Ein Tabu ist etwas von der Allgemeinheit abgetrenntes und Herausgehobenes, das böse oder gut sein kann. T. bedeuten aufgrund ihrer unveränderlichen Struktur etwas Starres und Unabänderliches, mit dem man sich abzufinden hat. Meistens weisen sie auf Komplexe hin, die sowohl Brenn- und Knotenpunkte im Seelenleben als auch Störfaktoren sein können. Die Komplexe sind gleichsam die Tabus der Seelenwelt.

Talentzahl

Andere Bezeichnung der → Geburtsmonatszahl.

Tarot

Ein Satz von 78 Karten; für die Numerologie sind die ersten 22 Karten, die Großen Arkana, wichtig. Sie werden mit den 22 hebräischen Buchstaben und der überlieferten Zahlensymbolik in Verbindung gebracht und gedeutet. Die Zahlensymbolik des T. wurde eingehend mit Hilfe der Psychoanalyse von dem Schweizer Richard Bernoulli, einem Nachfahren der berühmten Mathematiker gleichen Namens, gedeutet. Seine Ergebnisse sind im Lexikonteil »Zahlen« aufgenommen.

Tausend, Franz (1885–1934?)

Einer der letzten deutschen Alchimisten. In seiner Schrift »180 Elemente« (1922) versuchte er einen Zusammenhang zwischen dem Atomgewicht der Elemente und den Schwingungszahlen der Töne nachzuweisen. Das Element setzt sich aus einem Urstoff und zwei weiteren Stoffen zusammen. T. vergleicht deshalb die Elemente mit den Akkorden in der Harmonielehre, die aus einem Grundton, der

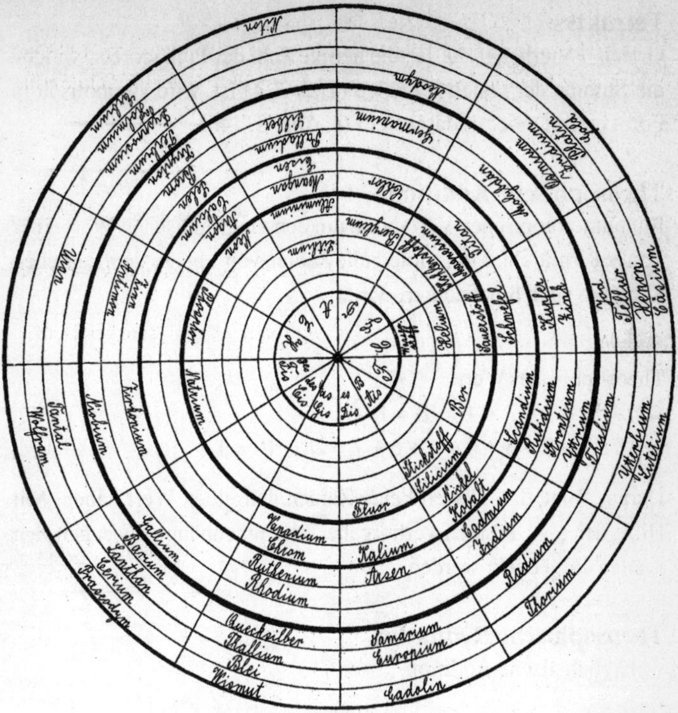

Das harmonische System der Elemente

Terz und der Quint bestehen. Diese Erkenntnis ermögliche es, Elemente umzuwandeln und besonders, unedle Metalle in Gold zu verwandeln. → Kayser.

Teloiszahlen

→ Brown-Landone.

Tetragrammaton

Griech. »vier Buchstaben«. Die 4 Buchstaben des geheimen Gottesnamens: YHWH (s. Abb. S. 113). Das T. wird mit der → Tetraktys der Pythagoreer in Verbindung gebracht.

Tetraktys

Griech. »Vierheit«; die 10, die heilige Zahl der Pythagoreer, welche die Summe der ersten 4 Zahlen (1, 2, 3, 4) ist, wird symbolisch in Form eines Dreiecks dargestellt (s. Abb. S. 146).

Theosophische Addition

Ein numerologisches Verfahren, um den theosophischen Wert einer Zahl zu ermitteln. Man addiert alle Zahlen von 1 bis zu der fraglichen Zahl, die noch hinzuaddiert wird.

Beispiel:
Theosophischer Wert
von 4: 1 + 2 + 3 + 4 = 10 = 1
von 7: 1 + 2 + 3 + 4 + 5 + 6 + 7 = 28 = 10 = 1.

Daraus folgt: 1 = 7, weil beide Zahlen denselben Wert haben. Mit Hilfe der t. A. können verborgene Zusammenhänge zwischen den Zahlen aufgedeckt werden.

Theosophische Reduktion

→ kabbalistische Addition.

Thimus, Albert von (2. Hälfte d. 19. Jh.s.)

Autor des Werkes »Die Harmonikale Symbolik des Altertums« (2 Bde., 1868–1876). In dieser umfangreichen Studie zeigt T., daß in den Weisheitslehren der Chinesen, Ägypter, Juden und der Antike eine hintergründige Zahlensymbolik vorhanden ist. Sie kann als harmonikal bezeichnet werden, weil sie auf der Harmonie der Töne beruht. T. wies nach, daß die Pythagoreer eine besondere Formel in Gestalt des → Lambdoma bei ihren mathematischen Operationen benutzten.

Tierkreiszahlen

Werden auf zweierlei Art ermittelt:

1. Man stellt mit Hilfe der Umrechnungstabellen den Zahlwert des

Namens der Tierkreiszeichen fest. Auf diese Weise kann kein allgemeingültiger Zahlwert ermittelt werden, weil die Namen der Tierkreiszeichen in den einzelnen Sprachen verschieden sind und eine allgemeingültige → Umrechnungstabelle in der Numerologie nicht vorhanden ist. Zu den einzelnen Werten s. S. 80.

2. Die in der Astrologie übliche Reihenfolge der Tierkreiszeichen bestimmt auch ihre Zahl.

1 =	Widder	♈	7 =	Waage	♎
2 =	Stier	♉	8 =	Skorpion	♏
3 =	Zwillinge	♊	9 =	Schütze	♐
4 =	Krebs	♋	10 =	Steinbock	♑
5 =	Löwe	♌	11 =	Wassermann	♒
6 =	Jungfrau	♍	12 =	Fische	♓

Da jedem Tierkreiszeichen ein Symbol zugeordnet wird, gibt es Versuche, diese Stellenwertzahl durch den Symbolwert zu begründen.

Widder: Die Hörner deuten den Ursprung aus der 1 an.

Stier: Die Hörner symbolisieren ein Paar von Gegensätzen.

Zwillinge: Dieses Symbol hat die Form eines Tores und fällt durch seine Symmetrie auf. Denn es entsprechen sich sowohl links und rechts wie oben und unten. Mit der 3 beginnt das Zählen.

Krebs: Der Wirbel oder Strudel um das Zentrum symbolisiert die Erde (= 4).

Löwe: Die Schlange stellt den Mikrokosmos (= 5) dar.

Jungfrau: Dieses Symbol deutet durch die 3 Striche an, daß die 6 durch 3 Zahlen (1, 2, 3) geteilt werden kann, deren Summe wiederum 6 beträgt.

Waage: Sie stellt bildlich das Gleichgewicht oder den Ruhepunkt dar. Gott erschuf die Welt in 6 Tagen und »ruhte« sich am 7. Tag aus.

Skorpion: Durch die 3 Striche wird bildlich dargestellt, daß die 8 die erste Kubikzahl (2 x 2 x 2) ist.

Schütze: Der Pfeil drückt aus, daß über der 9 die Zahl der Vollkommenheit, nämlich die heilige 10 kommt.

Steinbock: Das Symbol könnte als 10 gedeutet werden.

Wassermann: Das Wasser ist das Symbol der Ewigkeit. Mit der 10 endet die irdische Welt, und es beginnt der Kosmos.

Fische: Die beiden Halbkreise stellen den Kreislauf der Sonne durch die 12 Tierkreiszeichen (6 nördliche und 6 südliche) dar.

Tonzahl

Die Notierung der Wellenlänge oder Schwingungszahl mit dem von ihnen erzeugten Ton. Jeder Ton erklingt aufgrund einer bestimmten Wellenlänge (das räumliche Moment) und einer bestimmten Anzahl von Schwingungen (das zeitliche Moment). Wenn dies gemessen wird, erhält man beide Male Brüche oder Verhältniszahlen. Die Verhältniszahl der Saitenlänge ist der Kehrwert der Schwingungszahl. Wenn z. B. 2/3 der ganzen Saite den Ton g erklingen lassen, so beträgt die Schwingungszahl 3/2. Die Tonzahl ist 2/3 g bzw. 3/2 g.

Transite

→ Progressives Zahlenbild.

Traumzahlen

Die T. sind Symbole aus dem kollektiven Unbewußten der Menschheit. Eine zweite Gruppe von T. hat ihren Ursprung in dem Brauch, geträumten Gegenständen einen Zahlwert zuzuordnen.

Trithemius, Johannes (1462–1516)

Abt der Benediktinerabtei Sponheim; T. war der Schüler von Libanus Gallus, dem Lehrer des Paracelsus. In seiner »Weltgeschichte« weist er nach, daß die Geschichte nach einem bestimmten Gesetz abläuft. Nach 354 Jahren, 4 Monaten und 4 Tagen verändert sich die Kraft, welche den geschichtlichen Prozeß bestimmt. 1879 folgt auf das Mondzeitalter das Sonnenzeitalter.

Umrechnungstabellen

Grundlage der Numerologie ist die Umsetzung von Namen in Zahlen. Diese Technik beruht auf der Gematrie (→ Kabbala). Die hebräischen und griechischen Buchstaben haben neben der lautlichen Bedeutung noch einen Zahlwert. Wenn man den Zahlwert der Buchstaben zusammenzählt, so kann diese Zahl für das Wort stehen und mit Hilfe der überlieferten Zahlensymbolik gedeutet werden. Die Übertragung dieser Technik auf das lateinische Alphabet läßt sich schon im Mittelalter nachweisen. Viele Einzelheiten der Entwicklung und Verbreitung dieser Technik bedürfen noch einer gründlichen Erforschung.

Ungerade Zahlen

Bezeichnung für jede nicht durch 2 teilbare Zahl. Sie gelten als männlich.

Unglückszahlen

Sind im allgemeinen die → Primzahlen, besonders aber die Zahlen 13, 14 und 16.

Unitologic

Lat. »Einheitslehre«; eine Lehre, welche die Grundprinzipien der Astrologie und der Zahlenmystik vereint. Begründerin ist die Amerikanerin Marguerita Haymes, zu deren Lehrern der Musikpädagoge Maurice Jacquet und Paramahansa Yogananda gehörten. Die Grundsatze ihrer Lehre hat Haymes in dem Buch »Unitologic« niedergelegt. Das Leben des Menschen wird durch die kosmischen Schwingungen bestimmt. Nur wer die Zahlen dieser Schwingungen kennt, vermag sein Leben richtig zu steuern. Innere Harmonie und Erfolg können nur erreicht werden, wenn es gelingt, sich in sein persönliches Vibrationstempo einzustimmen und dieses Tempo für immer beizubehalten. Die Schwingungen können allein durch die 9 Grundzahlen und die Meisterzahlen 11 und 22 erfaßt werden. Die persönlichen Schwingungen werden bestimmt durch:

1. Die Zahl des Lebensweges = Geburtszahl.
2. Die Tageszahl = Geburtstagszahl.
3. Die Zahl des Selbstausdruckes = Gesamtnamenszahl. Sie gibt nach Haymes das äußere Selbst an.
4. Zahl des Seelentriebes = Vokalzahl, die das innere Selbst einer Person bezeichnet.

Haymes ordnet den Zahlen folgende Bedeutungen zu:

positive Bedeutungen	*negative Bedeutungen*
1: Individualisierung	Selbstsucht
2: Anpassung	Selbstentäußerung
3: Selbstausdruck	Oberflächlichkeit
4: Organisation	Sturheit
5: Freiheit	Genußsucht
6: Ausgleich	Tyrannei
7: Weisheit	Zurücknahme
8: materielle Freiheit	nachtragend
9: Universalität	egozentrisch
11: Offenbarung	Fanatismus
22: materielle Meisterschaft	Anstifter

Universale Jahre
Bezeichnet die kosmischen Kräfte, die in einem bestimmten Jahr wirksam sind. Die u. J. wiederholen sich alle 9 Jahre. Die Berechnung erfolgt durch Bildung der Quersumme des betreffenden Jahres.

Universale Monate
Diese Zahl gibt die in einem bestimmten Monat wirksamen kosmischen Kräfte an. Berechnung: Addition der Monatszahl und des → universalen Jahres.

Universale Tage
Die Maßzahl der an einem Tag wirksamen kosmischen Kräfte erhält man durch Bildung der → Quersumme des Datums.

Unvollkommene Zahlen

Bezeichnung für alle Zahlen, deren Teiler addiert eine Summe bilden, die größer (→ abundante Zahlen) oder kleiner (→ defiziente Zahlen) als die Zahl selbst sind.

Verträglichkeit

Unter der V. von Zahlen versteht man in der → Partnernumerologie die Harmonie zweier Zahlen. Die V. kann unterschiedlich gesehen werden: 1. beide Zahlen müssen gleichartig (gerade bzw. ungerade) sein. 2. Gemäß dem universalen Polaritätsgesetz müssen sie ungleichartig sein. 3. Zahlen sind nur verträglich, wenn bei der Addition und der Quersummenbildung eine ungerade Zahl herauskommt.

Die Techniken werden ausführlich auf S. 70 behandelt.

Vokalzahl

Andere Bezeichnungen Seelenzahl, Herzzahl, geheimes Selbst; sie drückt das Wesen eines Menschen aus. Die V. erhält man, indem man die Vokale des Gesamtnamens (einschließlich aller Vornamen) addiert.

Der Zahlwert des *ersten Vokals* des Gesamtnamens hat eine besondere Bedeutung. Er ist die Maßzahl der Schwingungen, mit der die Seele in den Körper eingetreten ist. Ein langer Vokal verstärkt diese Wirkung noch.

Vollkommene Zahlen

Sie stehen zwischen den → defizienten und den → abundanten Zahlen. Die Summe ihrer Teiler ist gleich dieser Zahl. Die ersten vier v.n Z. (6, 28, 496, 8128) waren schon den Griechen bekannt. Alle v. Z. enden entweder auf 28 oder auf 6.

Vornamenszahl

Andere Bezeichnungen sind Entwicklungszahl oder Kreativzahl. Sie gibt an, was von einem Menschen erwartet wird und wie er in seiner

Umgebung gesehen wird, aber auch, welche Entwicklungsmöglichkeiten in ihm stecken. Berechnung: Quersummenbildung aller Vor- und Rufnamen, eventuell auch der Kosenamen.

Weibliche Zahlen
Bezeichnung aller → geraden, durch 2 teilbaren Zahlen.

Westcott, William Wynn (1848–1925)
Englischer Okkultist, Freimaurer und Mitbegründer des Ordens der goldenen Dämmerung. In der Studie »Numbers. Their Occult Power and Mystic Virtues« (1890) befaßte er sich mit der Zahlenmystik der Pythagoreer, der Kabbala, der Bibel und des Talmuds, der Ägypter, Hindus, Rosenkreutzer und der großen Okkultisten des Mittelalters.

Widersprüchliche Zahlen
Man spricht von w. Z., wenn → gerade und → ungerade Zahlen in der → Partnernumerologie nebeneinanderstehen.

Wurzelzahl
Andere Bezeichnung der → Quersumme.

Yin und Yang
Nach den Lehren des Taoismus hat die universale Lebenskraft Ch'i zwei Aspekte, einen männlichen (Yang) und einen weiblichen (Yin). Die ungeraden Zahlen werden Yang und die geraden Yin zugeordnet. Diese beiden Kräfte werden verschlungen in einem Kreis dargestellt (siehe Abb. S. 99).

Zahl des integrierten Selbst
→ Gesamtnamenszahl.

Zahlenmonogramme
Bezeichnung der → Bildzahlen, → Doppelzahlen und → Kettenzahlen, z. B. 1111, 222222 etc.

Zahlensymbolik
oder Zahlenallegorese. Bezeichnung für Verfahren, die Bedeutung von Zahlen zu ermitteln. Diese Verfahren und die Ergebnisse nehmen einen breiten Raum in den Schriften des hl. → Augustinus ein, der das Studium der Mathematik als wichtiges Hilfsmittel für die Bibelauslegung ansah. Seit dem 6. Jahrhundert entstanden zahlreiche Schriften, die diesen Gedanken des Augustinus in die Praxis umsetzten. Schon im 12. Jahrhundert kannte man 12 Methoden:

1. *Die Analogie zwischen Zahl und Gezähltem.* Jede Zahl kann alles bedeuten, was von ihr gezählt wird. Zwischen einem gezählten Bezeichnenden und einem gezählten Bezeichneten besteht eine Ähnlichkeit. Zum Beispiel die im Alten Testament erwähnten 7 Säulen am Haus der Weisheit werden mit den 7 Gaben des Heiligen Geistes verglichen. Die Zahl 7 ist sowohl Zeichen des Hauses der Weisheit wie des Heiligen Geistes, da beide sich aus 7 Teilen zusammensetzen. Quelle für das Gezählte ist die Bibel.

2. *Die Aufteilung der Zahlen in Summanden und Faktoren.* Ein Verfahren, das hauptsächlich bei größeren Zahlen und dann benutzt wird, wenn sich in der Bibel nichts Gezähltes anbietet. Zum Beispiel die Zahl 14 kann in die Summanden 10 + 4 und die Faktoren 2 x 7 zerlegt werden. Die einzelnen Summanden und Faktoren werden dann gedeutet. So steht die 10 für die 10 Gebote und die 4 für die Evangelien. Höhere Zahlen haben manchmal eine größere Bedeutsamkeit, wenn sie durch Multiplikation einer Grundzahl mit 10, 100 usw. gebildet werden.

3. *Verwandtschaft der Zahlen aufgrund ihrer Zusammensetzung.* Zwei Zahlen sind miteinander verwandt, wenn ihre Summe und ihr Produkt aus denselben Zahlen bestehen, wie z. B. bei der 7 und 12: 7 = 3 + 4; 12 = 3 x 4.

4. *Die Aufteilung der Zahlen nach Gattungen.* Die wichtigsten Gattungen der Zahlen bilden die geraden und ungeraden sowie die teilbaren und unteilbaren Zahlen. Da die 7 eine unteilbare Zahl

ist, kann sie das unveränderliche göttliche Leben bezeichnen. Die teilbare 8 ist Symbol des Irdischen.

5. *Den Zahlen werden geometrische Figuren zugeordnet.* Von den geometrischen Figuren sind das Quadrat und der Würfel von Wichtigkeit. Zum Beispiel die 8 und die 9 können zerlegt werden:
8 = 2 x 2 x 2 (Würfel); 9 = 3 x 3 (Quadrat)
Die Quadratzahlen und Würfelzahlen sind eine Erhöhung der Grundzahl.

6. *Die Summe der Teiler.* Wichtig ist vor allem die Zahl 6, welche die Summe ihrer Teiler ist. Da Gott das Schöpfungswerk in 6 Tagen vollendet hat, ist diese Zahl das Symbol der Vollkommenheit. Alle Zahlen können unter dem Gesichtspunkt geprüft werden, ob sie vollkommen sind. Unvollkommene Zahlen haben eine ungünstige Bedeutung. Mit Hilfe dieser Methode können auch zwei Teiler aufeinander bezogen werden. Die Teiler von 40: 1, 2, 4, 5, 8, 10 und 20 bilden die Summe 50. Jede von diesen beiden Zahlen hat in der Bibel Symbolwert. Da 40 für das irdische und 50 für das ewige Leben steht, wird Rechtschaffenheit auf Erden mit dem Leben im Paradies belohnt.

7. *Zahlen sind die Summe von Reihen.* Zahlen, die sich als die Summe einer Reihe darstellen lassen, können als ein gleichzeitiges Dreieck gezeichnet werden, in dem die einzelnen Glieder der Reihe als Punkte übereinanderstehen. *Beispiele:*

10 = 1 + 2 + 3 +4

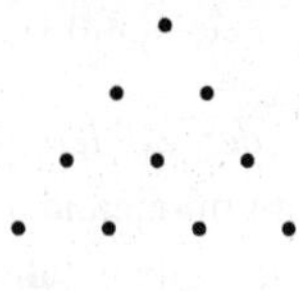

15 = 1 + 2 + 3 + 4 + 5

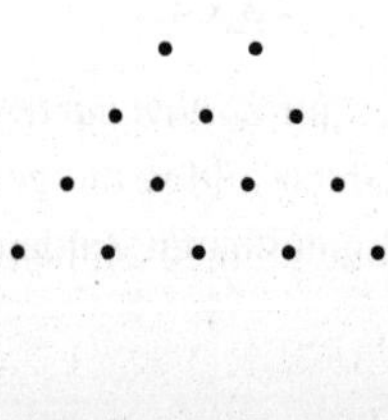

Die letzte und größte Zahl der Reihe bestimmt die Bedeutung einer Zahl. 15 ist das Symbol, daß der Menschheit (5) die 10 Gebote gegeben wurden.

8. *Die Stellung der Zahl in der Zahlenreihe.* Die Symbolik einer Zahl wird danach bestimmt, ob sie 1. die 1 bzw. die 10 überschreitet oder 2. eine der verbliebenen Grundzahlen. Im ersten Fall hat die betreffende Zahl eine ungünstige, im zweiten eine steigernde Bedeutung. Die 2 steht zum Beispiel für das Böse, das sich von der 1, dem Göttlichen, abgespalten hat. Die 7 bezeichnet die Ruhe nach den 6 Tagen der Schöpfung.

9. *Eine kleinere Zahl kann eine größere vertreten.* Zum Beispiel die 7 und die 10 stehen für das ewige Leben und die Ewigkeit der Kirche.

10. *Die Zahlenziffern haben Ähnlichkeit mit Gegenständen.* Die römische Ziffer X und das griechische T sind Zeichen des Kreuzes.

11. *Umstellen der Ziffern.* Zahlen sind verwandt, wenn sie sich nur durch die verschiedene Stellung der an sich gleichen Ziffern unterscheiden, z. B. 13/31.

12. *Zahlen mit derselben Quersumme können aufeinander bezogen werden.* Zum Beispiel 9 und 72. Die Bildung der → Quersumme, die ein Fundament der → Kabbala ist, kommt auffälligerweise in der christlichen Z. kaum vor.

Zukunftsprognose

Zukunftsvoraussagen können mit Hilfe der → Schicksalsjahre oder der Lebensquadrate (→ magisches Quadrat) gemacht werden.

Zykluszahlen

Bezeichnung für Zahlen, die sich in bestimmten Abständen wiederholen. Zum Beispiel die Zahlen 23 und 28 im → Biorhythmus oder die Siebenerperiode im menschlichen Leben.

Literatur

1. Nachschlagewerke

Abbot, A. E.: *The Encyclopedia of Numbers.* London 1960
Allendy, R. F.: *Le symbolisme des nombres.* Paris 1921
Bischoff, Erich: *Die Mystik und Magie der Zahlen.* Berlin 1920 (Nachdruck 1992)
Endres, Franz Carl/Schimmel, Annemarie: *Das Mysterium der Zahl.* München 1984 (^{7}1993)
Le Lionais, François: *Les nombres remarquables.* Paris 1983
Meyer, Heinz: *Die Zahlenallegorese im Mittelalter.* München 1975. Wichtig wegen der umfangreichen Bibliographie zur Zahlensymbolik.
Meyer, Heinz/Suntrup, Rudolf: *Lexikon der mittelalterlichen Zahlenbedeutungen.* München 1987
Riemschneider, Margarete: *Von 0 bis 1001. Das Geheimnis der numinosen Zahl.* München 1966
Wells, David: *Das Lexikon der Zahlen.* Frankfurt a. M. 1990
Zöller, Alexia: *Die elektronische Namensdeutung.* München 1993

2. Wichtige Gesamtdarstellungen

Alke, Detlev: *Einführung in die Esoterik. 1. Numerologie.* O. O. 1991
Anderson, Mary: *Einführung in die Numerologie.* Basel 1991
Bek, Lilla: *Lebenszahlen – Lebenszyklen.* München 1993
Birkenbihl, Vera: *Zahlen bestimmen Ihr Leben.* München 1991
Buess, Lynn: *Zahlen als Schlüssel zum Selbst.* Freiburg 1992
Cheiro: *Das Buch der Zahlen.* Freiburg 1991
Connolly, Eileen: *The Connolly Book of Numbers I/II,* North Hollywood 1988
Goldmann, Linda: *Star Signs. Die geheime Botschaft des Universums.* München 1990.
Golymn: *Das Schicksal in den Zahlen.* München 1992

Goodwin, Matthew: *Numerology Complete Guidebook I/II.* North Hollywood 1981
Hitchcock, Helym: *Das Glück Ihrer Zahlen.* München 1990
Javane, Faith: *Zahlenmystik.* München 1991
Jaxari-Bear, Eli: *Die numinosen Zahlen des Lebens.* München 1992
Johari, Harish: *Numerologie in Verbindung mit Tantra, Ajurveda und Astrologie.* Basel 1994
Line, Julia: *Arbeitsbuch der Numerologie.* München 1991
Löwenbourg, L. von: *Handbuch der Zahlen und Symbole.* München 1993
Mertz, Bernd A.: *Die Weisheit der Zahlen als Lebenshilfe.* Münsingen 1991
Silver, Jules: *Numerologie.* München/Genf 1991
Simpson, Jean: *Deine Glückszahl – dein Schicksal.* München 1988
Zimmermann, Werner: *Geheimnis der Zahlen.* Ergolding 1991

3. Weitere Gesamtdarstellungen und Einzelfragen

Adrian, F. von: *Die Siebenzahl im Geistesleben der Völker.* In: Mitteilungen der Anthropologischen Gesellschaft 31, Wien 1901
Ahrens, Wilhelm: *Studien über die magischen Quadrate der Araber.* In: Der Islam 7, 1917
Albert, G.: *Die Platonische Zahl.* Wien 1896
Bernoulli, Richard: *Die Zahlensymbolik des Tarotsystems.* Eranos Jahrbuch 1934, 397–415
Betz, Otto: *Das Geheimnis der Zahlen.* Stuttgart 1989
Bindel, Ernst: *Die geistigen Grundlagen der Zahlen.* Stuttgart 1958
Bindel, Ernst: *Befreundete und vollkommene Zahlen. Ein Beitrag zur Durchgeistigung der Zahl des Rechnens.* In: Mathesis. Stuttgart 1931
Bindel, Ernst: *Die Zahlengrundlagen der Musik, 3 Bde.* Stuttgart 1950
Blankenburg, Walter / Enders, Willem: *Zahlensymbolik.* In: Musik in Geschichte und Gegenwart. Ergänzungsband. Kassel 1979
Böhn, O.: *Von geheimnisvollen Maßen, Zahlen und Zeichen.* Leipzig 1928
Böklen, Ernst: *Die »Unglückszahl« Dreizehn und ihre mythische Bedeutung.* Leipzig 1913
Bressendorf, Oskar von: *Zahl und Kosmos.* Augsburg 1930
Bungus, Petrus: *Numerorum Mysteria. Bergamo 1599* (Nachdruck Hildesheim 1982)

Dornseiff, Franz: *Das Alphabet in Mystik und Magie.* Leipzig ^{2}1925
Eckartshausen, Karl von: *Zahlenlehre der Natur.* Leipzig 1794
Emmerich, L.: *Magie der Zahlen.* Büdingen 1952
Feldmann, F.: *Numerorum Mysteria.* In: Archiv für Musikwissenschaften 1957, 102–127
Fischer, Oskar: *Der Ursprung des Judentums im Lichte der alttestamentarischen Zahlensymbolik.* Leipzig 1917
Franz, Marie-Louise von: *Zahl und Zeit.* Stuttgart 1970
Friedjung, Walther: *Vom Symbolgehalt der Zahl.* Wien 1968
Friesenhahn, D.: *Hellenistische Wortzahlenmystik im Neuen Testament.* Leipzig 1935
Glathe, A.: *Die chinesischen Zahlen.* In: Mitteilungen der deutschen Gesellschaft für Natur- und Völkerkunde Ostasiens 36, Tokio 1932
Goldziher, Ignaz: *Über Zahlenaberglauben im Islam.* In: Globus 80, 1901
Graf, J. H.: *Über Zahlenaberglauben, insbesondere die Zahl 13.* Bern 1904
Granet, Marcel: *Die Zahl.* In: Das chinesische Denken. München 1963
Großmann, Ursula: *Studien zur Zahlensymbolik des Frühmittelalters.* In: Zeitschrift für katholische Theologie 76, 1954
Haymes, Marguerite: *Unitology.* New York o. J.
Hehn, Johannes: *Siebenzahl und Sabbat bei den Babyloniern und im Alten Testament.* In: Leipziger Semitische Studien II, 5. Leipzig 1907
Heiler, Friedrich: *Erscheinungsformen und Wesen der Religion. Kapitel »Die heilige Zahl«.* Stuttgart 1961
Hellenbach, L. Baron von: *Die Magie der Zahlen als Grundlage aller Mannigfaltigkeit.* Leipzig 1910
Heller, A.: *Biblische Zahlensymbolik.* Reutlingen 1936
Hermann, F.: *Die Sechs als bedeutsame Zahl.* in: Saeculum 14, 1963
Hessenbruch, Helmut: *Geheimnisse und Wesen der Zahlen.* Freiburg 1952
Hirzel, Rudolf: *Über Rundzahlen.* In: Berichte über die Verhandlungen der Königlich Sächsischen Gesellschaft der Wissenschaften 37, 1885
Horodezky, A.: *Gematria.* In: Encyclopaedia Judaica 7, 1931
Hulisch, Johann A.: *Zahlenmagie in Bezug auf das menschliche Leben.* Leipzig 1924
Keith, Ellis: *Magie der Zahl.* München 1979
Kersaint, Jean-Paul: *Numerologie.* Freiburg 1979
Kissener, Hermann: *Lebenszahlen.* München 1974

König, Eduard: *Die Zahl 40.* In: Zeitschrift der deutschen Morgenländischen Gesellschaft 65, 1911

Lejay, Paul: *Alphabets numeriques latins.* In: Rev. de phil. de littérature et d'histoire ancienne, nouv. ser. 12 (1888)

Lüthi, Max: *Drei, Dreizahl.* In: Enzyklopädie des Märchens. Berlin 1975

Lüttich, Selmar: *Über bedeutungsvolle Zahlen.* In: Jahresbericht des Domgymnasiums Naumburg 1891

Maack, Ferdinand: *Talismann turc.* Radeburg 1926

Menninger, Karl: *Zahlwort und Ziffer.* Göttingen 1958

Mertz, Bernd A.: *Das I Ging der Zahlen.* München 1990

Mertz, Bernd A.: *Magie der Zahlen.* Niedernhausen 1987

Morgenroth, Wolfgang: *Zahlenmagie in Runeninschriften.* In: Wiss. Zeitschrift d. Ernst-Moritz-Arndt-Univ. Greifswald 10, Reihe 3, 1961

Müller, Raimund: *Die Zahl Drei in Sage, Dichtung und Kunst.* Programm Teschen 1903

Nossak, Bernd: *Numerologie.* München ^{3}1994

Paneth, Ludwig: *Zahlensymbolik im Unbewußten.* Zürich 1952

Pasedag, Willy Jack: *Bibel-Zahlen-Kunde,* Bieselsberg 1974

Pfeifer, Franz Xaver: *Der Goldene Schnitt und dessen Erscheinungsformen in Mathematik, Natur und Kunst.* 1885 (Nachdruck Wiesbaden 1969)

Reichstein, H.: *Praktisches Lehrbuch der Kabbala.* Berlin ^{5}1954

Riess, Anita: *Psychologie der Zahl.* München 1973

Röck, F.: *Die Götter der sieben Planeten.* In: Anthropos 14–5, 1919/20

Roscher, W. H.: *Die Sieben- und Neunzahl in Kult und Mythologie der Griechen.* In: Abh. der Sächsischen Gesellschaft der Wissenschaften, phil.-hist. Klasse 21, Nr. 4, 1903

Roscher, W. H.: *Die Zahl 40 im Glauben, Brauch und Schrifttum der Semiten.* In: Kgl. Sächsische Gesellschaft der Wissenschaften, phil.-hist. Klasse 27, 1908

Sahihi, Arman: *Altpersische Numerologie.* München/Genf 1992

Schimmel, Annemarie: *Zahlensymbolik.* In: Religion in Geschichte und Gegenwart. Tübingen ^{3}1962

Schulz, W.: *Das System der Acht im Lichte des Mythos.* In: Memnon IV, 1910

Sethe, K.: *Von Zahlen und Zahlworten bei den alten Ägyptern.* Straßburg 1916

Staehle, K.: *Die Zahlenmystik bei Philo von Alexandrien.* Leipzig/Berlin 1931

Strauß, Alfred: *Die Weltzahl Pi.* Deutsche Kabbala 1929

Usener, Heinrich: *Dreiheit.* In: Rhein. Museum für Philologie. 58, 1903

Weinhold, K.: *Die mystische Neunzahl bei den Deutschen.* In: Abh. Berlin, Akademie der Wissenschaften, phil.-hist. Klasse 1897, 2

Weinreb, Friedrich: *Zahl – Zeichen – Wort.* Hamburg 1978

Westcott, W. W.: *Numbers.* London 1902

Zeisig, Adolph: *Pentagramm.* Kulturhistorische Studie. Deutsche Vierteljahresschrift 31, 1868

Zimmermann, Albert (Hg.): *Mensura. Maß, Zahl, Zahlensymbolik im Mittelalter.* 2 Bde. In: Miscellanea mediaevalia 16, 1.2.

Zimmermann, Werner: *Geheimnis der Zahlen.* Engelberg/München 1848